天津经济发展报告
（2023）

主　　　编　靳方华　蔡玉胜

执 行 主 编　王立岩

天津社会科学院出版社

图书在版编目（ＣＩＰ）数据

天津经济发展报告. 2023 / 靳方华，蔡玉胜主编
. -- 天津 ： 天津社会科学院出版社，2023.1
（天津蓝皮书）
ISBN 978-7-5563-0870-5

Ⅰ．①天… Ⅱ．①靳… ②蔡… Ⅲ．①区域经济发展
－研究报告－天津－2023 Ⅳ．①F127.21

中国版本图书馆CIP数据核字(2022)第236188号

天津经济发展报告. 2023
TIANJIN JINGJI FAZHAN BAOGAO 2023

出版发行：	天津社会科学院出版社
地　　址：	天津市南开区迎水道7号
邮　　编：	300191
电　　话：	（022）23360165（总编室）
	（022）23075307（发行科）
网　　址：	www.tass-tj.org.cn
印　　刷：	天津鑫浩林云印科技有限公司

开　　本：	787×1092　毫米　　　1/16
印　　张：	17
字　　数：	248千字
版　　次：	2023年1月第 1 版　 2023年1月第 1 次印刷
定　　价：	108.00元

前　言

2022 年,是中国经济发展中极不平凡的一年。面对全球经济下行风险上升、通胀高企、能源危机加剧、地缘政治冲突不断等复杂严峻的国际形势,以及国内疫情新发多发等超预期因素的挑战,在以习近平同志为核心的党中央坚强领导下,按照"疫情要防住、经济要稳住、发展要安全"的总体要求,高效统筹疫情防控与经济社会发展,有力有效落实稳经济一揽子政策措施,高技术产业增长加快,新业态规模持续扩大,经济发展中的新动能集聚强劲,国民经济总体保持稳定恢复态势。2023 年,是"十四五"规划建设的攻坚之年,在习近平新时代中国特色社会主义思想的指导下,我国深入贯彻落实党的二十大精神,完整、准确、全面贯彻新发展理念,加快构建新发展格局,把实施扩大内需战略同深化供给侧结构性改革有机结合起来,不断增强实体经济发展的活力与韧性,加快推动经济实现质的有效提升和量的合理增长,以中国式现代化全面推进中华民族伟大复兴。

过去的一年,天津坚持以习近平新时代中国特色社会主义思想为指导,全面落实习近平总书记对天津工作"三个着力"重要要求和一系列重要指示批示精神,坚定不移推进高质量发展,坚持守正创新,全力推动各项稳经济举措成效加速释放,经济发展持续恢复、稳步向好,"一基地三区"功能更加完善,经济质效不断提升,投资的引领导向作用不断增强,新型消费需求不断扩大,市场主体活力不断激发,经济高质量发展成效持续巩固。2023 年是天津全面建设社会主义现代化大都市、加速推进"十四五"规划建设的重要一年,天津要深入贯彻落实党的二十大精神，落实市委十二届二次全会精神，牢牢把握新发展格局建设的战略机遇，在拼质量拼效益上下狠功夫，将经济发展的着力点放在实体经济上，加速建设现代化产业体系，踔厉奋发、勇毅前行，不断探索中国式现代化的天津道路。

《天津经济发展报告（2023）》由天津社会科学院联合天津市统计局、天津市经济发展研究院、天津市科学技术发展战略研究院以及天津滨海综合发展研究院等单位共同编写完成，天津社会科学院出版社出版发行。

《天津经济发展报告（2023）》共收录天津经济2022年十大亮点和2023年十大看点，以及20篇研究报告，研究内容涉及天津宏观经济预测和景气分析、"滨城"经济发展研究，京津冀协同发展相关问题研究，以及我市科技创新、制造业发展、北方国际航运核心区建设等重点领域研究。

《天津经济发展报告》已成为全国了解天津、认识天津、研究天津的重要载体。本报告紧盯当前天津经济发展中的热点领域与关键问题，全面深刻系统研究经济转型阶段出现的新趋势和新特征，对未来经济发展走势进行分析与预判。《天津经济发展报告（2023）》作为具有科学性、前瞻性、权威性的最新智库研究成果，将为市委市政府及相关部门科学决策提供有益参考，为推动社会主义现代化大都市建设提供智力支持，为天津高质量发展贡献力量。

目　录

创新驱动篇

制造业立市篇

扩大内需篇

开放合作篇

天津经济发展 2022 年十大亮点和 2023 年十大看点

天津社会科学院课题组①

一、天津经济发展 2022 年十大亮点

亮点一:宏观经济运行企稳回升,发展韧性活力持续显现

2022 年,面对复杂严峻的国际国内环境和延宕反复的疫情形势,我市坚决落实"疫情要防住、经济要稳住、发展要安全"的重要要求,坚持稳中求进工作总基调,高效统筹疫情防控和经济社会发展,全力做好经济运行、财税运行、重大项目"三个条线"调度,稳经济一揽子政策措施效能不断释放,经济运行持续恢复、质效提升、结构优化、稳步向好。前三季度,高技术产业(制造业)增加值实现快速增长,占规上工业比重达到 14.1%。新业态消费增势强劲,限额以上单位通过公共网络实现的商品零售额同比增长 17.9%,新能源汽车零售额增长 1.2 倍、智能手机增长 52.9%。新增谋划储备项目 1.86 万亿元,建设项目完成投资同比增长 6.4%,基础设施投资同比增长 10.1%,外向型经济实力与活力并存,1—10 月实际使用外资同比增长 20%,民营企业出口增长 14.3%,中芯国际、联想产业园等一批优质项目落地投产。宏观经济主要指标呈现出逐季向好态势,高质量发展的韧性进一步增强。

① 执笔人:王会芝

亮点二:京津冀"细胞谷"交出"高分卷",共创中国式现代化区域协同新样板

京津冀跨区域要素流动持续增强,协同创新关联度更高。三地联合建立海关保通保畅快速协调应急机制,实现产业链供应链重点企业名单三关互认。持续推动京津冀"细胞谷"建设,天津市细胞及外泌体工程研究中心获批建设,经开区、高新区"细胞谷"试验区获批国家医药制造提质增效示范专项,凯莱英入选2021年度中国医药工业百强榜单,依托龙头企业吸引上下游企业聚集,形成了"原始创新+应用创新+产业化基地"的全链条产业体系。成功发行全国首单京津冀科技创新资产支持票据(高成长债),实现了银行间债券市场对科技创新企业的精准支持。过去八年,滨海新区累计引进北京重点项目4729个,超过2015年项目数的14倍,年均增长超过22%,累计落户央企二、三级总部项目347个、注册资金4922亿元。前三季度,天津实际利用内资中,来自京、冀的投资额1492.6亿元,同比增长29.7%,占比超5成,比上年同期提高9.7个百分点。京津冀瓣瓣同心向阳开,奋力谱写中国式现代化区域协同发展新篇章。

亮点三:制造强市"链"出新活力,实体经济发展根基不断筑牢

我市大力实施制造业立市战略,持续夯实产业链发展基础,塑造战略性新兴产业融合集群发展新优势。经过十年发展,以智能科技为引领,以生物医药、新能源、新材料为重点,以装备制造、汽车、石油化工、航空航天为支撑的现代产业体系正加快构建,信创、高端装备、集成电路、航空航天等12条重点产业链不断壮大经济发展的新动能。前三季度,在链企业产值、增加值占规上工业企业的比重分别为64.2%、78.3%,产值、增加值同比增长10.5%、1.9%,形成较强的示范带动效应。推动落实制造业数字化转型三年行动方案,培育壮大十大先进制造业集群,信创产业形成了以超算、曙光、飞腾、麒麟为代表的产研一体、软硬协同的产业链条。制造业企业DCMM贯标数量位居全国第一。以链集群、以群聚链,产业集群化发展持续释放强磁效应,我市不断夯实制造业基础,精细描绘高质量发展的新图景。

亮点四：综合科创水平稳居全国前列，更高水平科技创新强市迈出新步伐

天津大力实施科教兴市战略、人才强市战略、创新驱动发展战略，着力建设创新型城市。揭牌脑机交互与人机共融海河实验室，成立海河实验室创新联合体，打造"政产学研用金服"开放活跃的创新生态。全社会研发经费投入强度为3.66%，创历史新高，位列全国第三。"超级计算、云计算与大数据融合支撑环境"与"天河大数据安全可信计算平台"两项成果入选"科创中国"先导技术榜单，"天河三号"成为世界首台峰值性能超过两百亿亿次的超级计算机，高端装备和先进制造关键共性技术等7个项目入选国家级专业技术人才知识更新工程高级研修项目，数量达历年最高水平。国家级专精特新"小巨人"企业总量位列全国重点城市前列，国家级企业技术中心达71家，位列全国重点城市第三。重点领域"卡脖子"技术取得突破，"麒麟操作系统+飞腾CPU"体系成为国内主流技术路线，"天津号"纯太阳能车等"揭榜挂帅"创新成果落地见效。十大产业人才创新创业联盟升级加力，链接80所高校院所、2000余个头部企业，形成协同创新的强大合力。一条科技创新的"上扬曲线"勾勒出天津加速迈向高水平创新强市的坚实足迹。

亮点五：自贸区租赁业务领跑全国，高水平对外开放呈现新局面

天津自贸试验区勇做改革创新的"拓荒牛"，在全国率先实施"一个部门、一颗印章"审批、"一企一证""一件事一次办"综合改革，累计实施544项制度创新措施，38项试点经验和"最佳实践案例"向全国复制推广，占全国集中复制推广数量的18.6%。东疆港在全国首创保税进口租赁、出口租赁、联合租赁、跨境转租赁、离岸租赁等模式，形成40多项创新租赁模式，金融租赁公司机构数量居全国第一，飞机、国际航运船舶、海工平台的租赁和处置业务规模占全国总量的80%以上，飞机租赁总数量实现2000架，成为全球第二大飞机租赁聚集区和全国最大租赁飞机资产交易中心。商业保理公司资产总额、保理融资余额居全国第一，中心商务片区成为全国首个承接商业保理省级权限

区域,完成全国首笔跨境人民币保理业务,成功试点全国首个"数字人民币 +
贷款发放 + 保理业务"的供应链金融场景,"集齐"国务院加快培育的全部六
种外贸新业态。天津坚持以国内大循环吸引全球资源要素,高水平对外开放
迸发新活力。

亮点六:"首店""首发"经济持续发力,国际消费中心城市建设蹄疾步稳

我市加快建设国际消费中心城市和区域商贸中心城市,制定建设区域商
贸中心城市行动方案,加快建设国际化地标商圈,构建国际级消费集聚区、市
级商业中心、区级商业中心三级商业空间体系,着力打造意式风情区、金街、五
大道等八大地标商圈和万达—爱琴海、大悲院等 14 个目标商圈,按照"一区一
中心"建设要求,形成"一商圈一主题一方案"的规划布局。支持发展首店、首
发、首秀经济,国图文创空间、蓝将、雅格狮丹等 200 余家国内外知名品牌进驻
天津。佛罗伦萨小镇商圈入选首批全国示范智慧商圈。连续举办两届海河国
际消费季,推出商旅文体融合消费场景超过 200 个,发放政府消费券 1.7 亿
元,拉动消费超 40 亿元。实施"品牌出海"行动,全国首个跨境电商海外仓离
境退税试点落地天津。打造一座具有"国际范儿"的消费之都,把活力变为吸
引力,这座城市锚定目标、步履坚实。

亮点七:"津港效率"领跑世界,世界一流绿色智慧枢纽港口建设提档加速

我市全力构建内通外联国际枢纽大港。2022 年,天津港集装箱吞吐量再
创历史新高,增速保持全球十大港口前列。前三季度,海铁联运量同比增长
21.3%,跨境陆桥运输量继续领跑全国沿海港口,口岸发运中欧班列同比增长
79%,增幅居全国前列。开辟三条"一带一路"及《区域全面经济伙伴关系协
定》(RCEP)新航线,加快中国品牌走向世界的脚步。"津港效率"品牌形象不
断提升,中远海欧洲线、美西线等多条远洋航线效率位居全球港口首位,外贸
集装箱船舶准班率位居全球前列。重点外贸集装箱船舶直靠率100%,集卡平

均在港作业时间16分钟,船舶准班率始终名列全球前茅。"智慧零碳"优势转化为"硬核"实力,"5G＋智慧港口"项目荣获全球移动大奖"互联经济最佳移动创新奖",成为全球首个获此殊荣的智慧港口项目。太平洋国际码头等7个码头荣获四星级绿色港口称号,数量位居全国沿海港口首位。天津港作为保障经济运行的"稳定器""压舱石"作用持续释放。

亮点八:绿色金融"首创性"成果频出,高质量发展绿色底色更足

我市绿色低碳发展不断取得新成效。印发《天津市加快建立健全绿色低碳循环发展经济体系的实施方案》,加快建立健全绿色低碳循环发展经济体系,促进社会经济发展全面绿色转型。市级绿色工厂累计达到200家,国家级绿色制造示范单位累计突破150家。全年规上工业水重复利用率、万元工业增加值用水量继续保持国家先进水平。全国率先应用首套"零碳示范单元标准体系",139家试点纳入企业全部完成年度碳配额清缴工作,全国率先完成履约,履约率连续7年保持100%。绿色金融主要指标位居国内前列,2021年以来,相继发行全国首单"碳中和"资产支持票据、首单租赁企业可持续发展挂钩债券、首笔"蓝色债券"、首单"双质押登记"模式碳配额质押贷款、首笔汽车金融行业绿色银团贷款、首批转型债券等多项国内"首单"创新产品和服务案例,获得全国首批"绿色债券评估认证机构"资质。在经济发展中促进绿色转型、在绿色转型中实现更大发展,绿色正在成为天津高质量发展的鲜明底色。

亮点九:网络强市实现跨越式发展,数字经济迸发蓬勃发展力量

我市加速培育数字经济发展新动能,信创、大数据与云计算、人工智能等为代表的九大特色优势产业持续发力,前三季度新增两化融合贯标企业340家,累计23个工业应用程序(APP)入选工信部优秀解决方案,位列全国第一,11个项目入选工信部2022年大数据产业发展试点示范项目,位列全国第三。信息基础设施建设全国领先,累计建成5G基站5万余个,打造了车联网、智慧港口和智慧医疗等100多个5G典型应用场景,全市家庭千兆光纤网络覆盖率等3项指标全国第一。百亿元智能制造财政专项资金累计支持8批项目3000

个,创建了 300 家智能工厂和数字化车间。河北区人民政府数字经济发展办公室成为北方首家数字经济服务政府机构,助推数字产业化、产业数字化。国家互联网信息办公室发布《数字中国发展报告(2021 年)》显示,我市网络安全建设水平、数字化发展环境建设水平均位列全国第三。云账户技术(天津)有限公司连续三年入围中国民营企业 500 强和中国服务业民营企业 100 强榜单,前三季度实现收入超 700 亿元,同比增长 92% 。数字经济发展动能强劲,持续赋能经济高质量发展。

亮点十:连续两年获国家 A 级表扬,天津国企改革提质增效创近年最好水平

我市国企改革三年行动各项任务基本完成,重要领域和关键环节改革取得决定性成果,连续两次在国家评估中获得 A 级并获通报表扬。累计完成 17 家市管企业集团层面混改,实现引资、引治、引业、引才相统一,达到强党建、转机制、"天津 +"的效果,国企发展活力动力有效激发。2022 年前 8 个月,市管企业实现净利润同比增长 22.9% ,市管国有企业制定关键核心技术攻关项目 104 项,企业研发经费投入达到 33.4 亿元,同比增长了 34.4% 。打造了包括职工安置风险保障金机制、混改"后评价"、混改全过程监督的国企改革"三个全国首创"。国家相关部委高度评价"天津国企混改实践是以深化改革解决发展难题的生动诠释"。

二、天津经济发展 2023 年十大看点

看点一:以党的二十大精神为引领,奋力谱写高质量发展的天津篇章

党的二十大报告指出,高质量发展是全面建设社会主义现代化国家的首要任务,市第十二次党代会描绘了我市全面建设社会主义现代化大都市的壮美画卷。2023 年,天津将坚定不移走高质量发展之路,完整、准确、全面贯彻新发展理念,服务和融入新发展格局,加快推进京津冀协同发展,大力实施制造

业立市战略、科教兴市战略、人才强市战略、创新驱动发展战略,加快构建"1+3+4"现代工业产业体系,谋划建设高教科技园、中央商务区、金融街等功能区,推动十大优势产业增规模、提质效,带动全市工业"底盘"做大做强做优,谋划布局未来智能、深海空天、前沿材料等未来产业,培育新产业新动能,着力打造制造强市、质量强市、网络强市、数字城市,实现经济质的有效提升和量的合理增长,奋力开创全面建设高质量发展的社会主义现代化大都市新局面。

看点二:打造京津冀科技创新链,推动区域协同发展迈向更高质量

2023年,我市牢固树立"一盘棋"思想,深入落实京津冀协同发展战略。滨海新区将打造京津冀配套完善"产业区",完善滨海——中关村科技园等平台功能。依托海河实验室、大学科技园协同打造三地科技创新链,加快京津冀国家技术创新中心天津中心建设,加强跨区域共性关键技术的联合攻关,协同打造自主创新的重要源头和原始创新的主要策源地。京津冀交通一体化发展从"蓝图"迈向"现实",2023年,京津冀"四纵四横一环"的综合运输大通道将基本建成,港口群、机场群运营服务和管理达到国际先进水平。深化津冀港口合作,推进组建环渤海港口联盟,加快天津滨海国际机场三期改扩建工程,打造区域航空枢纽和国际航空物流中心。持续推动京津冀协同发展在津沽大地生动实践、结出硕果。

看点三:构建集群化发展强"磁场",夯实制造强市的"实体根基"

实体经济是一个国家的立身之本、强国之基。2023年,我市持续把发展经济的着力点放在实体经济上,深入实施市领导挂帅的链长制,不断完善整体顶层设计体系,项目化、清单化推进信创、高端装备等12条重点产业链各项重点任务落实落细,加快链上龙头企业重大项目和主题园区建设,打造若干具有全国影响力和竞争力的产业链,形成安全高效的产业链生态体系,为制造强市建设提供坚实产业支撑。人工智能产业不断壮大,整体质量效益有望进入国家第一梯队。推进产业链与创新链深度融合,构建"海河实验室+产业链"的创新联合体机制,"揭榜挂帅"开展关键卡点技术攻关,加大制造业创新中心建设

力度,加速培育企业技术中心。伴随着产业创新中心、制造业创新中心、技术创新中心等多层次产业创新平台的加快建设,一座更加智能、更有活力、富有实力的制造强市正大踏步向我们走来。

看点四:"津滨"双城格局持续深化,唱响建设社会主义现代化大都市合奏曲

一市双城,比翼齐飞。市十七届人大常委会表决通过了《天津市人民代表大会常务委员会关于促进和保障构建"津城""滨城"双城发展格局的决定》,构建双城发展格局成为法规制度。"津城"充分发挥城市综合服务中心作用,打造中央活力区,推动形成高端服务业聚集区,建设具有竞争力的核心承载区。"滨城"不断优化资源布局,增强要素承载能力,建设生态、智慧、港产城融合的宜居宜业美丽滨海新城,努力打造社会主义现代化建设先行区。2023 年,"津城"将开展海河两岸功能提升,中心商业区、传统商圈的改造提升,历史文化街区活力提升等城市更新工程,"滨城"确定城市更新"两线四区"重点区域,到 2025 年完成城市更新资产投资 1000 亿元左右,促进滨海新区经济社会可持续发展。渤海明珠涌新潮,"津城""滨城"合力奏响城市蝶变新乐章。

看点五:加快培育新业态新模式,数字经济跑出高质量发展新优势

数字经济正在成为天津加速提升区域发展的新动能,在《天津市加快数字化发展三年行动方案(2021—2023 年)》等政策红利推动下,天津稳步推动数字经济全方位发展,跑出数字经济发展"加速度"。到 2024 年,网络安全保障体系建设和综合保障能力在国内达到先进水平,数字营商环境达到国内一流水平。人才流、技术流、信息流、资金流等数字经济资源要素充分汇聚,以数据为关键要素的新产品、新模式、新业态、新场景将得到蓬勃发展,国家数字经济创新开放高地的目标越来越近。天津车联网先导区初现智慧之光,在标准制定、数据开放与交互能力等方面跻身国内领先行列,部分经验已向全国多地复制推广,到 2023 年,将打造形成 2 至 3 个车联网产业集聚区,培育一批实力较强的龙头企业,全国第二个、北方第一个国家级车联网先导区让人期待。

看点六：打造面向全球的贸易枢纽，国际消费和区域商贸"双中心"建设实现新跃升

我市持续加快建设国际消费中心城市、区域商贸中心城市。2023年，天津将围绕增活力、强韧性，抓设施提升商业载体、抓区域构建"一区一中心"、抓会展提升市场人气、抓商圈打造消费地标，进一步激活消费市场，努力构建融合全球消费资源的集聚地，建设一批具有全球影响力的标志性商圈。《天津市建设区域商贸中心城市行动方案（2022—2025年）》提出要建设全球商品贸易港，打造面向全球的贸易枢纽、商品流通集散地、商贸创新策源地和区域商贸服务中心，构建京津冀国际性综合交通枢纽集群，建设国际运输大通道，构建贯通"三北"、联通中蒙俄经济走廊的腹地运输网络。未来，天津将成为具备高知名度和美誉度的国际消费目的地、全球消费资源聚集地、全国消费者向往地和展示国内大市场风范的亮丽名片。

看点七：从"通道经济"迈向"港口经济"，推动港产城融合跃上新能级

海洋是高质量发展战略要地。2023年，天津将抢抓海洋经济高质量发展的重要窗口期，加快建设国家先进制造研发基地中心区，引育具有国家创新引领力的产业集群，发展海洋战略性新兴产业，打造具有全球竞争力的海洋经济产业集群。积极搭建国内国际经济双向循环的资源要素配置平台，加快国内国际高端创新要素集聚，打造海洋经济综合服务基地和创新驱动发展核心区。打造世界领先的港口物流园区，形成物流产业集聚效应。着力建设完善智慧港口、绿色港口、枢纽港口，凸显北方国际航运枢纽地位，充分发挥联通内外的港口优势，加快推动"通道经济"向"港口经济"转型升级，天津港服务经济发展的辐射带动作用进一步增强。

看点八：中日韩自贸区战略先导区加快构建，持续释放对外开放活力

我市将依托自贸试验区，加快推动中日韩自贸区战略先导区建设，率先开放和创新，对接日本和韩国投资、检验结果国际互认、原产地声明制度、服务贸易、跨境电商、知识产权保护等方面的相关承诺,为中日韩自由贸易协定进行风险压力测试,打造国内国际双向循环的资源配置枢纽,促进中日韩产业链、供应链、价值链和分销网络的调整和重塑。天津自贸试验区全面落实 RCEP 经贸规则和标准,推动区域间合作机制更加健全,市场融合更加深入,营商环境更加良好。推进天津自贸试验区投资、贸易、金融、运输、人员等要素流动更加自由,促进数据在区域间安全有序流动,实现资源配置更加灵活高效,打造面向世界的高水平自由贸易园区。

看点九:推进现代流通体系建设,强化国内国际"双循环"支撑

建设现代流通体系是"双中心"建设的重要支撑,是构建以国内大循环为主体、国内国际"双循环"相互促进的新发展格局的重要战略任务。《天津市推进现代流通体系建设的实施方案》提出要打造现代商贸流通网络,2023 年,天津将持续优化大物流网络布局,构建"通道 + 枢纽 + 网络"的现代物流网络体系,打造多式融合综合立体交通体系,拓展流通领域多元融资渠道,完善流通市场准入与公平竞争制度,全面落实"全国一张清单"管理模式,实施外贸百强企业帮扶行动,加强地理标志农产品管理,支持中小微商贸企业挖掘市场潜力,全面形成现代流通发展新优势,为全面建设社会主义现代化大都市提供有力支撑。

看点十:实施会展业发展三年行动方案,汇聚经济发展强大势能

2023 年,我市会展经济持续发力。《天津市推动会展业发展三年行动方案(2022—2024)》提出引进和培育 10 个以上具有国际和全国影响力的品牌会展项目、扩大世界智能大会等展会影响力、打造 1 至 2 个国家级知名品牌展会项目的发展目标,建设中国北方国际会展中心城市。会展业有望推动天津乃至京津冀商贸、旅游业的发展,形成以会展活动为核心的经济群体,为天津经济发展注入新的活力。世界智能大会汇聚起强大势能,第七届世界智能大会将于 2023 年 5 月在国家会展中心(天津)举办,致力于打造"会展赛 + 智能体验"四位一体的产业发展生态体系,在高端化、国际化、专业化、市场化方面不断提升质量,世界智能大会的影响力将持续转化为产业竞争力。

宏观经济篇

2022—2023
天津经济发展形势分析与预测

天津社会科学院经济分析与预测课题组①

摘　要： 2022年,受新冠肺炎疫情、地缘冲突、能源危机等多重超预期因素综合影响,世界政经局势变化动荡,全球经济面临转向衰退的严重危机。2022年前三季度,天津汇聚稳经济政策合力,高效统筹疫情防控和经济社会发展,宏观经济持续稳步向好,投资结构不断优化,消费市场持续复苏,外资外贸回稳向好,新动能发展提质增速,营商环境持续优化。课题组在三种情景假设下预测天津未来经济走势,其中,在中性情景假设下预测天津2023年地区生产总值同比增长在3.4%到4.3%之间,经济增长较2022年明显加快,经济运行处在向好向优轨道。为进一步巩固天津经济高质量发展态势,增强经济发展韧性和内生动力,提出全方位推动高技术产业发展、释放精准投资关键作用、促进消费市场提质扩容、加大高水平对外开放、推进港口经济发展等对策建议。

关键词： 天津经济　高质量发展　情景预测　经济韧性

---

① 课题组成员(按姓氏笔画排序):王立岩、石森昌、李晓欣、单晨、杨仲舒。

一 天津经济运行的国内外环境

（一）多重因素干扰世界经济复苏，全球经济面临衰退危机

新冠肺炎疫情全球大流行持续深度影响着世界经济发展格局、产业链布局与国际贸易往来。2022年，全球疫情持续不断且无短期消除迹象，乌克兰危机负面效应外溢不断加重，加之众多超预期因素综合影响，世界政经局势变化动荡，经济复苏趋势受到严重冲击，正在面临转向衰退的严重危机。同时，以美国为首的个别西方国家不断挑起国际贸易摩擦，制造贸易事端，筑起各类贸易壁垒，破坏贸易全球化正常秩序，严重减缓全球经济复苏步伐，拖累全球经济陷入衰退。面对波谲云诡的国际政经环境以及各类风险与不确定性的巨大挑战，天津要全面贯彻落实新发展理念，积极融入新发展格局，以制度型开放推动实现更高水平开放，在百年未有之大变局中塑造天津外向型经济新优势。

第一，全球经济增速放缓，正在面临衰退危机。根据国际货币基金组织最新报告分析，当前世界经贸活动普遍放缓，经济衰退风险比预想的更为严重，全球经济增速预计将从2021年的6%下降到2022年的3.2%，2023年的全球经济增速进一步降低到2.3%，2022年和2023年的增长预测结果较该经济组织4月份的预测值分别调减了0.4和1.3个百分点。从对各类经济体增速预期来看，发达经济体经济增速预计从2021年的5.2%下降到2022年的2.4%，2023年经济增速持续下降到1.1%；新兴市场和发展中经济体经济增速预期略好于发达经济体，预计2022年和2023年经济增速将达到3.7%。

第二，全球大宗商品价格普遍上涨，导致通货膨胀高企。从年初爆发的乌克兰危机持续至今，持续推升国际大宗商品、能源商品价格上涨；新冠肺炎疫情严重冲击全球供应链的安全性稳定性连续性，导致供应链出现"断链"危机，大幅降低产业链产能效率，进一步加剧大宗商品价格上涨压力。同时，个别西方国家由于前期采取大规模刺激经济的财政政策与货币政策，导致其国内通

胀压力陡增并持续向全球输出通胀压力。全球通胀高企将加重企业生产成本与居民生活成本。国际货币基金组织预测,全球通胀率将从 2021 年的 4.7% 上升到 2022 年的 8.8%,但预计 2023 年通胀情况会出现好转,通胀率回落到 6.5%。

第三,全球贸易收缩风险加大,拖慢经济复苏脚步。在能源价格高涨、利率上扬以及战乱等因素的综合影响下,2023 年的全球贸易将面临严重的下行压力。根据世界贸易组织最新预测,2022 年全球商品进出口总额增速将达到 3.5%,但到 2023 年,全球商品进出口总额增长将仅为 1%,较先前预期降低 3.4 个百分点。受此影响,世贸组织同步将 2023 年世界经济增速预期下调至 2.3%,较先前预期调低 1 个百分点。未来,西方国家中央银行如果采取更加激进的加息政策,将会进一步加大全球经济减速幅度。

(二)克服多重超预期冲击,国内经济恢复向好

2022 年以来,在以习近平同志为核心的党中央坚强领导下,各地区各部门坚持稳中求进工作总基调,严格落实"疫情要防住、经济要稳住、发展要安全"的基本要求,加快落实稳经济一揽子政策和接续政策措施。

第一,国民经济恢复持续向好。国内疫情反复冲击对宏观经济的稳定运行带来一定的干扰,特别是二季度,经济增长呈现"乏力"态势。为保证宏观经济平稳运行,中央和地方政府密集出台各项"稳经济大盘"政策。三季度恢复态势明显优于二季度,为全年宏观经济的平稳运行注入"强心剂"。2022 年第三季度国内生产总值为 307,627 亿元,按不变价格计算,同比增长 3.9%,较第二季度提高 3.5 个百分点。前三季度经济增速恢复至 3%,经济复苏势头明显。其中,第一产业增加值为 25,642 亿元,同比增长 3.4%;第二产业增加值为 121,553 亿元,同比增长 5.2%,较第二季度提高 4.3 个百分点;第三产业增加值为 160,432 亿元,同比增长 3.2%,较第二季度提高 3.6 个百分点。工业以及服务业的快速回升为支撑国内经济增长提供基本保障。

第二,从需求端看,消费和投资不断回暖。国内需求方面,各地通过发放消费券、举办消费季等活动刺激消费需求,其中对于促进新能源汽车消费政策措施力度较大,9月汽车消费增速维持在较高水平,有力带动消费的持续回升。第三季度社会消费品零售总额平均增长3.53%,较上季度增加8.43个百分点,恢复势头强劲。国外需求方面,9月出口3227.6亿美元,同比增长5.7%,较上期下降1.4个百分点,国外市场需求疲软迫切需要国内市场的"兜底"。投资方面,专项债和政策性开发性金融工具协同发力拉动基建投资持续发力,为稳投资注入强大活力。9月固定资产投资累计同比增长5.9%,较8月份回升0.1个百分点。其中,制造业投资同比增长10.1%,基建投资同比增长7.1%。前三季度,高技术产业投资增长20.2%,增速维持在较快区间。其中高技术制造业和高技术服务业投资分别增长23.4%、13.4%。房地产投资仍不景气,9月份累计增速达到-8.0%。

第三,从供给端看,工业生产加快恢复,服务业发展持续向好。第三季度,随着极端高温天气的褪去以及高温工业限电对工业生产活动影响的走弱,疫情短期防控成果引领经济社会需求的增加,使得工业经济恢复势头走强。2022年9月,规模以上工业增加值同比增长6.3%,比上半年提速0.5个百分点。从三大门类具体来看,前三季度采矿业同比增长8.5%;制造业增长3.2%,比前期累计增长0.5个百分点;电力、热力、燃气及水生产和供应业增长5.6%。其中,高技术制造业增加值同比增长8.5%、装备制造业同比增长6.3%。从服务业来看,服务业增加值9月同比增长2.3%,比上半年增长2.3个百分点。其中,信息传输、软件和信息技术服务业同比增长8.8%,金融业同比增长5.5%。

二　2022年天津经济运行形势分析

（一）宏观经济持续稳步向好,高质量发展态势不断巩固

根据地区生产总值统一核算结果,前三季度我市地区生产总值为11,896.10亿元,按不变价格计算,同比增长1.0%,比上半年加快0.6个百分点。其中,第一产业增加值148.18亿元,同比增长3.0%;第二产业增加值4513.08

亿元,同比增长 0.2%;第三产业增加值 7234.84 亿元,同比增长 1.3%。同时,主要宏观经济指标呈现积极转优变化。

从产业发展态势来看,农业实现稳步增长,前三季度,农林牧渔业总产值同比增速为 3.3%,主要秋粮作物涨势良好;工业实现恢复性稳定增长,前三季度,规模以上工业增加值同比增长 0.2%,较上半年增速提升 0.5 个百分点;服务业实现平稳运行,前三季度,服务业增加值同比增长 1.3%,占全市地区生产总值的比重为 60.8%,其中,金融业增加值同比增长 0.6%,交通运输、仓储和邮政业增加值同比增长 9.8%。

从新动能发展态势来看,创新型产业结构加速形成,前三季度,高技术产业(制造业)和战略性新兴产业增加值同比增长 6.8% 和 0.4%,占规模以上工业比重分别为 14.1% 和 24.0%;新产品产量不断扩大,前三季度,发动机产量增长 7.1%,锂离子电池产量增长 21.8%;高技术支撑能力不断增强,1—8 月租赁和商务服务业、科学研究和技术服务业营业收入分别增长 25.4% 和 18.1%,分别快于规上服务业平均水平 18.1 个和 10.8 个百分点;绿色智慧港口加快建设,前三季度,全市港口货物吞吐量和集装箱吞吐量分别增长 4.5% 和 4.7%,集装箱吞吐量再创历史同期新高。

(二)投资结构不断优化,基建投资增速上扬

第一,高技术制造业投资塑造产业新增长极。2022 年前三季度,高技术制造业投资所占比重达到 4.0%,整体变动较为稳定。在经历疫情的反复冲击后,其波动相对较大,但 1—9 月份累计增速仍维持在 8.8%,高于高技术投资 11.9 个百分点,成为拉动制造业投资的重要抓手。前三季度,制造业投资恢复至 6%。这与天津持续倾心倾力引育、壮大新动能密不可分。

第二,基础设施投资成为稳投资的压舱石。前三季度,基础设施投资作为社会固定资产投资的重要组成部分,所占比重已达到 23.3%,9 月份,累计拉动投资 2.34 个百分点,其增量变动对于全社会固定资产投资影响较大。2022 年以来,其 1—3 月份累计同比增长速度已增至 10.93%,远超去年 1—12 月份的 1.74%。虽经历疫情对于生产活动的影响,我市积极围绕能源、交通、水利、防灾减灾、新型基础设施建设以及城市老旧管网改造，着力补齐短板，加快项目实施，提升城市载体功能和韧性水平。1—9 月份，其增速强势上扬至 10.1%，远高于全社会固定资产投资增速，更好地发挥了稳投资的压舱石作用。

第三，社会领域投资成为改善人居生活的主抓手。为更好补足社会民生领域短板，我市持续加大社会领域投资。截至 8 月份，社会领域投资增速达到 2.6%，高于全社会固定资产投资增速 12.3 个百分点，成为稳定投资、优化投资结构的重要工具。2021 年来，社会领域投资增速稳步增长，特别是在投资疲软的环境下，该领域投资能够更好地配置资本，不断加强天津"软实力"。

（三）消费市场持续复苏，新型消费增长成为亮点

第一，消费需求加速反弹。受年初疫情巨大冲击及多重超预期因素叠加影响，今年以来全市消费市场面临较大下行压力。但在恢复性组合政策持续深入发挥效能下，消费需求得到了有效释放，消费市场呈现较为明显的复苏转好趋势，前三季度，全市社会消费品零售总额增速较上半年回升 2.3 个百分点。

第二，网络消费新业态呈爆发式增长。从公共网络实现的商品零售额情况来看，2022 年初奥密克戎疫情暴发，刺激网上消费再现了一次大幅度上涨，1—2 月，限额以上单位通过公共网络实现的商品零售额增长高达 16.1%。之后网络消费依然保持强劲增势，前三季度，限上网络商品零售额同比增长 17.9%，占限额以上社零额比重提升到 29.7%。网络消费弥补了线下实体消费的不足，成为消费市场的"稳定器"，体现了网上经济对疫情的抗冲击力，增强了宏观经济韧性。同时，随着网络消费增速和规模的不断提升，相信未来其带动消费市场的"加速器"作用也将更加显著。

第三，以低碳智能消费为代表的升级型消费增势抢眼。绿色低碳消费理念不断深入人心，带动了新能源汽车市场不断扩张，前三季度，全市新能源汽车零售额增长 1.2 倍，处于快速增长通道，较去年同期增速提升超过 38 个百分点，为整体汽车市场销售复苏起到了重要的支撑作用；数字化时代消费需求引领带动智能终端需求不断提升,前三季度,智能手机零售额同比增长52.9%,较上半年加快1.4个百分点。

第四,丰富多样的商业活动持续推动消费复苏。第二届海河国际消费季活动火爆开展,以"天天乐,津津购"为口号,注重商旅文体相融合与数字消费新体验,提质夜市经济,丰富消费生活,举办500多场活动来点燃津门消费市场,赋能国际消费中心城市建设。今年消费季累计发放1.5亿政府消费券以及由商家多渠道发放的消费折扣券、团购券等。抽样数据显示,在海河国际消费季刺激带动下,7月份商业综合体销售额环比增长11%,汽车经销商销售额同比增长3%以上。通过海河消费季活动将推动形成"四季持续,贯穿全年,消费繁荣"的促消费格局。

第五,消费环境与消费场景持续完善。一方面,今年3月份以来,天津出台的一系列政策措施颇多涉及消费领域,其中,"稳"消费政策包括扎实稳住经济的一揽子政策措施、助企纾困和支持市场主体发展的若干措施等;"促消费"政策包括促进内外贸一体化发展若干措施、关于促进生活性服务业发展的若干措施等;"消费基建"政策包括航空物流发展"十四五"规划、加快农村寄递物流体系建设实施方案等。另一方面,新的消费场景和新的商业综合体不断涌现,包括国内外众多一线品牌、老字号在内的500余家品牌新店即将亮相津门,高端品牌打造的快闪店已成为购物广场中的一抹亮色,预计今年西青万达广场、生态城万达广场、金茂汇、远洋未来天地、泰达时尚购物中心五座全新商业综合体将陆续开业。

(四)外资外贸回稳向好,新业态不断丰富壮大

第一,对外贸易总量持续增长,民营企业动力强劲。一季度我市对外贸易实现平稳开局,二季度虽受诸多不利因素影响,但进出口值仍保持正增长。从7月份开始,进出口总额月度同比增速触底反弹,外贸回暖态势显现。出口持续展现较强韧性,2021年来月度出口值连续保持同比增长。在口岸保通保畅、政策红利持续释放、营商环境持续好转等多重效应叠加护航下,预计全年进出口总额将回归正增长,对外贸易对稳经济大盘"稳定器"作用持续发挥。2022

年以来,民营企业进出口总额保持正增长,占外贸进出口总额比重持续上升,9月份占比42.4%,较去年同期提高4.9个百分点,在稳定就业市场、激发市场活力方面发挥着关键作用。

第二,贸易结构持续优化,区域市场多元共进。2022年1—9月,我市一般贸易进出口总额增长0.145%,占比57.6%。保税物流增长迅速,进出口总额增长19.36%,占比17.3%。外贸新业态新模式不断壮大。1—8月,我市保税维修进出口达114.5亿元,同比增长9%。其中,飞机保税维修进出口值分别增长27.4%和34.1%。保税区跨境电商产业保持跨越式发展态势,实现逆势增长。离岸贸易"滨海模式"已形成三种业务模式,促进了实体经济与对外贸易的融合发展。东疆综保区以飞机租赁为突破口,带动船舶、海工平台等跨境租赁业务模式,已成为全球第二大飞机租赁平台。王兰庄国际商贸城获批第六批市场采购贸易方式试点,有效联通国内国际两个市场。主要贸易伙伴关系紧密,2022年来,我市对欧盟、东盟、美国和日本进出口保持增长,1—9月,进出口总额同比分别增长3.28%、9.74%、6.3%、7.66%;积极拓展新兴市场,《区域全面经济伙伴关系协定》(RCEP)正式实施带动了区域经贸合作的发展,1—9月,对RCEP主要成员国进出口总额同比增长5.95%。

第三,外商投资预期稳中向好。我市全面落实外商投资准入前国民待遇加负面清单管理制度,完善外商投资促进体系,高水平举办世界智能大会等知名招商品牌活动,持续提升引资效能。2022年2月以来,实际直接利用外资累计同比增速保持较高发展速度,8月份,累计同比增长36.4%,较去年同期增长26个百分点。其中,制造业、服务业实际直接利用外资分别增长192.2%、40.4%。我市制造业实际使用外资保持强劲增速,对外商的投资吸引力持续增强,为制造业高质量发展提供有力支撑。另外,直接利用外资合同数目及金额降幅呈现收窄态势,助力外资利用企稳回升。

第四,港口服务辐射能级提升,自贸区联动发展提速换挡。加快推进世界一流智慧绿色港口建设。2022年来,拓展以港口为枢纽的全程物流服务,持续发挥物流枢纽保通保畅作用,依托内陆物流网络资源优势,建立港口、海关、铁路多方联动机制;推进"关港集疏港智慧平台"功能迭代升级和范围覆盖,打造便捷高效的现代智慧港口物流体系。推进中蒙物流通道建设,开创"东北亚—天津港—大陆桥—中亚、西亚和欧洲"双向多式联运模式,助力天津口岸中欧班列开行超 600 列,货物超 6.4 万标准箱,同比增幅 70% 以上,陆桥运输继续保持沿海主要港口首位。前三季度全市港口货物吞吐量和集装箱吞吐量实现"双增",分别增长 4.5% 和 4.7%,集装箱吞吐量再创历史同期新高,达到 1654.99 万标准箱。修订并发布实施的《中国(天津)自由贸易试验区条例》,提出鼓励支持创新体制机制、建立联动创新机制、营造自主改革、积极进取的环境,大力推进联动创新示范基地、联动创新区建设。持续扩大自贸政策外溢性,在滨海新区 6 个街镇园区设立自贸试验区创新实践基地,持续释放自贸创新红利。此外,为更大程度尊重市场主体登记自主权,激发保护市场主体活力,市场主体登记确认制改革开始试行。

(五)新动能发展提质加速,产业链布局持续优化

第一,我市高技术制造业快速增长。2022 年前三季度,规模以上工业中,高技术制造业增加值占比为 14.1%,同比增长 6.8%,增速快于全市规模以上工业 6.6 个百分点,拉动规模以上工业增加值 0.9 个百分点。高技术服务业复苏势头明显。2022 年 1—8 月份,高技术服务业营业收入为 1850.14 亿元,增速为 2.2%,比上期回升 2.5 个百分点,增速快于全市规模以上工业 2 个百分点。从高技术制造业具体行业来看,航空航天器及设备制造业、医药制造业、医疗仪器设备及仪器仪表制造业等产业增加值均实现两位数增长,分别同比增长 27.7%、13.4%、24.4%,合计拉动规模以上工业增加值 1.12 个百分点。

一是航空、航天器及设备制造业成为发展的新亮点。航空航天产业作为国家战略性新兴产业,是国防现代化和制造强国建设的重要支撑。2022 年以来,我市航空、航天器及设备制造业高位运行,1—9 月份累计增速达到 27.7%,截至 9 月份,全年平均增速达到 51.36%,是高技术行业中表现最为亮眼的行业。"十四五"以来,天津瞄准全国先进制造研发基地功能定位,将航空航天产业作为构建"1+3+4"现代工业产业体系重要组成部分,全力以赴推进产业发展提质增效。二是医药制造业是近期稳定高技术产业的重要砝码。2022 年 1—9 月，其累计增速达到 13.4%，占工业增加值比重为 5.6%，拉动规模以上工业增加值增长 0.75 个百分点。生物医药产业是天津打造"1 + 3 + 4"现代工业产业体系的重点产业之一。天津目前拥有包括化学药、中药、生物制药在内的医药制造产业全产业链，在创新孵化、产业化、流通等价值链主要环节完成了布局。区位布局上，天津生物医药产业基本形成以滨海新区为核心，武清、北辰西青、津南各具特色的发展格局。三是医疗仪器设备及仪器仪表制造业发展迅速。1—9 月，我市医疗仪器设备及仪器仪表制造业增加值累计增速达到 24.4%，高于高技术产业增速 17.6 个百分点，截至 9 月份，全年平均增速达到 38.9%。

第二，战略性新兴产业发展态势喜人。前三季度，工业战略性新兴产业增加值占比为 24.0%，同比增长 0.4%，拉动规模以上工业增加值 0.1 个百分点。其中，生物产业、新能源汽车产业、新能源产业、高端装备制造业等 4 个产业增加值分别同比增长 11.8%、6.0%、3.6%、1.1%，合计拉动规模以上工业增加值 0.9 个百分点。数字创意产业呈现出"报复式"增长，增速达到 56%。

一是生物产业成为我市战略性新兴产业的重要支点。2022 年以来，我市生物产业增速持续走高，始终维持在两位数的高效运行区间。1—9 月份，其工业增加值增速为 11.8%，占工业增加值的 6.3%，拉动规模以上工业增加值 0.7 个百分点。生物医药产业是国家重点支持的战略性新兴产业，是天津打造"1 + 3 + 4"现代工业产业体系的重点之一，也是"一主两翼"产业创新格局的两"翼"之一，其积极表现为我市战略性新兴产业在国内市场的崛起奠定基础。二是新能源汽车产业孕育我市产业发展的新期待。新能源汽车行业虽然近期呈现出下滑态势，但是相较于战略性新兴产业整体增速仍处于高位区间。1—9 月份，新能源汽车行业增速为 6.0%，比战略性新兴产业的增速高 5.6 个百分点。三是新能源产业呈现出复苏迹象。1—9 月份，工业增加值增速回升至 3.6%。其中，新能源产业所占工业增加值比重达到 2.4%。天津新能源产业链已经形成锂离子电池、风能、太阳能、氢能四条子链。

（六）汇聚稳经济政策合力，深耕创新和营商环境沃土

第一，打出一系列政策"组合拳"。2022 年来，我市加强政策统筹协调与细化落实，确保经济政策靠前发力、适时加力，以政策的确定性来应对诸多不确定性因素，形成确保经济运行在合理区间的强大合力。天津市贯彻落实《扎实稳住经济的一揽子政策措施》实施方案，围绕财政、货币金融等六个方面，提出了稳经济的 35 条政策措施；提高统筹利用两个市场、两种资源的能力，出台了《天津市促进内外贸一体化发展若干措施》、天津市高质量落实《区域全面经济伙伴关系协定》（RCEP）的若干措施、《天津市建设区域商贸中心城市行动方案（2022—2025 年）》等政策措施，打造国内大循环的重要节点、国内国际双循环的战略支点；集聚经济发展新动能，出台了《天津市智能制造发展"十四五"规划》《天津市促进海水淡化产业高质量发展实施方案》《天津市推动会展业发展三年行动方案（2022—2024）》等方案，编制了《天津市推进现代流通体系建设的实施方案（征求意见稿）》；促进消费恢复和潜力释放，出台了《天津市关于促进消费恢复提振的若干措施》（征求意见稿）、《关于促进生活性服务业发展的若干措施》；印发《天津市构建高标准市场体系若干措施》，从基础制度、要素市场、环境质量、市场开放、市场监管 5 个方面提出 18 类 44 项措施，畅通市场循环、疏通政策堵点、推进市场提质增效。

第二，深入实施创新驱动发展战略。完善国家重大科技设施和创新平台为引领的战略科技力量体系，天津现代中医药、物质绿色创造与制造、先进计算与关键软件（信创）等 5 个海河实验室已全部进入实质性建设阶段；深入推进京津冀协同创新共同体建设，统筹推进"中国信创谷""生物制造谷""细胞谷""北方声谷"等创新集聚区、标志区建设。不断强化企业创新主体地位，以提升企业研发能力为核心，多方位降低企业研发成本，加快企业关键核心技术攻关，健全完善科技成果评价机制，推动科技成果转化为经济发展的现实动力。《中国区域科技创新评价报告 2021》显示，我市综合科技创新水平居全国第一梯队，科技创新环境指数连续 5 年居全国榜首。持续优化人才创新创业生态，在全国率先组建高端装备和智能制造等十大产业人才创新创业联盟，截

至 2022 年 3 月,链接高校院所 80 家,联系领军企业 1600 个,达成"揭榜挂帅"合作意向 330 余项,攻克关键核心技术 460 余项,新落地项目近 400 个,总投资额 300 多亿元。

第三,继续强化营商环境顶层设计。2022 年,印发《天津市对标国务院营商环境创新试点工作持续优化营商环境若干措施》,围绕破除区域分割和地方保护等不合理限制、市场主体准入和退出机制等相关重点领域和关键环节改革,提出了十个方面 109 条任务清单。持续推进简政放权、放管结合、优化服务的全方位改革,制定《天津市关于加快推进政务服务标准化规范化便利化的实施方案》。为帮助企业纾困解难,印发《关于助企纾困和支持市场主体发展的若干措施》,围绕市场主体关心的税费减免、稳岗用工、金融支持等方面分类施策,出台了《优化政务服务助企纾困八项措施》,提出了深化涉企"一件事"集成服务、设立"助企纾困"服务窗口等助企纾困的八项具体措施,助企帮扶政策效果持续显现,民营企业和中小微企业等市场主体保持活跃,经济内生动力增强。

三　2023 年天津经济发展形势预测

2022 年前三季度,天津持续高效统筹疫情防控和经济社会发展,深入推动稳经济一揽子政策措施和接续政策落地显效,经济运行总体呈现回稳向好的积极态势。结合近期国内外经济发展态势以及天津 2022 年宏观经济总体趋势,课题组认为,在各项政策措施加持护航下,2023 年天津经济运行将保持在合理区间,高质量发展成效会持续显现。

（一）不同情景下的主要经济指标预期

当前,在地缘政治冲突、能源危机、金融危机、新冠肺炎疫情反复等多重不利因素叠加影响下,全球政经环境依然严峻复杂,经济发展面临巨大不确定性,衰退风险加剧。在国内,一系列前置和接续稳经济政策效应持续释放,推动国内经济持续恢复向好,三大需求持续回升,就业和物价总体稳定,民生保障有力有效,总体运行在合理区间。2022 年,天津高效统筹疫情防控和经济社会发展,深入推动稳经济一揽子政策措施落地显效,积极保障产业链、供应链、资金链畅通,加快新动能培育和产业结构升级,持续优化营商环境,主要经济指标平稳、向好、转优,为 2023 年经济发展奠定了坚实基础。

课题组采用天津市统计局发布的年度、季度以及月度宏观经济数据,运用经济计量模型、灰色预测模型等方法,对 2023 年主要经济指标进行预测分析,提供了组合区间预测值,并按照中性预期、乐观预期、悲观预期三种情景给出预测结果。

1. 中性情景预期

在中性情景预期下,世界各国推进政治经济秩序正常化,产业链、供应链稳步恢复,大宗商品价格上涨趋势缓解,全球经济向好发展;国内经济发展积极因素不断集聚,有效需求持续释放,产业结构调整稳步推进,经济回暖步伐加快;天津科技创新基础研发实力持续增强,实体经济规模不断扩大,对外开放能级不断跃升,市场需求持续扩张,市场主体更具活力,产业新业态新模式稳步成长,经济发展质量不断提升。在此种情景设定下,天津 2023 年主要指标预测结果见表 1。

表 1　中性情景预期下天津主要经济指标预测

预测指标	2023 年预测值
地区生产总值增长(%)	[3.4,4.3]
居民可支配收入(元)	[48,816,53,291]
工业增加值增长(%)	[4.2,4.8]
固定资产投资增长(%)	[5.0,5.6]
社会消费品零售总额增长(%)	[3.3,4.1]
公共财政收入(亿元)	[1950,2010]
CPI	[101.8,102.2]
PPI	[104.3,108.5]

资料来源:天津市统计局数据,后经作者计算整理所得。

2. 乐观情景预期

在乐观情景预期下，全球地缘冲突、能源危机等各类风险得到有效控制和化解，国际经贸合作交流密切，经济处于快速恢复通道；我国实施扩大内需战略同深化供给侧结构性改革有机结合成效显著，经济发展内生动力显著增强，宏观经济实现快速增长；天津经济有效摆脱新冠肺炎疫情冲击影响，"双中心"城市建设有效链接内外贸市场，传统优势产业与新动能产业高效赋能实体经济，科技创新人才强力支撑经济发展，经济高质量发展成果显著。在此种情景设定下，天津 2023 年主要指标预测结果见表 2。

表 2　乐观情景预期下天津主要经济指标预测

预测指标	2023 年预测值
地区生产总值增长（%）	［4.5,5.3］
居民可支配收入（元）	［54,341,55,391］
工业增加值增长（%）	［5.8,6.4］
固定资产投资增长（%）	［8.4,8.9］
社会消费品零售总额增长（%）	［5.5,6.0］
公共财政收入（亿元）	［2232,2300］
CPI	［102.6,102.9］
PPI	［100.1,103.8］

资料来源：天津市统计局数据，后经作者计算整理所得。

3. 悲观情景预期

在悲观情景预期下，世界形势变得愈加复杂，地缘政治冲突加剧，主要经济体通胀水平居高不下，全球经济减速和分化风险加大；国内经济需求释放不足、供给冲击强化以及经济增长预期减弱的三重压力在逐步加大；天津经济持续受到新冠肺炎疫情影响，消费市场恢复较慢，投资需求不旺，受全球经济衰退影响导致外贸疲软，市场主体活力不足，经济增速下行压力加大。课题组认为,悲观情景是发展中的一种极端情况假设,属于小概率情景,在此种情景设定下,天津 2023 年主要指标预测结果见表 3。

表 3　悲观情景预期下天津主要经济指标预测

预测指标	2023 年预测值
地区生产总值增长(%)	[-1.7,-1.1]
居民可支配收入(元)	[41,267,43,154]
工业增加值增长(%)	[-0.8,-0.2]
固定资产投资增长(%)	[-3.9,-3.0]
社会消费品零售总额增长(%)	[-5.2,-4.6]
公共财政收入(亿元)	[1392,1497]
CPI	[98.0,98.5]
PPI	[109.2,113.0]

资料来源:天津市统计局数据,后经作者计算整理所得。

(二)预测结果描述

在我国宏观经济稳步恢复的发展趋势和天津经济持续回升的发展态势下,预计 2023 年天津地区生产总值同比增长在 3.4% 至 4.3% 之间,实际经济增速较 2022 年明显提升,主要经济指标处于合理运行区间,经济发展总体呈现稳定向好变化。

四　推动天津经济高质量发展的对策建议

(一)全面推动高技术产业发展,强化发展内生动力

第一,高起点谋划高技术产业发展。科学规划建设"高技术产业 +"融合发展示范园区,健全完善配套服务体系,提升产业发展集聚度。合理配置产业

资源,引导高技术企业与战略新兴企业特别是新引进培育的企业向产业基础好、配套设施完善、政策支持明确的区域集中,打造一批特色高技术产业基地。鼓励各区结合实际发展高技术产业,避免同质化竞争。争取在我市创建国家级"高技术产业＋"多链融合示范点,加大宣传推广力度,全力将其打造成在国内乃至国际有影响力的"高技术产业＋"创新发展区。

第二,高标准培育高技术产业品牌。瞄准国际国内高技术产业领域龙头企业、知名企业,加快引进一批创新能力强、发展潜力大的企业,支持其在我市设立信息技术应用创新研发中心、项目总部等,通过龙头带动进一步集聚产业资源。大力培育具有核心竞争力的"高技术产业＋"企业,建立天津市高技术重点企业培育库,对入库企业加大支持扶持力度。推动成立天津市"高技术产业＋"融合发展联盟,鼓励生态链各环节企业加强合作,构建多方协作、互利共赢的产业集群生态,尽快形成一批国际国内有影响力的、具有信息技术应用创新前沿性应用的高技术成长型企业。

第三,高质量打造高技术产业生态体系。推动建立公共服务平台,为高技术企业提供投融资、供需对接等一站式服务。加快建立高技术产业专家库和项目库,提升高技术产业对天津经济发展的影响力和辐射力。推动成立天津市高技术产业发展引导基金,重点支持核心技术攻关、项目示范、公共服务等。加强高技术产业集群人才培养,支持市内重点高校优化课程设置,鼓励社会培训机构、职业院校等大力培养高技术产业基础人才,支持建立高技术产业集群人才培训基地。完善人才配套服务,分层分类对高技术产业发展所需人才在安家落户、子女就学、医疗保障等方面给予支持。定期举办高技术产业人才对接交流会,解决供需矛盾。鼓励企业联合高校、社会组织、行业协会等举办高技术产业集群论坛、文化沙龙等活动,营造良好的发展氛围。

（二）释放精准投资关键作用,夯实经济发展基本盘

第一,以高技术制造业投资优化传统工业投资结构。继续深入推进"链园结合"引资育企模式,结合天津工业发展的需要以及资源禀赋加快工业"有效投资"的引入。以特色各异的产业主题园区,作为高技术产业集聚的平台,着

力培育其成为产业链培育、提升工业经济运行效能的重要载体,不断引进高技术制造业投资。做大做强做优航空、航天器及设备制造业、医药制造业、医疗仪器设备及仪器仪表制造业等高技术制造业,在税收、土地等方面给予上述行业一定程度的优惠,持续培育"1+3+4"产业体系。充分发挥海河产业基金、滨海产业基金投资支撑引领作用,积极引导社会资本向高技术制造业的转移,做大做强生物医药等新兴产业,要强化产业链优势,围绕12条重点产业链,塑造产业链新生态,营造良好的高技术投资外部环境。

第二,更好发挥基础设施投资对于投资的托底作用。率先积极谋划基础设施投资布局,特别是对于新基建的投资。推进现代化基础设施体系建设,提升城市路网、停车系统、地下管网等建设水平,建成市域(郊)铁路和城市轨道交通,推进5G网络、物联网等新型基础设施建设。继续扎实推进乡村建设行动,加快补齐基础设施和公共服务短板,为乡村产业发展、乡村治理等提供必要的硬件保障,持续改善乡村人居环境。增加有效投资,优化基础设施资金来源,通过PPP等模式带动社会资本参与到基础设施建设中来;放宽盘活存量资产准入门槛,实现基建投资资金多元化。实施城市更新行动,加快城市老旧空间复兴和品质提升。

第三,依托社会领域投资着力提高投资质量。依托社会领域投资教育,卫生和社会工作,文化、体育等领域,着力保障和改善民生。持续拓宽社会投资领域,对于百姓继续改善的教育、医疗等方面的需求,合理规划投资布局,满足百姓需求。持续加大财政金融支持,创新政策工具。对于社会领域收益低、回报周期长等相关特点,央行等金融机构要积极创新融资工具,建立更具活力的社会领域投资基金,丰富资金来源。提供社会领域投资人才政策支持。积极鼓励民办医疗、教育、文化体育机构引进的人才在职称评审等方面与公办医疗、教育等机构享有同等待遇。支持公办和民办教育等机构建立人才选派互换机制,不断提升公办机构活力以及民办机构的质量。

(三)促进消费市场提质扩容,赋能国际消费中心城市建设

第一,推动消费中心城市更具国际品质。以国际消费中心城市建设为机

遇,加快推进首店经济、首发经济,同时也要考虑与北京在国际消费中心城市建设上的区域协同性,形成特色化、差异化、互补性的国际消费经济中心;加快推进布局市内免税店,发展免税经济,鼓励老字号入驻免税店,吸引更多周边省区和境外旅客来市内消费;吸引具有广泛国际影响力的 IP 主题公园落户津门,依托世界品牌主题公园聚集优质国际要素资源,吸引全球消费者观光消费;深化数字技术与文旅消费场景融合,依靠新技术"活化"现有资源,如在五大道小洋楼内通过虚拟现实内容展示再现民国时期的生活场景,给游客带来生动形象的全方位感官体验,促进文旅消费品质升级;同时,要加快构建起与国际消费中心城市相符合的优质消费环境。

第二,促进城市消费更具活力。以海河国际消费季为抓手,通过举办形式多样、主题鲜明的购物市集等来吸引人流,拉动传统消费,提升城市消费生活的烟火气;更加重视培育年轻人喜欢的新消费形态,迎合年轻人消费特征,促进社交消费、定制消费、绿色消费,加快发展电竞消费、赛车消费、VR 体验消费等,使城市消费更加多彩;对海河消费季成效要及时进行评估,把握消费风向,主动应变,使活动更具市场价值,将海河国际消费季打造成为极具全国影响力的商业活动品牌。

第三,注重挖掘农村消费市场潜力。准确把握农村消费需求特征,制定有针对性的振兴农村消费的政策措施,完善农村消费基础设施建设,加快推进农村消费升级,从传统的家电、汽车等生活类耐用商品下乡,逐步转变为依托数字经济实现高品质商品与优质服务共同下乡,逐渐提质农村服务消费。

第四,以促增收提升居民消费能力。首先,助企纾困是当前实现稳岗扩岗、居民增收的重要之举。中小企业是市场就业的主要载体,也是受疫情影响最为严重的市场主体。一方面应持续深化国家稳经济一揽子政策措施成效,另一方面,围绕减税退税、减费降费、"放管服"等各项政策应出尽出,确保我市扎实稳住经济大盘的政策措施得到有力有效的贯彻执行,可以考虑对为稳岗扩岗做出突出贡献的企业在未来两年内进行额外税收减免。其次,以乡村振兴带动农村居民增收。持续加大乡村振兴力度,不断引导社会资金投入乡村振兴事业,扩大美丽乡村、示范村等的建设规模和发展现代都市型农业,推进数字乡村建设,全力促进农民增收。再次,多元化居民收入来源。积极拓宽投资渠道,鼓励金融机构创新投资产品,不断培育居民金融理念和提高金融素质,科学引导居民参与理财、基金等投资活动,不断提升财产性收入在居民收入结构中的比重。

(四)加大高水平对外开放,塑造外向型经济新优势

第一,提升制度型开放水平。党的二十大提出,稳步扩大规则、规制、管理、标准等制度型开放。在开展国际经贸合作过程中,应强化规则、规制、标准的互联互通,一方面要以优化各类负面清单制度为主抓手,推进"竞争中性"规制完善与落实,持续优化营商环境,与世界先进规则、规制等接轨,另一方面要推进中国管理、中国规则、中国标准走向世界。应发挥数字经济发展优势,以国家数字服务出口基地建设为依托,探索数字跨境流动新机制,积极参与全球数字贸易规则体系构建。推进天津自贸试验区建设和京津冀自贸联动,探索更多制度型开放新举措,破除妨碍贸易投资便利化的体制机制,创新促进"双循环"有机结合的体制机制,为构建新发展格局增添新动力。

第二,维护多元稳定的国际经贸关系。持续优化国际市场布局,进一步加强与欧盟、日韩、美国等国家或地区的紧密合作关系,全力推进"一带一路"沿线国家和地区、非洲、南美洲等新兴市场开发,推动与 RCEP 成员国全方位开展交流与合作。发挥我市信创产业、智能制造、中医药等产业优势,积极参加国际性展会活动,探索在新兴市场策划举办一批线上线下品牌展,深化投资、贸易、技术等领域交流合作,带动天津产品"走出去"。

第三,促进外资扩增量稳存量提质量。依托世界智能大会、天津达沃斯论坛等我市知名招商品牌活动,围绕重点产业链开展招商引资和项目推介,通过"云洽谈""云签约"等模式,吸引外资在高端制造、现代服务等领域集聚;滚动形成新一批重点外资项目清单,强化全流程跟踪服务、全方位要素保障以及新项目储备;深入落实外商投资法及其实施条例,强化外商投资合法权益保护,畅通需求沟通反馈机制,稳定外商投资预期和信心。强化对外投资合作,持续拓宽投资领域,加快建设境外合作区,促进中埃·泰达苏伊士经贸合作区提档

升级。

第四，培育外贸竞争新动能。持续做强一般贸易，提升加工贸易，加快发展外贸新业态新模式。推动跨境电商产业集聚化、规模化发展，组织跨境电商平台与内外贸企业等开展资源对接，促进本土企业更好对接国内国际市场；大力推进高技术、高附加值、符合环保要求的保税维修业务发展，加快建设王兰庄国际商贸城国家市场采购贸易试点，构建市场采购贸易支撑服务体系；拓展服务业扩大开放综合试点深度，发展软件与信息技术服务、中医药服务、金融等新兴服务贸易。提升贸易全链条数字化水平，加快建设国家数字服务出口基地。完善内外贸一体化的调控体系，培育内外贸一体化的平台，推动内外贸一体化发展。提升产业和贸易融合发展水平，提高传统产业和战略性新兴产业的外向度，培育一批外向型产业聚集区。

（五）推进港口经济发展，提高服务城市能级

第一，提升港口经济服务能级。发挥"两个扇面"协同优势，持续优化外贸航线布局，开发与"一带一路"沿线国家和 RCEP 成员国的航线，填补东南亚和澳新等地区航线空白，不断增加天津港外贸干线数量和覆盖面，鼓励在天津港开辟集装箱班轮航线。强化环渤海内支线建设，积极推动津冀港口合作，完善以天津港为中心的环渤海内支线网络，提升内贸货物集装箱化水平。加大国际陆海联运业务市场开发，拓展中欧班列国际海铁联运功能，构建以天津港为核心的国际多式联运物流服务网络。加快推进天津港直通中西部腹地的专用铁路通道建设。促进天津港与航运、铁路运输企业和第三方物流企业共同组建多式联运专业化经营主体，设立多式联运综合试验区，提升多式联运服务效率和质量。

第二，持续完善物流集散服务功能。引育一批临港产业和物流发展的市场主体，激励和保护市场主体发展。深化与中钢协、中矿协、中煤协等行业平台合作，拓展大宗商品交易货种和规模，建设国际大宗商品交易中心，提升港口对生产资料贸易的支撑保障作用。加快国际物流集散中心建设，深化与招商物流、中远海运物流、普洛斯等国内外大型物流企业的合资合作，完善"外贸

输入、内贸分配"的物流组织模式。积极开发冷链、汽车、食品、大件等特色物流服务,拓展中转配送、流通加工、供应链服务等物流增值服务。依据我市或周边省市对港口物流、商贸集散、国际分拨的需求,打造规模化、专业化的商贸物流服务聚集区,推动北方国际航运枢纽建设。

第三,促进临港产业提质增效。做大做强临港制造、海洋经济等优势主导产业,积极发展新能源装备、节能环保设备、新材料等新兴制造产业,构建临港产业集聚区。深入推进国家海洋经济发展示范区建设,促进临港产业与周边区域经济借力发展,打造天津港口经济产业集群和产业生态特色。发挥天津市海洋经济产业的科技创新体系优势,带动建设一批"政产学研用金服"相结合的临港产业创新中心,增强我市自主创新能力。大力发展航运总部经济,吸引航运、物流等企业总部或区域中心落户,加快港航信息、商贸、金融保险等现代航运服务业发展,建设国际航运服务聚集区。支持跨境融资租赁做大做强,发展特色航运保险业务,打造北方国际航运融资中心。推动航运与互联网、大数据、文化产业等融合发展,培育独具特色的航运服务新生态。加快航运融资、咨询、保险等附加值高的港航增值服务发展。探索建立与国际接轨的航运经纪规则,大力发展航运经纪业务。

参考文献:

[1] 谢伏瞻主编:《2022 年中国经济形势分析与预测》,社会科学文献出版社,2021。

[2]《前三季度国民经济恢复向好》,http://www.stats.gov.cn/tjsj/zxfb/202210/t20221024_1889459.html。

[3]《前三季度我市经济运行持续恢复稳步向好》,https://stats.tj.gov.cn/sy_51953/jjxx/202210/t20221025_6017691.html。

[4]《稳字当头的 2022 年中国宏观经济——CMF 中国宏观经济分析与预测报告(2022 年中期)》,http://ier.ruc.edu.cn/docs/2022-06/c3eb4846707d4c239ad5eae813545d3c.pdf。

2022—2023
天津宏观经济景气分析与预测

天津市统计局宏观经济分析课题组①

摘　要： 2022 年,面对复杂严峻的国内外形势和多重超预期因素考验,天津市坚持以习近平新时代中国特色社会主义思想为指导,完整准确全面贯彻新发展理念,着力推动高质量发展,主动构建新发展格局,全市经济运行持续恢复,稳步向好。但同时,国内外环境复杂性不确定性依然较大,经济发展仍面临较多困难挑战。下一步,要继续坚持以习近平新时代中国特色社会主义思想为指导,深入学习贯彻落实党的二十大精神,高效统筹疫情防控和经济社会发展,不断巩固向好基础,推动天津市经济加快恢复。

关键词： 稳步向好　新发展理念　新发展格局　高质量发展

　　2022 年,面对复杂严峻的国内外形势和多重超预期因素考验,天津市坚持以习近平新时代中国特色社会主义思想为指导,深入贯彻落实习近平总书记对天津工作"三个着力"重要要求和一系列重要指示批示精神,按照党中央、国务院决策部署,在市委、市政府坚强领导下,坚持稳中求进工作总基调,完整、准确、全面贯彻新发展理念,着力推动高质量发展,主动构建新发展格局,高效统筹疫情防控和经济社会发展,全力推动稳住经济大盘一揽子政策措施和接续政策措施效果加速释放,全市经济运行持续恢复,稳步向好,经济结构持续优化升级,新动能发展态势良好,经济运行质量稳步提升,民生福祉不断增进,

---

① 执笔人:刘永明

高质量发展步伐坚实。但也要看到,国内外环境复杂性不确定性依然较大,经济发展仍面临较多困难挑战。下一步,要继续坚持以习近平新时代中国特色社会主义思想为指导,深入学习贯彻落实党的二十大精神,不断巩固向好基础,推动天津市经济加快恢复。

一 2022 年天津经济运行总体情况

(一)经济发展逐季向好

根据地区生产总值统一核算结果,前三季度天津市地区生产总值为11,896.10亿元,按不变价格计算,同比增长1.0%,比上半年加快0.6个百分点,在全国31个省区市中排位比上半年提升3位,与全国差距比上半年缩小0.1个百分点。分产业看,第一产业增加值148.18亿元,增长3.0%;第二产业增加值4513.08亿元,增长0.2%;第三产业增加值7234.84亿元,增长1.3%。分季度看,三季度当季增长2.0%,分别比二季度和一季度加快1.3个和1.9个百分点。

(二)农业稳步发展

前三季度,农林牧渔业总产值同比增长3.3%。主要秋粮作物总体长势良好,在夏粮丰收的基础上全年粮食生产有望再获丰收。蔬菜产量180.89万吨,同比增长6.8%。水产品产量16.20万吨,同比增长7.8%。9月末生猪存栏153.32万头,其中能繁母猪存栏19万头,保持平稳。

(三)工业生产恢复性增长

前三季度,规模以上工业增加值同比增长0.2%,好于上半年0.5个百分点。分经济类型看,国有企业增加值下降0.4%,民营企业下降0.6%,外商及港澳台商企业增长1.0%。分三大门类看,采矿业增加值增长5.8%,制造业下降 1.2%，电力、热力、燃气及水生产和供应业下降 3.7%。

39 个行业大类中，16 个行业实现同比增长，合计拉动规模以上工业增加值 3.4 个百分点。其中，石油和天然气开采业增加值增长 5.9%，拉动 1.2 个百分点；医药制造业增长 13.4%，拉动 0.8 个百分点；专用设备制造业增长 10.3%，电气机械和器材制造业增长 7.1%，农副食品加工业增长 14.5%，各拉动 0.3 个百分点，上述五个行业合计拉动 2.9 个百分点。

规模以上工业企业产销率为 99.3%，特别是中小微企业产销态势良好。其中，中型企业产销率为 100.3%，高于规模以上工业 1.0 个百分点；小型企业产销率为 100.1%，高 0.8 个百分点；微型企业产销率为 100.2%，高 0.9 个百分点。

（四）服务业总体平稳

前三季度，服务业增加值同比增长 1.3%，占全市地区生产总值的比重为 60.8%。其中，金融业增加值同比增长 0.6%，交通运输、仓储和邮政业增加值同比增长 9.8%，批发和零售业增加值同比下降 2.6%，住宿和餐饮业增加值同比下降 7.1%。

（五）固定资产投资降幅收窄

前三季度，固定资产投资（不含农户）同比下降 7.9%，降幅比上半年收窄 2.5 个百分点。分产业看，第一产业投资同比下降 1.2%，第二产业投资增长 6.5%，第三产业投资下降 11.9%。分领域看，制造业投资同比增长 6.0%，基础设施投资增长 10.1%，房地产开发投资下降 21.1%。

（六）消费品市场继续改善

前三季度，社会消费品零售总额同比下降 3.2%，降幅比上半年收窄 2.3 个百分点。限额以上单位商品零售额中，石油及制品类零售额增长 8.4%，日用品类增长 11.7%，家用电器和音像器材类增长 12.8%，文化办公用品类增长 16.2%，体育、娱乐用品类增长 14.9%。

(七)外贸出口保持增长

前三季度,外贸进出口总额 6249.36 亿元,同比下降 0.6%。其中出口 2904.33 亿元,增长 4.5%。从出口贸易方式看,一般贸易出口 1748.10 亿元,增长 8.5%,占到全市出口的 60.2%;加工贸易出口 893.08 亿元,下降 0.7%,占比 30.7%。从出口伙伴看,对欧盟、美国、日本、韩国出口分别增长 9.5%、13.9%、2.8% 和 10.4%,对东盟出口增长 15.2%。

工业出口保持增长。规模以上工业出口交货值同比增长 2.4%。分行业看,涉及出口的 31 个行业大类中,20 个行业出口交货值同比增长,增长面为 64.5%。其中专用设备制造业,电气机械和器材制造业,有色金属冶炼和压延加工业,石油、煤炭及其他燃料加工业,化学原料和化学制品制造业,通用设备制造业,黑色金属冶炼和压延加工业,食品制造业 8 个行业保持较快增长,合计出口交货值占规上工业的 40.0%,同比增长 31.4%,拉动工业出口增长 9.8 个百分点。

二 2022 年天津经济高质量发展情况

(一)产业结构持续调整优化

制造业立市步伐稳健。前三季度,制造业增加值占规模以上工业的比重为 62.1%,比上半年提高 0.5 个百分点,制造业对工业支撑作用明显。12 条重点产业链稳定发展,在链规上工业企业增加值同比增长 1.9%,快于全市规上工业 1.7 个百分点,占比达到 78.3%,其中航空航天、生物医药、信创 3 条产业链增加值增速较快,分别达到 23.8%、14.5% 和 14.3%。

现代服务业加速发展。世界一流智慧绿色港口建设加力推进,港口货物吞吐量和集装箱吞吐量实现"双增",分别增长 4.5% 和 4.7%,集装箱吞吐量再创历史同期新高,达到 1654.99 万标准箱。规模以上服务业中,新服务和生产性服务业营业收入增长较快,分别增长 8.0% 和 13.7%,分别快于规模以上服务业 2.4 个和 8.1 个百分点。

（二）投资和消费需求不断释放

投资结构进一步优化。大力推动重点项目开工建设,制造业、基础设施等实体领域投资保持较快增长,占全市投资的比重达到 35.5%,比上半年提高 2.3 个百分点。其中,计算机、通信和其他电子设备制造业投资增长 15.2%,化学原料和化学制品制造业投资增长 1.2 倍,分别占制造业投资的 22.0% 和 20.9%;水利、生态环境和公共设施管理投资增长 63.7%,占基础设施投资的 36.8%。

国际消费中心城市建设扎实推进。出台促进消费恢复提振 19 条措施,连续举办第二届"海河国际消费季""品质生活节"等一系列促消费活动,发放"津乐购"消费券、汽车消费补贴等,在此带动下,食品、家电、汽车等重点商品限上零售额三季度当季均实现增长,前三季度化妆品类、家用电器和音像器材类、体育娱乐用品类、通信器材类等升级类商品限上零售额分别增长 5.6%、12.8%、14.9% 和 38.6%,新能源汽车、智能手机等低碳智能商品限上零售额分别增长 1.2 倍和 52.9%。

（三）新业态保持较好发展势头

新产业新业态发展态势良好。前三季度,规模以上工业中高技术制造业增加值增长 6.8%,快于全市规上工业 6.6 个百分点,占比为 14.1%。线上零售新业态较为活跃,限额以上单位通过公共网络实现的商品零售额增长 17.9%,分别比上半年和一季度加快 2.1 和 6.2 个百分点,占限额以上社会消费品零售总额的比重达到 29.7%。

战略性新兴产业和高技术制造业投资快速增长。战略性新兴产业投资增长 15.6%,其中新材料、节能环保、新一代信息技术等产业投资分别增长 69.7%、30.3% 和 29.4%;高技术制造业投资增长 8.8%,占制造业投资的比重为 32.6%,同比提高 0.8 个百分点,主要投向电子及通信设备制造业和医药制造业。

（四）经济运行质量稳步提升

财政收入降幅持续收窄。前三季度，一般公共预算收入 1366.58 亿元，按可比口径计算下降 8.1%，降幅比上半年收窄 9.6 个百分点。其中税收收入下降 9.2%，收窄 3.7 个百分点。

工业企业利润增长加快。前三季度，规模以上工业企业利润总额同比增长 6.8%，比上半年加快 1.8 个百分点，也快于全国平均水平 9.1 个百分点；营业收入利润率为 6.94%，高于全国平均水平 0.71 个百分点。

（五）民营经济稳步恢复

前三季度，全市民营经济增加值 4458.31 亿元，按不变价格计算，同比下降 0.8%，降幅比上半年收窄 0.4 个百分点。主要指标逐步恢复，新登记民营市场主体 20.59 万户，下降 0.4%，降幅比上半年收窄 3.5 个百分点。限额以上民营批发和零售业企业商品销售额下降 7.4%，收窄 1.0 个百分点。限额以上民营住宿和餐饮业营业额下降 12.4%，收窄 4.2 个百分点。民营企业出口 1326.02 亿元，增长 14.3%，比上半年加快 0.6 个百分点。

（六）民生福祉持续增进

民生保障投入继续加大。扎实推进 20 项民心工程，财政支出持续向教育、卫生等公共领域倾斜，前三季度，全市一般公共预算支出中，教育支出增长 2.9%，卫生健康支出增长 7.2%。

就业形势保持稳定。打好"降、缓、返、补"政策组合拳，千方百计稳定居民就业，出台一系列支持青年就业创业举措，深入挖掘政策性岗位资源，全力做好高校毕业生就业工作，前三季度，全市新增就业 29.90 万人。

居民收入稳步增长。就业形势平稳带动居民工资性收入稳定增长，前三季度全市居民人均可支配收入 38935 元，同比增长 3.6%，其中工资性收入增长 4.9%，比上半年加快 0.1 个百分点；出台"直接粮补、投保财补、先建精补"组合措施助力粮食生产，农民种粮收益增加，农村居民人均可支配收入增长

4.4%,快于城镇居民1.0个百分点。

居民消费价格温和上涨。前三季度,居民消费价格同比上涨2.0%。分类别看,食品烟酒价格上涨2.2%,衣着上涨1.5%,居住上涨0.2%,生活用品及服务上涨1.7%,交通通信上涨7.0%,教育文化娱乐上涨1.6%,医疗保健上涨0.2%,其他用品及服务上涨0.2%。

生态环境质量持续改善。"871"重大生态工程顺利推进,造林绿化工程新造林2600亩,生态路建设41.3公里。前三季度PM2.5平均浓度34微克/立方米,创历史最好水平;地表水国控断面优良水质占比58.3%,无劣Ⅴ类水质。

三 2022年经济运行中存在的主要问题

2022年全市经济运行持续回升向好,但受多重因素影响,主要指标与先进省市和全国平均水平相比还有一定差距,一些重点领域仍存在一些值得关注的问题。

一是部分下降行业对本领域运行影响明显。从工业生产看,受石化产品原材料价格高、房地产相关行业不景气、天然气价格上涨等原因影响,前三季度化学原料和化学制品制造业、黑色金属冶炼和压延加工业、非金属矿物制品业、燃气生产和供应业增加值分别下降9.5%、11.5%、12.8%和21.3%,合计下拉全市规模以上工业1.7个百分点。从商品销售看,受市场需求不足以及生产减少影响,金属材料类限上商品销售额下降9.6%,下拉全市限额以上商品销售额4.3个百分点。

二是企业成本上升压力较大。前三季度,工业生产者价格指数(PPI)仍处高位,出厂价格上涨7.8%,其中生产资料上涨9.1%,拉高企业经营成本。全市规上工业每百元营业收入中的成本为85.13元,规上服务业每百元营业收入中的成本为87.03元,均高于全国平均水平。

三是投资仍处下降区间。新开工项目规模减小,本年新开工项目平均计划总投资2.64亿元,为上年同期的70.8%。房地产市场下行压力依然较大,前三季度房地产开发投资下降21.1%,下拉全市投资10.9个百分点,商品房销售面积下降 33.9%。民间投资意愿不足,2022 年以来连续下降,前三季度下降 22.9%,下拉全市投资 8.6 个百分点,主要影响因素是房地产开发民间投资下降 30.1%。

四　2023 年天津经济形势展望及对策建议

(一)经济形势展望

展望 2023 年,天津经济持续回升向好态势有望延续,但国内外环境复杂性不确定性依然较大,经济发展仍面临较多困难,机遇和挑战并存。

从国际看,受全球供应链不畅、俄乌冲突等因素影响,能源和粮食价格飙升,高通胀已成为全球性问题,各发达经济体及部分发展中经济体纷纷开启加息周期以抗击通胀,由此带来的国际金融市场动荡及一系列连锁风险正在逐步显现,加之新冠肺炎疫情仍在蔓延,全球经济普遍放缓,前景面临较大下行风险。国际货币基金组织(IMF)最新预计,2022 年全球经济增长 3.2%,2023 年增长 2.7%,比 7 月预测值下调 0.2 个百分点。

从国内看,前三季度,我国经济克服多重超预期因素冲击,主要指标回稳,保持在合理区间,生产需求持续改善,就业物价总体稳定,民生保障有力有效,积极因素累积增多。但同时外部环境更趋复杂严峻,国内经济恢复基础尚不牢固。

从天津来看,2022 年,市委市政府带领全市上下认真落实"疫情要防住、经济要稳住、发展要安全"的重要要求,高效统筹疫情防控和经济社会发展,扎实推动稳经济一揽子政策和接续政策措施落地见效,经济运行呈现逐季向好态势。但内外部环境不确定性依然较大,近期景气调查结果显示,规模以上工业和服务业企业对四季度本行业、本企业运行状况持肯定预期的比重均较三季度有所下降,反映出市场信心仍显不足。

初步展望,2023 年天津市经济将继续呈现持续稳定恢复态势。

（二）对策建议

下阶段,要继续坚持以习近平新时代中国特色社会主义思想为指导,深入学习贯彻落实党的二十大精神,高效统筹疫情防控和经济社会发展,不断巩固向好基础,推动天津经济加快恢复。为此提出以下建议:

1. 纵深推进京津冀协同发展

主动融入、服务京津冀协同发展,提升承接北京非首都功能疏解水平,靠前招商,引进新一批优质项目落地。深化"一基地三区"功能定位,加大汽车芯片、高端医疗器械等区域产业链关键环节布局,高标准建设世界一流智慧绿色枢纽港口,用好天津港战略资源,做大做强港口经济,加快建成运营京唐、京滨铁路,加快滨海国际机场三期改扩建工程建设。持续打造"双城"发展格局,推动"津城"扬长避短错位发展,补齐"滨城"基础设施和公共服务短板,推动形成交通互联、产业互促的协调发展格局。

2. 持续优化产业结构

深入实施制造业立市战略。坚持"制造业立市",加快建设全国先进制造研发基地,着力打造"1＋3＋4"现代工业产业体系,加快智能科技产业与制造业深度融合,加速人工智能、物联网等技术在工业领域的市场应用,带动传统重点产业改造升级,提高企业市场竞争力,扩大企业盈利空间。聚焦信创、高端装备等12条重点产业链,打通产业链、供应链堵点,在链上抓项目、抓招商,持续强链、补链、延链。聚焦汽车、石化、冶金等重点行业,精准施策,对重点企业、重点项目做好点对点服务,一企一策,因企施策,提升企业信心和生产意愿,夯实发展基础,稳定工业运行大盘。加快结构调整,加大对电子产品、新能源汽车等升级类产品生产企业的政策支持,减轻企业成本压力,增强企业发展信心。

加快构建现代服务业产业链。当前,我市以产业链建设为抓手,推动产业发展能级提升,已打造12条重点工业产业链,成效凸显。但与先进制造业密切相关的生产性服务业产业链还有所欠缺。从其他城市看,深圳已经构建了金融业产业链,杭州、贵阳构建了数字经济产业链等,而我市生产性服务业分布还相对分散。建议学习深圳、杭州、贵阳等城市先进做法,聚焦设计、航运、信息技术、融资租赁等我市优势生产性服务业企业,积极探索构建现代生产性服务业产业链,促进资源配置优化,形成现代服务业产业链集群,推动服务业与制造业深度融合、互相促进,逐步向"制造 + 服务""产品 + 服务"转变,形成符合我市高质量发展的新的核心产业,进一步发挥服务业对经济增长的支撑作用。

3. 强化科技创新赋能

全力打造自主创新重要源头和原始创新主要策源地,高水平推进重大平台和重点实验室建设。积极培育新动能,大力发展高技术制造业、战略性新兴产业等新动能产业。加快科技型企业梯度集聚,推动国家高新技术企业、国家科技型中小企业、国家级专精特新"小巨人"企业数量显著增加。积极评估全市科技创新资源、优势产业分布,明确科技型企业培育的重点行业和领域,通过示范引领、精准扶持,激励一批市级科技型企业向国家级科技型企业奋进。梳理有望成为"独角兽"和"单项冠军"的"小巨人"企业,加大力度,重点培育,促进企业进一步壮大,起到龙头带动作用。推动关键核心技术突破,促进企业与高校、科研院所在关键核心技术领域协同创新,发挥科技型企业主导作用,实现产业链、供应链企业集群式研发。

4. 提升需求拉动作用

精准扩大有效投资。树立"效益为先"理念抓项目,做细做实项目前期谋划准备工作,推动未开工重大项目尽早开工、在建项目尽早建成完工、竣工项目尽早投产达产。积极谋划大项目、好项目,加大招商引资力度,开展好精准招商、以商招商,夯实项目谋划储备,为经济发展积蓄后劲。促进房地产市场健康良性发展,落实好近期出台的房地产利好政策,释放居民刚需和改善型需求。加大金融对房地产企业支持力度,畅通企业融资渠道,缓解房地产开发企业资金压力,积极营造企业敢投愿投的良好氛围,切实提振房产开发企业投资信心。进一步激发民间投资活力,落实好鼓励民间投资发展的相关政策措施,拓宽民间融资渠道,拓展民间投资空间,鼓励民间资本积极参与基础设施建设、公共事业、高新技术产业等领域投资,促进民间投资转型升级。

加力推进国际消费中心城市建设。加快落实消费恢复提振19条措施，充分利用好汽车购置税减半、新增汽车指标、新增消费券等政策，继续开展好各项促消费活动，促进消费市场加快回升。引导线下实体企业积极拓展线上销售市场，通过线上线下结合的方式带动网络销售增长，关注重点电商龙头企业，对接本地居民实际需求，优化供给水平和能力，积极引入电商直播平台，规范市场经营，开拓新型网上零售渠道。培育品牌梯队，促进品牌集聚，结合"设计之都"建设，做强品牌设计环节，提升品牌设计能力，通过整合产业链资源，打造津门新品牌。挖掘产业资源优势，延长品牌链条，梳理消费品制造业大户、老字号、名品牌，推动产销分离，形成一批连锁总部企业，促进消费生产内循环。

稳定外贸外资基本盘。充分发挥我市自贸区优势和外贸新业态齐全优势，助力外贸企业稳订单、稳市场，用好出口退税、出口信用保险、进出口专项贷款等支持政策，稳定外资外贸企业的预期和信心，支持外贸企业恢复发展。积极引导外贸企业开拓国内市场，加大出口转内销力度。

5. 进一步优化营商环境

持续加大企业帮扶力度。继续深入实施"一制三化"改革，扎实推进优化营商环境建设三年行动计划，强化国务院和天津市稳经济一揽子政策措施和接续政策措施的落地效果，巩固"双万双服促发展"活动成果，精准对接企业具体诉求，着力解决难点堵点问题，加强宣传解读，确保政策适用范围内的企业，特别是民营、小微企业切实享受到政策效果。进一步加大支持政策的执行力度、精度和覆盖面。以企业有效需求为导向，及时制定出台新的接续政策，除重点针对中小微企业扶持外，适时关注部分优质"小长大"企业的政策需求，进一步扩大政策覆盖面。

加强高精尖人才引育。深入实施"海河英才"行动计划升级版，营造"引得进、留得住"的良好人才发展环境。强化教育前端培养，优化高校学科布局，增加高精尖领域研发人才供给；支持人才中端引进，对企业引进高层次科研人员在薪酬待遇、子女就学、住房等方面予以充分保障；加强人才后端激励，在薪资分配、成果所有权或长期使用权等方面采取弹性化市场化管理，畅通高精尖人才晋升通道。

探索搭建权威政策宣介平台。近年来我市出台一系列助企纾困政策,取得了明显成效,但仍有部分企业反映不知晓政府出台哪些政策,不了解获取政策的渠道,查找、研究、匹配政策时间成本、人力成本较大,政策落地落细的"最后一公里"还需加强。要最大限度地解决政策出台部门和企业间供需信息不对称问题,确保各项政策全面落地落细,实现政策红利最大化、效用最大化。建议探索建立专门的政策发布解读权威平台,在平台内构建按领域进行详细分类的齐全政策库,使企业仅通过关注一个平台,即可直接了解与企业相关的全部政策,增加企业对政策知晓的及时性、可信性。同时积极推动数字化、智能化应用,借鉴滨海新区泰达企业服务云平台和政务帮办平台的"政策找企业"功能,通过丰富企业画像、政策画像,抓取、研判企业动态,提前介入,靠前服务,依托数据分析能力、企业行为和偏好的解析能力,做到惠企政策精准送达,实现从"企业找政策"到"政策找企业"的根本性转变。

参考文献:

[1] 国际货币基金组织(IMF):《世界经济展望》,2022 年 10 月 11 日。

[2] 世界银行(WB):《伴随着加息,2023 年全球经济衰退的风险上升》,2022 年 9 月 16 日。

[3] 中华人民共和国国家统计局:《前三季度国民经济恢复向好》,2022 年 10 月 24 日。

2022—2023
"滨城"经济发展形势分析报告

滨海新区经济运行分析课题组①

摘　要： 2022 年,滨海新区坚持实体经济方向,坚决把住稳增长的政治"方向盘"、稳住经济"发展盘"、守住民生"基本盘",经济社会发展保持稳中向好的良好态势。2023 年,滨海新区仍处于大有可为的战略机遇期,预测 2023 年滨海新区经济运行会保持总体平稳,初步预测发展目标如下:地区生产总值增长 4% 左右;规模以上工业总产值增长 5%;一般公共预算收入增长 6%;固定资产投资增长 8%;城乡居民人均可支配收入与 GDP 同步增长;完成天津市下达的节能减排指标任务。滨海新区将继续坚决贯彻习近平总书记"疫情要防住、经济要稳住、发展要安全"的重要要求,深入推进京津冀协同发展国家战略,持续推进创新立区、制造强区、改革活区、开放兴区、环境优区,实现"滨城"高质量发展。

关键词： 滨海新区　滨城　经济预测　高质量发展

2022 年,面对疫情影响和超预期因素冲击,滨海新区坚持以习近平新时代中国特色社会主义思想为指导,攻坚克难、砥砺奋进,采取有力措施应对困难挑战,坚决把住稳增长的政治"方向盘"、稳住经济"发展盘"、守住民生"基本盘",经济社会发展保持稳中向好的良好态势。

---

①　课题组成员:庞凤梅、邸倩。

一 2022 年新区经济运行情况①

（一）加大稳增长工作力度，落实举措有力有效

加快落实落细稳经济增长各项政策举措，及时谋划出台6方面123条具体措施，着力稳定经济基本盘。成立经济运行、税源建设、重大项目工作专班，常态化推动重点行业重点企业运行回稳向好。加大增值税留抵退税政策力度，1—8月留抵退税190.7亿元；降低市场主体用水用电用气成本，为2.6万家市场主体减负187万元；减免市场主体房屋租金，让利约3亿元；加大对企业的金融支持，发放创业贷款6197万元，为2906家市场主体办理贷款延期421.8亿元；着力稳定就业，拨付稳岗资金5.5亿元，组织各类招聘活动144场，提供岗位12.4万个，新增就业6万人。

（二）深度融入京津冀协同发展，战略势能加快转化为发展动能

加快打造京津冀协同发展示范区，持续提升滨海—中关村科技园、南港化工新材料基地等重点载体承接能力，新落地三峡新能源等央企二三级公司、项目39个，投资额超200亿元。滨海—中关村科技园新增注册企业378家，中国化学品安全协会北方总部、北京中交通信科技天津分公司在园区布局。提升完善综合交通运输体系，津潍高铁可研报告获批，津石高速全线通车，塘承高速进入桥面铺装。加快打造北方国际航运枢纽，天津港集疏运货运专用通道开工建设，京津物流园投产运营，C段智能化集装箱码头首次实现"三船同靠"，前三季度货物吞吐量3.6亿吨，增长3.3%；集装箱吞吐量1654万标准箱，增长4.7%。

---

① 滨海新区经济运行数据均截至2022年三季度，部分数据截至8月份。

（三）坚持实体经济发展方向，现代产业体系加快构建

优势产业拉动效应突出，围绕"1＋3＋4"现代产业体系和12条重点产业链，不断夯实制造业底盘，提升制造业能级。规模以上工业企业达到1364家，石油开采、石油加工等传统优势行业，生物医药等战略性新兴产业持续增长，增速分别为70.5%、31.5%和22.3%，为稳住工业基本盘提供了有力支撑。主题园区发展路径进一步清晰，制定了41个主题园区"一园一卡"信息表，实现园区管理目标可视化。战略性新兴产业快速成长，连续四年获得国务院督查激励，战新增加值占规上工业增加值的比重达到20.9%。新业态新模式加快发展，租赁和商务服务业、科技服务业分别增长49.8%和31.7%，新兴服务业占第三产业比重达到44.7%。新增兆讯传媒、唯捷创芯、快狗打车、海光信息4家上市企业，累计达51家。"滨海基金小镇"聚集私募基金管理人、私募股权基金及投资咨询类公司110家，注册资本近800亿元。融资租赁公司总资产1.3万亿元，处于全国前列。

（四）集聚创新要素资源，科技创新能力持续增强

创新平台加速集聚，先进计算与关键软件（信创）、合成生物学、细胞生态、物质绿色创造与制造海河实验室加快建设，85个科研项目获批立项。低碳合成工程生物学国家重点实验室获批，现代中药创新中心成为首个部市共建的国家级制造业创新中心。创新主体加快成长，新入库国家科技型中小企业2293家、雏鹰企业899家、瞪羚企业112家，新增国家级众创空间7家、市级工程研究中心8家。创新成果竞相涌现，"滨城"造长征火箭发射成功、植入式左心室辅助系统获批上市、康希诺全球首个吸入式新冠疫苗在中国获批紧急使用、成功入选IPv6技术创新和融合应用综合试点城市。全区技术合同成交额达411.5亿元，增长47.3%，创历史同期最好水平。创新生态不断完善，推动科技与金融融合发展，100亿元市天使投资引导基金落地东疆综保区；推出"创新积分贷"，为科技企业争取银行授信8100万元；创新人才不断积聚，获批全国首批人力资源服务出口基地。

（五）积极扩大投资消费，内需拉动经济能力得到提升

持续推进项目攻坚，两化搬迁、中沙聚碳酸酯、一汽丰田新能源等一批重点项目建成投产；谋划中化新能源新材料孵化器等766个项目入库储备，推动中策橡胶等189个项目开工建设，完成生态城生物医药研发生产基地等135个项目竣工验收。全力争取专项债支持，78个项目已成功发行221.5亿元。加快释放消费潜力，万达广场等一批商业综合体加快建设，居民消费载体进一步丰富。开展第二届滨城国际消费季活动，发放首批5000万元消费券，开展成品油网络零售试点，限上社会消费品零售总额同比增长4%，举办金九银十缤纷滨城房交会，成交新建商品住宅4.8万平方米，成交金额6.6亿元。

（六）持续深化重点领域改革，改革开放先行区建设实现新突破

坚持向改革要动力、开放要活力，全面推进130项改革任务。深化法定机构改革，优化开发区内部考核激励机制，实现组织绩效向个人绩效延伸。推进"放管服"改革，全面落实"一制三化"改革，政务服务事项"一网通办""最多跑一次"成为常态，营商环境考核评价居国家级新区前列。探索要素市场化改革，点状供地、"滨城"特色户籍制度、LNG燃气直供等一系列探索有序开展，北方大数据交易中心加快建设。深化市场主体改革，完成国有企业混改出让出清37家。盘活国企闲置资产，实现收益18.8亿元。优化民营经济支持政策，建设一流企业后备库，发布领军企业榜单，民营经济加速成长。深化港口管理体制改革，推进世界一流港口建设，天津港1293项非经营性资产移交工作已全部完成。对外开放水平不断提升，自贸试验区多项创新取得突破，首单新型离岸贸易落地；推广"FT账户分公司模式"，相关业务规模达1.6亿元；推动"两仓合一"监管模式创新，保税燃料油供应量突破150万吨；充分发挥"RCEP经核准出口商"制度作用，为企业节约成本500余万元。推动平行进口车行业恢复常态，清关平行进口车2.4万辆，货值220亿元。着力打造北方二手车出口高地，成为全国试点企业数最多的区域之一，出口二手车1378辆，货值4024万美元。

（七）全速推进"滨城"十大工程，城市载体功能持续提升

"滨城"十大工程全年安排项目 160 个，完成投资 213 亿元。轨道交通 B1 线、Z2 线、Z4 线加快建设，闸南路跨南疆铁路桥、津歧公路拓宽改造一期工程建成通车，外滩公园提升改造工程全面建成，工农大道改建即将完工，西中环跨海河桥开工在即。城市更新行动成效明显，泰达时尚广场、永正制衣等 6 个片区项目挂牌落地，洋货市场、华北陶瓷等 4 个片区项目稳步推进。优化既有集疏运骨干路网，塘汉快速路、港城大道、海景大道、港塘路、轻纺大道等国省级干道启动大修。深入落实"双碳"工作，编制区碳达峰实施方案、用能权有偿使用及交易实施方案等文件，启动用煤权试点。深入打好污染防治攻坚战，空气质量连续三年持续改善，达标天数全市排名第一；水环境质量取得历史最好成绩，综合污染指数同比改善 8.3%，12 条入海河流全部"消劣"。加快"871"重大生态工程建设，北大港湿地完成生态补水 8000 万立方米，提升改造"双城"间绿色生态屏障 201 亩，实施蓝色海湾整治修复行动，海岸线自然生态景观持续改善。

（八）发力社会事业补短板，民生福祉持续增进

全面推进教育卫生民政项目，汉沽东扩区幼儿园、大港东城二幼完工，新增幼儿学位 810 个；泰达一小二部、宁海路小学、中福中加地块小学建成，新增义务教育学位 4050 个。五中心医院新扩建及改造工程、市中心妇产科医院等项目加快建设。汉沽河西托老所开工建设，泰达街东江社区日间照料中心开业运营。规范发展婴幼儿照护服务，完成千人口托位 1.57。驰而不息繁荣新区文化，以喜迎党的二十大为主题主线，举办第九届社区文化艺术节和第八届滨海少儿评剧节。加快推动国家文化和旅游消费试点城市建设，智慧旅游平台上线运行，中新生态城当选天津首批市级旅游度假区。深入实施乡村振兴战略，严格落实粮食安全责任，开工新建高标准农田 3900 亩，提前完成全年粮食播种 35.9 万亩的任务。完成区级储备原粮 15,500 吨交易平台竞价采购，成品粮仓房改造提升加快推进。国家现代农业产业园创建成果显现，22 个项

目启动建设。小王庄镇被认定为"第三批国家农村产业融合发展示范园"。完善共建共治共享的社会治理格局,被评为全国市域社会治理现代化试点区。

二 2023年滨海新区经济运行预测

(一)发展形势分析

当前,世界经济复苏步履维艰,全球发展遭遇严重挫折。从国际来看,全球经济活动普遍放缓,且比预期更为严重,通胀处于几十年来的最高水平。能源供给失衡、物价居高不下、通胀对消费和投资的双重施压、俄乌冲突、新冠肺炎疫情持续不退等因素都将持续对世界经济前景造成严重影响,全球经济不确定性上升,从相对可预测变得更加脆弱,经济震荡加大或将愈加频繁。国际货币基金组织预测2023年全球经济增速约为2.7%,亚开行预测亚洲发展中国家2023年经济增速约为4.9%。

从国内看,世界百年未有之大变局加速演进,新冠肺炎疫情依然严峻复杂,国内改革发展稳定面临不少深层次矛盾,我国发展进入战略机遇和风险挑战并存、不确定难预料因素增多的时期。但整体来看,挑战中有机遇,变局中有新局,国内经济长期向好趋势不会改变,实现中华民族伟大复兴的大趋势不可逆转。党的二十大报告指出,从2020年至2035年,我国基本实现社会主义现代化,而高质量发展是全面建设社会主义现代化国家的首要任务。"我国要坚持以推动高质量发展为主题,把实施扩大内需战略同深化供给侧结构性改革有机结合起来,增强国内大循环内生动力和可靠性,提升国际循环质量和水平,加快建设现代化经济体系,着力提高全要素生产率,着力提升产业链供应链韧性和安全水平,着力推进城乡融合和区域协调发展,推动经济实现质的有效提升和量的合理增长。"

从全市来看,我市坚持把高质量发展作为全面建设社会主义现代化大都市的必由之路,在京津冀协同发展、"一带一路"建设和构建新发展格局等重大战略机遇交汇叠加情况下,正加快将区位优势、港口优势、产业优势、科教优势、改革开放的先行优势等优势转化为高质量发展的强大动能,双城互动、新区带动、各区联动的区域发展格局正逐步形成。

从新区来看,国家和全市支持新区高质量发展的政策在升级加力,"津城""滨城"双城发展格局加速构建,国家自主创新示范区、自贸区等创新联动发展,创新立区、制造强区等战略深入实施。但同时也应看到,新区经济社会发展中还存在一些亟待解决的问题。工业、批发零售业增加值增长乏力、房地产业负增长、新开工项目数量和投资额下降等问题,制约全区经济放量提速;科技成果转化不够快,战略性新兴产业规模不够大,新区发展创新引领能力仍需增强;核心区与南北"两翼"优质公共资源布局不均衡,民生领域存在薄弱环节;污染防治任务依然艰巨,生态保护修复任重道远。

（二）2023 年主要经济指标预测

综合分析研判,当前及今后一个时期,国际局势变化更加复杂严峻,新冠肺炎疫情还没有见底,新区经济社会发展仍面临较大不确定性。同时也要看到,面对内外部阶段性、突发性因素冲击,新区经济在较短时间内实现企稳回升,展现出了强大的竞争力、发展力、持续力,这充分说明新区经济持续健康发展的良好态势没有改变,支撑高质量发展的要素条件没有改变,长期向好的基本面没有改变。

在 10 月份发布的《世界经济展望》中,国际货币基金组织预测我国经济将在 2023 年增长 4.4%。亚开行认为由于我国房地产及其上下游市场长期低迷,叠加全球经济增长率整体放缓带来的外部需求减弱等因素,预测我国 2023 年的经济增长预期约为 4.5%。

分析 2021 年、2022 年前三季度滨海新区主要经济指标运行情况,综合考虑世纪疫情及工业、房地产等行业对新区经济发展的影响,结合各机构对 2023 年经济前景的预判,本文认为,2023 年滨海新区经济运行大体会保持平稳,初步预测发展目标如下:地区生产总值增长 4% 左右;规模以上工业总产值增长 5% 左右;一般公共预算收入增长 6%;固定资产投资增长 8%;城乡居民人均可支配收入与 GDP 同步增长;完成天津市下达的节能减排指标任务。

三　推进滨海新区高质量发展的对策建议

2023 年,滨海新区将继续贯彻"疫情要防住、经济要稳住、发展要安全"的重要要求,完整、准确、全面贯彻新发展理念,深入贯彻落实党的二十大精神,认真落实市第十二次党代会、区第四次党代会精神,深入落实市政府《关于支持"滨城"建设的若干政策措施》,深入实施滨海新区稳经济一揽子政策举措,科学精准抓好常态化疫情防控,保持经济运行在合理区间,争取实现全年经济增长目标。重点做好以下工作:

(一)坚定不移落实国家战略,不断展现滨海作为

深入落实区域协调发展战略,推进京津冀协同发展,助力共建"一带一路"高质量发展。落实滨城发展若干政策措施,坚持功能创新与招商引资并重,加快推进滨海新区高质量发展。精准承接非首都功能,推进石油化工、油气资源、航运物流等类型的央企功能总部布局滨海。聚焦信创、生物等重点产业,研究微功能,在现有承接载体的基础上进一步明确微平台,推进功能和载体相适配。持续推进政务服务事项"跨省通办""同事同标",提升异地办理便利度。加快京滨城际、津潍铁路建设,推动塘承高速建成通车。精准对接"一带一路"建设,发挥天津港海上门户枢纽作用,提高天津港在国际航运领域的资源配置能力,拓展国际航线,加快打造世界一流智慧港口、绿色港口、枢纽港口。

(二)坚定不移加快产业项目引建,壮大实体经济实力

坚持把发展经济的着力点放在实体经济上,巩固优势产业领先地位,推动战略性新兴产业融合集群发展,构建新一代信息技术、高端装备、新能源、新材料等一批新的增长引擎。围绕"1 + 3 + 4"现代产业体系和 12 条产业链,以产业图谱为指引,引进一批串链补链强链项目。聚焦主导产业、主题园区构筑良好产业生态,提高单位面积产出效率,推动产业集成集约集群发展。加快重大

项目建设进度,重点推进 120 万吨乙烯等项目建设,推动凯莱英生产服务平台二期、诺和诺德扩建等新项目尽快开工。超前抓好明年项目谋划储备,为稳定投资提供有力支撑。引导平台经济健康发展,支持保税区、东疆打造网络货运生态圈。持续提高天津口岸贸易本地结算,打造冻品贸易结算区,加快建立石油天然气交易中心,推动经开区中石化南港 LNG 保税库建设。

（三）坚定不移实施创新立区战略,不断激发内生动力

坚持科技是第一生产力、创新是第一动力,深入创新驱动发展战略。面向经济主战场、面向国家重大需求、面向人民生命健康,以国家战略需求为导向,集聚新区科研力量进行科技攻关,为打赢关键核心技术攻坚战,实现高水平科技自立自强贡献滨海力量。发挥科研平台作用,推进国家先进操作系统创新中心、合成生物技术创新中心、现代中药创新中心等重大平台建设,高效运行海河实验室,聚焦自主可控软硬件、创新药物、低碳生物制造等重点领域,布局一批战略性、储备性研发项目,攻克一批"卡脖子"关键核心技术和行业共性技术。做大做强创新主体,完善"雏鹰—瞪羚—领军"企业梯度培育体系,持续培育国家高新技术企业、雏鹰、瞪羚、领军(培育)企业。支持大众创业、万众创新,以质量为先导发展国家级众创空间、国家级专业化众创空间、国家级孵化器。持续加大研发投入,研发支出占地区生产总值比重高于全市平均水平。高质量建设中国(滨海新区)知识产权保护中心,拓展技术市场交易规模,力争全年技术合同交易额再上新台阶。

（四）坚定不移深化改革扩大开放,不断释放发展活力

坚定不移地深化改革扩大开放。不断推进要素市场化改革,深化国资国企改革,优化民营企业发展环境,不断增强滨海新区经济发展的动力和活力。坚定不移推进高水平对外开放,实施自由贸易试验区提升战略,扩大面向全球的高标准自由贸易区网络。深化要素市场化改革,优化创新型产业用地和复合型用地模式。试行"滨城"特色的户籍制度,畅通劳动力和人才流动渠道。加快建设北方大数据交易中心,推动滨海数字谷规划建设。实施能源综合配

套试点改革,推进海水淡化工业利用和新能源发电直供重点项目重点园区、LNG 燃气直供试点,持续扩大电力市场化交易规模,探索启动绿电交易试点。积极稳妥推进国企混改。优化民营经济支持政策,充分发挥企业家精神,激发民营经济活力。持续深化"放管服"改革,推进"拿地即开工"、投资项目"一套材料"办审批、村庄建设项目简易审批和"债到即开工",提升审批服务效能。打造自贸试验区升级版,大力开展"保税 + "业态创新,加快推进保税研发设计、加工制造、物流分拨、检测维修、销售服务"五大中心"建设。持续开展制度创新,促进融资租赁、商业保理、生物医药等产业发展走在全国前列。

(五)坚定不移完善城市功能,不断提升"滨城"魅力

深入落实"双城"发展战略,按照市十二次党代会"坚持人民城市人民建、人民城市为人民,把产城融合、职住平衡、绿色低碳、安全健康、人文传承等理念融入规划建设管理全过程"的发展要求,提高新区城市规划、建设、治理水平,实施城市更新行动,加强城市基础设施建设,不断提升城市活力和吸引力,打造创新宜居美丽"滨城"。加快编制"滨城"规划导则、"滨城"建设和管理导则,充分彰显美丽"滨城"特色化、时代化和现代化,以高水平规划引领推动高质量发展。全面推进"十大工程",不断提升新区交通运输能力和城市发展品质。全速推进城市更新,加快项目落地实施。进一步完善"1 + 1 + 3 + N"智慧滨海架构,积极策划应用场景,加快智慧城市建设。全面推进市域社会治理现代化试点创建,进一步完善矛盾纠纷多元化解体系。狠抓大气污染治理,加强"871"重大生态工程建设,抓好北大港湿地生态保护修复,推进双城间绿色生态屏障建设,启动海洋生态修复项目。

(六)坚定不移保障改善民生,不断增强人民群众获得感

"治国有常,利民为本"。必须坚持在发展中保障和改善民生,不断实现人民对美好生活的向往。突出抓好 20 项民心工程,项目化、清单化、具体化推进项目落地,确保按期高质量完成。加快补齐教育、医疗、养老等民生领域短板,加力居家社区养老设施建设,完成部分困难残疾老年人实施家庭适老化改造。

科学精准扎实做好疫情防控工作，有序推进疫苗接种。持续落实乡村振兴战略，加快高标准农田建设，不断提升粮食生产能力。多渠道筹集资金，加快建设国家级现代农业产业园。推进"三美四乡"建设，带动农村人居环境质量全面提升。

参考文献：

［1］习近平：《高举中国特色社会主义伟大旗帜 为全面建设社会主义现代化国家而团结奋斗——在中国共产党第二十次全国代表大会上的报告》，人民出版社，2022。

［2］World Economic Outlook. 2022-10-11：https：//www. imf. org/en/Publications/WEO.

［3］GDP Growth in Asia and the Pacific，Asian Development Outlook（ADO）. 2022-9-21：https：//data. adb. org/dataset/gdp-growth-asia-and-pacific-asian-development-outlook.

京津冀协同发展篇

京津冀推进共同富裕建设研究报告

单　晨　天津社会科学院经济分析与预测研究所副研究员
李晓欣　天津社会科学院经济分析与预测研究所副研究员

摘　要： 构建区域均衡发展格局是推动实现共同富裕的重要任务。京津冀协同发展战略实施8年多以来，京津冀三地持续增强协同联动，不断完善工作机制，产业、交通、生态环境等重点领域率先实现突破，区域创新驱动力明显增强，公共服务均衡化水平不断提升，经济社会高质量发展稳步推进，协同发展成效显著，为区域共同富裕奠定了良好基础和条件。在京津冀深度协同发展中推动共同富裕，需打造充满活力的现代化区域经济格局，促进数字科技与区域经济社会发展深度融合，在共建共享中提升基本公共服务供给效率与质量，多措并举提高城乡居民收入，完善协同发展的体制机制，谱写共同富裕区域协同发展的新诗篇。

关键词： 京津冀　共同富裕　挑战　实践路径

共同富裕是社会主义的本质要求，是中国式现代化的重要特征。党的二十大报告提出要"扎实推动共同富裕"。实现共同富裕的重要任务之一是缩小区域发展差距，增强区域发展的均衡性。京津冀协同发展是党中央在新的历史条件下提出的重大国家战略和重大决策部署，自 2014 年京津冀协同发展战略实施以来，三地始终深入贯彻落实习近平总书记对京津冀协同发展工作的重要指示精神，紧密围绕《京津冀协同发展规划纲要》和各阶段重点任务，持续增强协同联动，不断完善工作机制，推进区域产业结构升级与转移承接、经济高质量发展稳步推进，区域创新驱动力明显增强，产业、交通、生态环境等重点领域率先实现突破，推动实现公共服务共建共享，协同发展成效显著，城市群经济社会发展基础不断夯实，为区域共同富裕奠定了良好基础和条件。

一　京津冀实现共同富裕具备的基础条件

（一）经济高质量发展基础持续巩固

京津冀地区生产总值逐年提升。2021 年，京津冀生产总值为 9.6 万亿元，较 2014 年增长 63.9%，北京、天津、河北生产总值分别为 4.03 万亿元、1.57 万亿元、4.04 万亿元，较 2014 年分别增长 75.6%、47.5%、60.2%。2021 年，京津冀居民人均可支配收入分别为 7.50 万元、4.74 万元和 2.94 万元，较 2014 年分别增长 68.6%、64.6% 和 76.5%，居民收入稳步增加。京津冀一般公共预算收入总和为 1.2 万亿元，较 2014 年增长 38.1%，占全国的 11.0%。其中，河北省一般公共预算收入逐年上升，较 2014 年增长 70.3%，增长速度位居三地之首。2021 年，京津冀固定资产投资（不含农户）较 2020 年分别增长 4.9%、4.8% 和 3.0%，生产需求逐步恢复。产业结构持续优化，京津冀三次产业构成比由 2014 年的 5.9∶34.9∶59.2 优化为 2021 年的 4.5∶30.6∶64.9，第三产业对经济社会支撑作用显著提升。

（二）区域创新能力不断提升

京津冀深入实施创新驱动发展战略,加强科技创新前瞻布局和资源共享,持续推进创新联盟、创新中心、创新研究院等平台和载体建设,促进创新链与产业链深度融合,提高关键核心技术攻关能力和企业自主创新能力。在创新载体方面,2021年全球创新指数报告显示,北京在全球科技集群中的排名上升至第3位。京津冀共有国家级专精特新"小巨人"企业589家,占全国的12.4%,天津国家级高新技术企业和国家级科技型中小企业均超过9000家,河北省级科技型中小企业超6000家,专精特新企业2162家,创新载体和平台建设取得实效。京津冀研究与试验发展(R&D)经费投入保持较快增长,创新产出稳步增加。河北省大力推动以科技创新为核心的全面创新,2021年,河北省投入研究与试验发展(R&D)经费745.5亿元,较2020年增长17.5%,经费投入强度为1.85%,较2020年提高0.09个百分点,创新型省份建设迈出重大步伐,有效提升区域整体创新水平。京津冀工业互联网协同发展示范区业已批复建设,区域制造业数字化转型步伐加快。

（三）新动能新业态发展势头良好

2021年,北京实现数字经济增加值16,251.9亿元,较2020年增长13.1%(含价格因素),占全市地区生产总值比重为40.4%;高技术制造业固定资产投资较2020年增长99.6%,占制造业投资比重为72.1%。2021年,天津高技术产业(制造业)增加值较2020年增长15.5%,战略性新兴服务业和高技术服务业营业收入分别增长7.5%和10.1%;高技术产业投资增长38.2%,其中,高技术制造业、高技术服务业投资分别增长22.5%、57.5%。河北转型升级步伐加快,战略性新兴产业、高新技术产业增加值分别较2020年增长12.1%、12.0%,高端装备制造产业八大行业实现全面增长。消费升级持续推进。2021年京津冀社会消费品零售总额同比分别增长8.4%、5.2%和6.3%,金银珠宝、通信器材、新能源汽车等升级类商品零售额均实现两位数增长。2021年,北京限额以上批发零售业、住宿餐饮业网上零售额较2020年增长19.0%,

占社会消费品零售总额的 36.3%；天津限额以上商品网上零售额增长 8.0%，占限上社零额比重达 26.2%；河北全年实物商品网上零售额较 2020 年增长 22.0%，占社会消费品零售总额的比重为 21.3%。

（四）产业、交通、生态三大重点领域实现高水平联动

京津冀产业合作持续深化。京津冀"2 + 4 + 46"的产业承接平台稳步推进，北京城市副中心逐步完善城市综合功能，雄安新区进入承接非首都功能疏解和建设同步推进的重要阶段，"两翼"承接功能日渐凸显。2014 年以来，中关村示范区企业累计在津冀地区设立分支机构 9100 余家，北京输出到津冀两地的技术成交额累计达到 1760.4 亿元，有力带动区域科技创新。天津推进"1 + 16"承接平台体系建设，滨海—中关村科技园、京津中关村科技城等载体加速建设，截至 2021 年底，滨海中关村科技园累计注册企业突破 3000 家，京企占全部新注册企业的 1/3，科技型企业占 40%，形成智能科技产业集群。河北集中打造"1 + 5 + 4 + 33"重点承接平台体系，截至 2021 年末，累计承接京津转入法人单位 2.9 万个、产业活动单位 1.1 万个。京津冀协同发展产业投资基金、京津冀（天津）科技成果转化基金完成设立，京津冀国家技术创新中心天津中心完成挂牌。

现代化高质量综合立体交通网加快构建。三地加快构建互联互通的现代化综合交通网络，京津冀核心区 1 小时交通圈、相邻城市间 1.5 小时交通圈基本形成。"轨道上的京津冀"加快建设，京张高铁、京雄城际、京哈高铁等建成通车，京唐、京滨城际计划 2022 年内建成。截至 2022 年 8 月底，三地铁路营业里程达 10,848 公里，其中高铁 2369 公里，实现铁路对 20 万人口以上城市全覆盖，高铁覆盖京津冀所有地级市。深入推进"双核两翼多节点"世界级机场群建设，北京大兴国际机场等 9 个规划机场全部投入使用，机场群功能分工持续优化。持续消除跨区域国省干线"瓶颈路段"，京昆、京台等高速公路先后建成通车，环京津地区高等级公路基本实现全覆盖。"四纵四横一环"运输通道为主骨架的、多节点网格状的区域交通新格局基本形成。高质量打造京津冀"海上门户"，津冀港口群协同分工和合作不断深化，继续织密环渤海航线网络，创

新多式联运体系,合力打造北方国际航运中心,共建世界级港口群。

京津冀强化生态环境联建联防联治,生态环境整体改善效果明显。三地不断打破行政区划限制,围绕大气、水、土壤污染防治等重点领域,积极推动统一立法、统一标准、联合执法、数据共享等多方面深入合作,构建区域生态补偿机制,形成区域生态共建共享的良性机制,持续推动京津风沙源治理、沿海防护林、京津保生态过渡带等重点工程。京津冀空气质量逐步改善,细颗粒物(PM2.5)年均浓度由 2014 年的 93 微克/立方米下降到 2021 年的 36.9 微克/立方米。2022 年上半年,京津冀及周边地区空气优良天数比例同比上升 1.3 个百分点,PM2.5 浓度同比下降 4.1%,空气质量持续改善。2021 年,京津冀 192 个国家地表水考核断面水质达到或好于 III 类的断面比例为 70.4%,较 2020 年上升 8 个百分点。

（五）基本公共服务均等化深入推进

京津冀三地持续推进教育、医疗、文化等领域优质资源的互联互通、共建共享。在教育方面,通过教育资源共享、学校共建、研训协同、师生交流等方式,推动教育资源优势互补,提升区域整体教育现代化水平。全面落实京津冀高等教育协同发展,加快推进高等教育教学科研资源共享合作,成立多个高校发展联盟和协同创新中心。在医疗卫生领域,三地持续推进实施重点医疗卫生合作项目,组建跨区域医联体,促进北京优质医疗资源辐射津冀,推进双向转诊和检查结果互认,截至 2021 年 11 月,临床检验结果互认医疗机构总数达到 485 家,医学影像检查资料共享结果机构达到 239 家,有效提升了三地医疗服务均衡化水平。在人力资源服务领域,建立跨区域劳动力信息协同和发布制度、工伤保险工作合作框架,畅通社会保险关系转移接续渠道,率先在廊坊北三县与通州区统一公共就业服务标准和规范,持续扩大专业技术人才资质互认范围,开展技能人才联合培养,推动公共就业服务协同发展提档升级。此外,三地不断探索创新文化事业、文化产业协同发展模式,联合开展形式多样的特色文旅活动,协力推动长城国家文化公园规划建设,丰富区域人民精神文化生活。

二　推进京津冀实现共同富裕面临的挑战

《京津冀协同发展规划纲要》明确提出，到2030年京津冀一体化格局基本形成，区域经济结构更加合理，生态环境质量总体良好，公共服务水平趋于均衡，成为具有较强国际竞争力和影响力的重要区域，在引领和支撑全国经济社会发展中发挥更大作用。全面推进京津冀协同发展向纵深拓展，解决区域发展不充分、不平衡问题，正是京津冀坚定不移走共同富裕道路的重要步骤。在共同富裕目标导向下，从区域经济基础、人民生活水平、公共服务和文化生活等方面，分析推动京津冀区域共同富裕面临的挑战。

（一）京津冀经济发展不平衡不充分问题犹存

区域生产总值反映了区域经济发展的总体实力，是社会生产力发展水平的综合体现，是实现区域共同富裕的物质基础。实现共同富裕的道路上，"做大蛋糕"就是要把经济总量、经济质量做大做强，在高质量发展中促进共同富裕。

北京领跑区域经济发展。2010年以来，京津冀生产总值总量呈现逐年增长态势，北京GDP占区域GDP的比重整体呈上升趋势，2018年以来三地比重相对稳定。京津冀三地人均生产总值呈逐年上升的趋势，北京的人均生产总值最高，天津其次，河北排在第三位，北京的经济发展质量远高于津冀两省市。2021年，北京、天津、河北人均生产总值分别为18.4万元/人、11.3万元/人、5.4万元/人，北京是河北的3.4倍；河北落后于全国平均水平（8.1万元/人）2.7万元。虽然京冀经济总量差距不断缩小，但人均生产总值差距依然存在，说明河北的经济发展距离北京、天津仍有距离。从GDP增速看（见图1），天津经济发展处于爬坡过坎、积蓄动力的关键时期，GDP增速自2016年起低于北京、河北，但2021年表现出较为明显的经济回暖态势。2021年，北京、天津、河北GDP增速分别为8.5%、6.6%和6.5%，较2020年分别增长7.4、5.2、2.7个百分点，反映出北京经济发展具有较强的活力和韧性。为夯实共同富裕物质基础,一方面,应推进河北现代化产业体系建设,加快城镇化和乡村振兴步伐,推动其经济内生性增长,提高经济发展质量;另一方面,应发挥区域协同作用,加速释放天津自身优势,促进天津经济持续回稳向好。

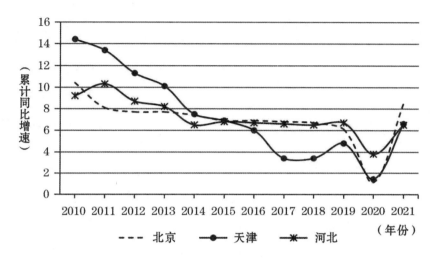

图1　2010—2021年京津冀地区生产总值累计增速变化情况

区域消费大格局有待构建。在实现共同富裕的进程中,一方面要通过发展经济促进居民增收,另一方面也要不断释放内需,满足美好生活需求。这就意味着需要扩大消费规模,引导消费升级,实现更高质量的消费。从消费规模(见图2)来看,2015年以来,京津两市的社零额与GDP的比值逐年下降,京津消费活力有待激活;河北消费对经济支撑作用逐渐加强。2020年以来,受疫情影响,三地社零额与GDP的比值均出现短暂下降。从社零额增速来看,2016年来,天津社零额增速走低且弱于京冀两地,天津消费不振的情况值得警惕,内需消费不足将影响经济发展的持续性,特别是在建设国际消费中心城市进程中,如何激发天津消费活力是个重要问题。河北的消费需求较为旺盛,挖掘其巨大需求潜力,打造跨京津冀消费场景是促进区域消费增长的一种思路。

进一步提高河北省产业结构技术化程度。为了说明京津冀三地产业结构优化升级的情况,采用高技术产业利润总额与规上工业企业利润总额之比来反映产业结构技术水平,这个指标称为高技术化指数,指数值越大,说明产业

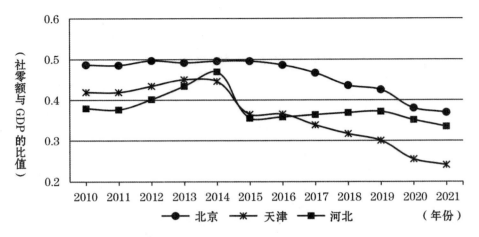

图2　2010—2021年京津冀社零额与GDP的比值变化情况

结构中的技术水平越高;反之表明产业结构中技术水平越低。2010—2020年
京津冀三地高技术化指数计算结果如图3所示。由高技术指数计算结果可
知,北京产业结构的技术化水平最高且从2015年一直处于快速上升状态,天
津、河北高技术化指数波动上升,疫情的突然冲击并未改变三地技术水平上升
的趋势。河北的高技术化指数始终低于全国平均水平,反映了其产业结构高
技术化程度在全国平均水平以下,未来升级空间广阔。总的来看,北京产业结
构高技术化程度优势明显,天津在加速追赶,而河北依然落后,北京在拉动区
域产业高级化方面的作用有待于进一步发挥。

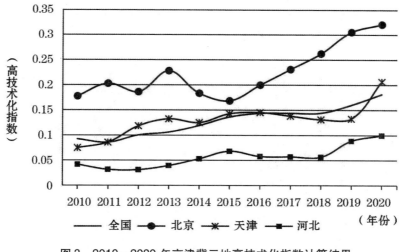

图3　2010—2020年京津冀三地高技术化指数计算结果

（二）京津冀居民收入差距有待进一步缩小

实现共同富裕要缩小的三大差距之一是居民收入差距。京津冀居民人均可支配收入和城乡人均可支配收入从高到低依次为北京、天津、河北。其中，北京、天津居民收入水平高于全国水平，河北居民收入水平在全国水平之下，区域收入差距较为明显。2021年，京津居民人均可支配收入分别是河北的2.55倍、1.61倍，北京居民人均可支配收入是天津的1.58倍。京津冀缩小收入差距的重点在于提升津冀的居民收入水平，而提升河北的收入水平是重中之重。京津冀区域内城乡居民收入差距呈现缩小态势，城乡收入倍差从2014年的2.26缩小到2021年的2.17。河北省在较高可支配收入增速的作用下，与北京、天津的收入差距呈现缩小态势，天津与北京的收入差距增大的趋势也逐渐放缓。

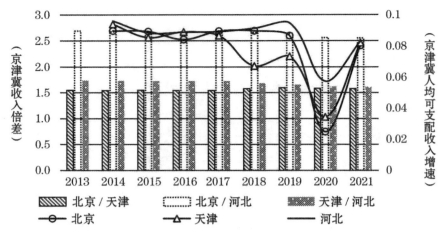

图4 2013—2021 年京津冀居民收入倍差的变化情况

收入构成差异是影响京津冀居民可支配收入差距的重要原因。首先，三地居民收入的主要组成部分是工资净收入，2021 年占比均超过 60%。其次，城镇与农村收入结构存在明显区别，三地城镇居民的转移、财产净收入占比均高于农村，说明京津冀区域内农村居民的转移、财产净收入有待提高；三地城镇居民经营净收入占比均小于农村，说明农村居民经营净收入对收入贡献较大；北京农村居民工资净收入占比高于城镇，津冀反之。北京居民财产净收入占比高于津冀，其较高的财产性收入可能来源于工资借助金融工具实现的资产增值或旺盛的租房需求形成的租金等；河北的经营净收入占比高于京津两地，说明其灵活就业程度可能高于京津；河北转移净收入占比低于京津两地，需进一步提高其居民转移性财产收入。

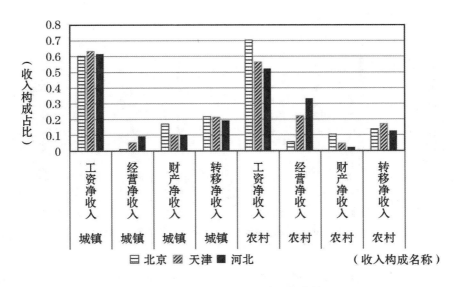

图5 2021年京津冀可支配收入构成情况

北京居民的家庭富足程度高于津冀。恩格尔系数是家庭食品支出占总消费支出的比重,恩格尔系数越低,家庭必需的食品支出占总支出比重越低,非必需的文化娱乐教育等消费支出越高,生活富裕程度越高。由居民恩格尔系数变化(见图6)可以发现,除天津个别年份外,京津冀农村居民恩格尔系数都大于城镇居民,说明区域城乡居民生活富裕程度存在差距,其中,北京城乡之间生活富裕程度差距最大,天津自2018年以来有扩大趋势。2020年恩格尔系数普遍上升的原因在于食品类商品价格的普遍上涨。对三地居民恩格尔系数比较发现,北京城镇、农村恩格尔系数均是最低的,说明北京城乡生活富裕程度是区域最好水平,天津消费能力释放不充分导致总消费规模不足,恩格尔系数偏高。总的来说,津冀两地的生活富裕程度与北京差距犹存,区域内城乡之间生活水平也存在差距。

(三)京津冀公共服务均等化水平有待提高

京津冀需进一步推动教育、医疗等公共服务资源共建共享。在教育方面,小学、初中、高中、中职生师比显示,河北省最高、北京最低、天津居中,表示京

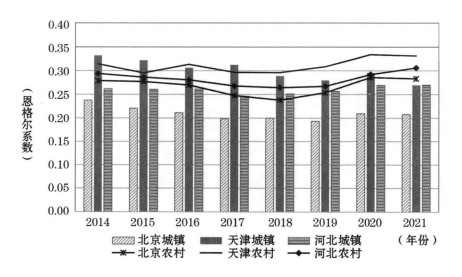

图6　2014—2021年京津冀城镇、农村居民恩格尔系数

津教育供给能力要优于河北。不仅如此,北京市高等教育资源优势更是远超津冀两地,2021年,京津冀研究生招生人数分别为13.9万人、3万人、2.7万人。在医疗方面,从单位人口拥有卫生技术人员数发现,北京拥有明显优势。基于区域公共服务典型指标发现,河北与京津在优质公共服务资源方面存在差距,区域公共服务均等化水平仍存在提升空间。但数字化技术的广泛应用预示着应该积极开展公共服务领域的"互联网＋"场景开发,促进区域优质公共服务资源的均衡共享。

精神生活的富裕是共同富裕的重要内容,高质量、多层次的文化供给是丰富精神生活的重要保障。北京文化体育与传媒支出比重高于津冀两地,单位人口拥有公共图书馆藏量、人均艺术团体数量以及广播电视覆盖率等指标也显示出北京在文化事业发展上具有领先优势,河北和天津两地需要进一步加强文化事业建设,为人民精神生活富裕奠定基础。

三　推进京津冀共同富裕进程的实践路径

京津冀协同联动成效显著,高质量发展深化拓展,为实现共同富裕奠定良好的基础,但仍然面临着发展不平衡、收入差距犹存、公共服务不均衡等诸多挑战,迫切需要立足新发展阶段,贯彻新发展理念,构建优势互补、富于活力的区域经济格局,促进基本公共服务优质共享,加强体制机制协同联动,不断增强区域发展的平衡性和区域政策的协调性,在高质量发展中扎实推动共同富裕取得新成效。

(一)在高质量发展中夯实共同富裕物质基础

一是深入推进京津冀三地功能定位落实与活力释放。强化北京"四个中心"的区域发展领头雁作用,依托科技创新要素资源集聚、制度型开放等优势,强化对区域创新发展、产业升级、结构优化的引领辐射带动作用;释放天津"制造业立市"发展潜力,发挥区位条件、产业基础等优势,贯彻落实"一基地三区"功能定位,积极承接新兴产业布局和转移,着力建设"四谷",高标准建设海河实验室,提高产业链供应链韧性和安全水平,推进区域制造业迈向高端,提升对区域高质量发展的重要支撑作用。深入推进河北"三区一基地"建设,落实"六个现代化河北"目标任务,推动雄安新区建设和非首都功能承接,加快培育河北特色产业体系,加强与京津产业战略对接,发挥保定、邯郸等城市比较优势,塑造省内经济新增长极。

二是提升区域联合创新能力,促进产业合作纵深化。重点聚焦增强原始创新策源能力、创新资源集聚能力和成果转化能力,深度推进京津冀协同创新;加快京津冀国家技术创新中心建设,充分发挥京津冀科技成果转化联盟作用,推动京津冀科技成果转移转化服务体系互联互通;加快推进京津冀工业互联网示范区建设,推动提升三地产业基础高级化、产业链现代化水平,培育京津冀先进制造业产业集群;推动区域全产业链优化升级、互补关联,促进产业链配套区域化、供应链多元化。

三是促进数字经济发展。加大京津冀全域新型基础设施投资与建设力度,推动全国一体化算力网络京津冀国家枢纽节点建设,深化京津冀大数据综合实验区建设,构建完善的大数据发展和产业支撑体系;依托国际数字服务贸易创新发展示范区建设,提升京津冀和华北地区整体数字经济出口辐射和带动作用,强化京津冀港口智慧物流协同,探索建设京津冀数字消费平台,推进京津冀特色数字产业发展。

(二)在共建共享中提升公共服务供给效率与质量

一是聚焦重点领域,加大公共服务高质量供给。加快提升区域基本公共服务水平,充分发挥京津地区优质公共服务资源集聚优势,加快将京津地区优质教育、医疗等资源向河北输送,通过资源共享、联合共建、研训协同等方式,促进区域基本公共服务资源衔接共享,提高公共服务均等化水平。

二是构建公共服务多元供给体系。大力建设以政府为主导、市场和社会力量广泛参与的公共服务多元供给机制,鼓励社会力量通过政府购买服务、政府和社会资本合作等方式,积极参与到公共服务供给体系建设中;强化社区服务功能,不断健全社区管理和服务体系,探索社区公共服务的新模式和新方法,整合各种资源,打通服务群众最后一公里。

三是创新打造京津冀"互联网＋公共服务"场景。京津冀扎实推进5G网络、数据中心等新型基础设施建设,为优质公共服务资源拓宽服务范围打通了线上渠道。促进京津冀公共服务均等化,提高居民满意度和幸福感,需要大力推进医疗、教育、文化等资源与现代科技融合发展,通过"互联网＋公共服务"的方式增加公共服务供给、提高供给质量。

(三)多措并举提高居民收入,缩小收入差距

一是坚持就业优先导向,将就业创业作为缩小居民收入差距的主要途径。要优化市场环境,鼓励和扶持中小微企业发展和个体创新创业、灵活就业,创造更多就业机会,为居民增收奠定基础;着力提升人力资本投资力度和效率,不断完善职业教育和培训体系,将全面提升人力资本水平作为扩中提低的核心基础。

二是将乡村振兴作为缩小城乡收入差距的重要抓手。因地制宜强化分类指导,加大对重点地区、落后地区的政策和财政支持力度,通过发展农村特色产业、延伸农业价值链利益链、深化城乡联动等方式提高农民收入。进一步提

高农民的转移、财产净收入,通过加大财政直接补贴、信贷补贴、完善农村社会保障体系等方式,提高农民转移净收入。有效盘活乡村居民资产,通过挖掘农村资源资产收益、推进农村集体经营性建设用地入市等方式,拓宽居民财产性收入渠道;加快金融供给侧改革,加大普惠金融力度,提升河北特别是乡村的金融供给水平,满足居民的投资理财需求,提高财产性收入部分,缩小地区间的财产收入差距。

(四)在制度化建设中提升协同联动水平

一是完善各类生产要素跨区域流动机制。加快建设统一的区域大市场,打破行政性垄断,破除市场壁垒,引导资金、技术、信息等要素资源自由流动,实现各类市场要素跨区域发展。加强跨省市人才资源交流合作,推进人才资源的互认共享,充分释放各类人才的创新创造能力,凝聚创新动能。

二是强化重点领域联动发展机制。完善京津冀异地政务服务互通互办互认机制,完善跨省市大数据征信体系、社会信用评价体系等的建设,完善现代化交通路网体系、生态联防联控等重点领域的协调联动机制,推进更深层次的京津冀协同发展。

参考文献:

[1] 李国平、朱婷:《京津冀协同发展的成效、问题与路径选择》,《天津社会科学》2022年第5期。

[2] 武义青、冷宣荣:《京津冀协同发展八年回顾与展望》,《经济与管理》2022年第2期。

[3] 丛亮:《深入学习贯彻习近平总书记重要讲话和指示批示精神 有力有序有效推动京津冀协同发展》,《宏观经济管理》2022年第1期。

[4] 孙久文、王邹:《新时期京津冀协同发展的现状、难点与路径》,《河北学刊》2022年第3期。

京津冀城市群吸引力研究报告

董微微　天津社会科学院经济分析与预测研究所副研究员

摘　要： 吸引力是城市发展的基本保障,决定城市集聚外部要素的水平和层次,主要表现为城市发展集聚与吸引各类资源级,是实现外部要素集聚的"无形之手"。京津冀城市群内部各城市之间的分化与差距仍有扩大趋势。为进一步增强京津冀城市群吸引力,需要强化创新协同,构筑协同创新机制;促进人口流动,增强人口吸引力;完善产业配套,打造产业生态体系;提升服务效能,打造一流营商环境。

关键词： 京津冀　城市群　吸引力　趋势

从城市群视角看,城市的吸引力主要表现为相关城市自身的综合能级水平、创新能力、人口吸纳、宜居宜业等方面,体现为对高端要素的吸引和集聚效应,利用高端要素提升创新水平的能力。当前,京津冀协同发展战略深入实施,区域经济发展实力明显提升,但与世界级城市群仍有较大差距。城市群内部各城市之间的分化与差距仍有扩大趋势。深入分析和评估京津冀城市群吸引力的现状、存在的问题与薄弱环节,并提出对策建议,为进一步增强京津冀城市群吸引力,推动促进区域经济高质量发展提供一定参考。

一　京津冀城市群吸引力的现状分析

未来五年,城市群建设依然是我国实施区域协调发展战略的重要载体,也是贯彻落实新发展理念的伟大实践。党的二十大报告强调"以城市群、都市圈为依托构建大中小城市协调发展格局"。"十四五"规划纲要指出,"以中心城市和城市群等经济发展优势区域为重点,增强经济和人口承载能力,带动全国经济效率整体提升"。"以京津冀、长三角、粤港澳大湾区为重点,提升创新策源能力和全球资源配置能力,加快打造引领高质量发展的第一梯队"。2021年,京津冀城市群以2.23%的土地,聚集了全国7.79%的人口,实现GDP9.6万亿元,占全国GDP总额的8.43%,成为我国经济发展的主引擎区域之一,呈现出较强的集聚性和规模效应。

(一)京津冀城市群经济发展水平稳步增长

2022年上半年,京津冀实现地区生产总值4.7万亿元,京津冀城市群各城市GDP均呈现恢复性增长态势,从GDP总量看,北京、天津、唐山位居前三,北京GDP为19,352.2亿元,大幅领先于其他城市,天津GDP为7620.6亿元,唐山市GDP为4105.5亿元,居河北省各城市之首位;石家庄、沧州、邯郸、保定、廊坊、邢台GDP总量均在1000亿元以上,秦皇岛、张家口、衡水、承德GDP在700亿元以上。从增速上看,京津冀城市群13个城市2022年上半年GDP同比增长速度排名依次为石家庄、邢台、唐山、邯郸、衡水、沧州、保定、承德、秦皇岛、北京、天津、廊坊、张家口。总体上河北省各城市保持较为稳定的增长,北京、天津增速相对较慢,经济仍处于恢复中。

(二)京津冀城市群产业协作与创新联系日益增强

京津冀三地在产业分工协作基础上,不断强化要素流动,开展跨区域协同创新,三地跨区域产业活动和创新活跃度明显提升,尤其是北京的产业创新外溢效应更为突出,成为三地产业协同创新的主要策源地。产业合作载体建设提速,京津冀三地搭建了"4+N"产业合作平台,形成了滨海新区、曹妃甸区、新机场临空经济区、张(家口)承(德)生态功能区4个战略合作功能区,宁河京津合作示范区、武清京津产业新城,以及沧州、正定、北戴河特色园区等一批高水平协同创新平台和专业化产业合作平台。天津滨海—中关村科技园挂

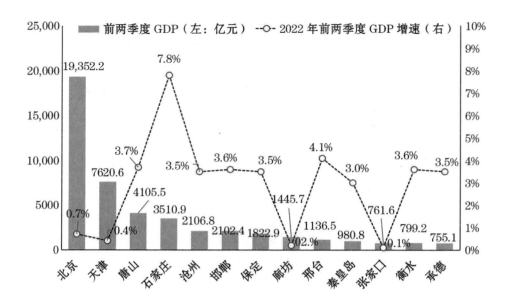

图1 2022年上半年京津冀各城市GDP及增速

资料来源：各城市统计局、政府网站等①

牌后，累计注册企业突破3000家，其中北京企业占全部新注册企业的三分之一，有力促进产业合作。跨区域要素流动增强，科技创新链条日益完善。从2014年到2021年底，北京输出到津冀两地的技术成交额累计达到1760.4亿元，年均增长率超2成，中关村企业在津冀两地设立分支机构累计9000余家。2022年上半年，天津吸引京冀投资额1067.1亿元，同比增长38.8%，占全部引进内资比重超五成，比上年同期提高11.2个百分点。河北承接京津转入基本单位2779个，比一季度增加1918个。

（三）京津冀城市群固定资产投资呈现分化

2022年前三季度，京津冀固定资产投资呈现不同变化。北京市固定资产

---

① 因河北省沧州、衡水、保定、张家口等城市2022年三季度数据缺失，因此采用2022年上半年数据。

投资(不含农户)同比增长 7.0%,增速比上半年提高 1.5 个百分点,尤其是高技术产业投资保持快速增长,集成电路等项目带动高技术制造业投资增长 49.3%,信息传输、软件和信息技术服务业投资带动高技术服务业投资增长 48.2%。天津市固定资产投资(不含农户)同比下降 7.9%,降幅比上半年收窄 2.5 个百分点,高技术制造业投资增长较快,前三季度,高技术制造业投资增长 8.8%。河北省固定资产投资同比增长 8.2%,其中,高技术产业投资快速增长,同比增长 18.0%。

(四)京津冀城市群发展动能不断积蓄

京津冀高端产业发展趋势更加明显,高技术产业、数字经济在经济发展中贡献突出,为京津冀城市群发展注入新动能。2022 年第三季度,北京市计算机通信和其他电子设备制造业增加值增长 7.3%,数字经济实现增加值12,788.9亿元,按现价计算,同比增长 3.9%,占地区生产总值的比重为 42.7%。天津市高技术制造业增加值增长 6.8%,战略性新兴产业投资增长 15.6%。河北省规模以上工业战略性新兴产业增加值同比增长 11.6%。其中,集成电路制造增长 19.3%,高新技术产业增加值增长 7.8%,增速快于规模以上工业 2.2个百分点。

(五)营商环境明显改善,政府服务效率不断提高

营商环境是衡量城市群吸引力的重要指标。京津冀三地着力推动营商环境一体化,今年三季度,京津冀三地发展改革委及营商环境相关部门签订了京津冀营商环境一体化框架协议,包括 1 个总体协议、5 个重点领域子协议和 86 项具体协同改革措施。京津冀三地以提升企业群众获得感为导向,以协同推进体制机制创新为核心,在商事制度、监管执法、政务服务、跨境贸易、知识产权 5 个重点领域开展合作,全面提高区域要素协同配置效率,共同优化区域营商环境,为建设现代化首都都市圈和推进京津冀协同发展提供支撑。

北京市出台了《北京市助企纾困优化营商环境若干措施》(京政办发〔2022〕22 号),不断提升市场主体办事便利度,推动降低制度性交易成本,帮

助市场主体纾困解难,实现惠企政策"主动办""加快办""方便办"。优化企业开办服务,持续简化登记手续,全面实现企业开办 1 天免费办结,截至 2022 年 9 月底,已有 78.9 万户企业全程电子化开办,"全程网办"率超 95%,在全市范围内推进证照分离改革,累计惠及新设市场主体 9.3 万户,占同期新设市场主体总量的 29.9%。

天津市出台了《天津市市场主体登记管理若干规定》《关于助企纾困和支持市场主体发展的若干措施》《天津市对标国务院营商环境创新试点工作持续优化营商环境若干措施》等系列政策措施,健全更加开放透明、规范高效的市场主体准入和退出机制,持续提升投资和建设便利度,助企纾困,更好支持市场主体创新发展。企业开办一天即可办结,企业开办网办率达到 98% 以上。推行惠企政策"免申即享"并推进综合窗口改革,提升网上政务服务水平,制定上线第一批"移动端"高频服务事项 79 项和速办服务 22 项。推广"智慧小二"金融服务平台,为中小企业和个体工商户提供快捷贷款服务,截至 2022 年 9 月末,"智慧小二"累计为 8.46 万户个体工商户提供信贷支持 45.42 亿元,累计提供金融服务超 12 万次,首贷率更是高达 21%。

今年以来,河北省出台《关于促进法治化营商环境建设的五条政策措施》,推出 139 项改革举措,全省政府投资类、社会投资核准类和备案类从立项到取得施工许可的审批时间压缩至 39、33、31 个工作日,为全国最短。召开全省优化营商环境大会,把优化营商环境摆在突出位置,探索开展全域营商环境综合评价,扎实推动稳增长一揽子政策措施末端落实。围绕企业需求提供精准化、具体化服务,促进营商环境更加适应企业的成长和发展。进一步深化转型升级,鼓励和支持企业进行转型升级,降低企业生产经营成本。持续强化链条稳定,强化对行业核心企业、龙头企业的精准服务。截至 2022 年三季度末,河北省法人单位 166.0 万个,同比增长 7.7%。其中,高技术制造业法人单位 8.9 万个,同比增长 9.2%;高技术服务业法人单位 26.6 万个,同比增长 13.2%。

二 京津冀城市群吸引力存在问题与制约因素

(一)京津冀城市群创新要素优化配置的常态化供给机制仍较欠缺

作为京津冀协同发展的重点任务,北京在进行非首都功能疏解过程中,与津冀之间的承接还缺乏有效衔接,集中体现在北京基础创新和原始创新仍然没有很好地在津冀实现转化。同时,京津冀创新资源空间分布不均衡现象较为显著,三地高校的创新活力尚未有效激活,虽然吸收转化投入环节和创新成果产出环节对区域协同创新的促进功能正在逐步完善,但是基础研发环节对区域创新产出的促进效果相对有限,北京和天津创新源的创新成果主要流向京津冀以外地区,再加上京津冀三地的科技中介和知识产权保护主体发育不足,基础研发投入对区域协同创新的促进作用不能有效发挥。

(二)京津冀城市群人才吸引力不足

《中国城市人才吸引力排名:2022》显示,2021年长三角、珠三角人才持续集聚,京津冀人才净流出趋势放缓。从人才流入流出占比看,京津冀2017—2021年人才流出占比分别为16.2%、17.0%、17.3%、13.3%,逐年上升后有所放缓;成渝和长江中下游人才流入占比和人才流出占比均较为稳定。从人才净流入占比看,2017—2021年长三角人才净流入占比从4.6%增至7.4%,人才净流入且占比高于其他城市群,人才大量向长三角集聚;珠三角从2.0%增至4.1%,人才净流入且逐年上升;京津冀分别为-1.9%、-2.9%、-4.0%、-0.7%,人才保持净流出但占比有所缩小,北京人才净流入占比增加带动京津冀整体净流出占比下降。在2021年最具吸引力的城市前50名当中,长三角、珠三角、京津冀分别有16、7、3个,分别占各区域城市总数的61.5%、77.8%、23.1%。京津冀城市群当中北京、天津和廊坊入选,而河北省其他城市的人才吸引力仍需提升。

（三）产业生态与产业配套体系建设需要加强

京津冀三地按照优势互补、分工协作、协调发展原则推动高质量发展。北京通过疏解不符合首都城市战略定位的一般制造业企业，着力加强国际科技创新中心建设、推动高精尖产业发展，"十四五"时期培育新一代信息技术、医药健康、新能源汽车等万亿级产业集群，建设全球数字经济标杆城市。天津市坚持制造业立市，加快制造业高端化、智能化、绿色化、服务化发展，着力构建"1＋3＋4"现代工业产业体系，打造人工智能先锋城市，培育壮大生物医药、新能源、新材料等新兴产业，巩固提升装备制造、汽车、石油化工、航空航天等优势产业。河北省"十四五"时期大力发展先进制造业和战略性新兴产业，强化钢铁、装备制造、石化、食品等优势产业领先地位，布局发展高潜力未来产业。从京津冀三地"十四五"时期产业布局看，三地产业方向上有相近之处，在产业链和配套体系建设上仍需加强协同互动，营造良好产业生态。

（四）营商环境一体化建设仍需加强

京津冀营商环境一体化正在稳步推进，三省市在营商环境上呈现层次化特征，均衡度仍有较大差异。中国社会科学院财经战略研究院发布的《2021中国城市营商软环境报告》对我国291个城市的营商软环境竞争力进行评估，2021年中国营商软环境竞争力排名前十的城市依次为：北京、香港、上海、台北、杭州、深圳、广州、南京、武汉和天津。北京和天津的营商软环境持续优化，而河北省各城市的营商环境建设仍需进一步提升。

三 提升京津冀城市群吸引力的对策建议

（一）强化创新协同，构筑协同创新机制

京津冀深度协同发展需从供给侧和需求侧两端发力，从区域协同发展的需求侧出发，围绕满足京津冀三地产业创新发展的不同诉求需求，找寻三地产

业链与创新链的有效对接方向,形成城市群内部创新主体的合理空间布局,发挥其在创新成果转化过程中的最大化作用。从区域协同发展的供给侧出发,应着力挖掘和培育北京创新资源要素和创新技术在津冀两地的应用场景,结合京津冀城市群各城市单元的创新要素禀赋和创新愿景,发挥北京创新中介集聚度的优势,辐射引领津冀两地创新主体加速集聚,提升京津冀各城市创新中介主体的集聚规模。三地应重视区域合作与创新主体高度联动,注重创新高端人才的培养和服务,不断强化创新服务的重点产业政策环境。以推动数字化区域创新平台建设为契机,搭建中关村、海河、保定(雄安)三个区域性创新赋能中心,探索区域创新要素共生共融共建共享的京津冀协同发展模式。立足三地协同发展的功能定位,构筑区域创新要素的开放型合作网络矩阵,建设枢纽型的区域创新转化中介平台,推动"政产学研金介贸"跨界联动,打造区域创新创业创造的人才直通车、应用场景集和区域样板间,推动区域经济社会全域创新的深度融合发展,推动区域创新载体和体制机制的深度协同。打造区域协同创新共同体,充分发挥北京、天津中心辐射作用,兼具发展各城市特色主导产业,形成优势产业集群,深化协同创新效应为人才价值实现提供良好产业集群环境。促进产业链与创新链深度融合,积极推进京津冀科技资源共享服务平台建设,加快京津冀机构、人才、重点实验室等创新要素的系统化有效组织,发挥平台优势推动京津冀城市群的创新资源集聚与发展,形成区域创新要素共享长效机制,为人才发展提供更广阔的发展空间和更多可利用资源。

(二)完善产业配套,打造产业生态体系

优化产业空间布局,完善京津冀城市群产业协同分工体系,打造跨界融合的产业链、价值链和创新链,精准施策,打造促进京津冀城市群产业发展的良好生态体系。加快区域的开放融合发展,形成错位发展、功能互补的产业结构体系。改造提升传统产业、大力发展新兴产业、积极发展现代服务业,构建高质量发展产业体系。通过产业链的合理分工,发挥各自的优势,推动区域经济深度融合,夯实世界级城市群的微观基础。完善京津冀产业协同合作机制,强化发展顶层设计。加快推进京津冀产业协同发展,深化京津冀产业协同发展

合作机制,制定具有针对性的优惠政策,吸引市场主体积极参与协同发展,以"政府想、市场做"的方式寻求京津冀产业协同发展突破口。京津冀产业协同发展要强化顶层设计,依照国家的政策法规,加快京津冀产业转型升级,注重协作过程中的分工,优化不同产业布局,让京津冀地区在统一指挥下构建现代化产业体系,依赖现代化产业体系实现京津冀产业协同发展。

（三）促进人口流动,增强人口吸引力

突出比较优势,优化区域人才布局,打造顶尖领域特色人才聚集高地,有效支撑产业链创新链融合发展,提升区域核心竞争力。一是加快跨区域人才交流平台建设,促进区域间人才交流合作。提高京津冀人才政策的协同程度,在人才政策、激励措施上鼓励京津冀地区人才流通共享,可通过对口援助、培训学习等方式,加强人才交流合作,促进区域协调发展。完善跨区域、跨学科和跨院校的人才培养机制,加强人才交流合作。通过联合开展重大技术攻关和推动科研成果转化多种途径实现可持续的协同发展。二是完善人才服务体系建设,优化人才发展环境。利用互联网、大数据等信息技术推进人才信息化服务平台建设,做好人才市场与市场需求之间的衔接,推动人才市场融入京津冀地区人才市场。完善公共服务体系,满足引进人才对教育资源、医疗资源和养老资源等方面的需求,解决引进人才的后顾之忧,在增加人才吸引力的同时留住人才的心。三是形成有效的激励机制。采取特殊重大政策和措施,对高层次人才实行有效激励,不断增强高层次人才的成就感和责任感,激发持续创造潜能,形成向心力和聚集力。建立健全作用发挥机制。高层次人才是最重要的资源,要最大限度发挥作用,一是基于职业或岗位要求,发挥领军作用或带头作用,不断取得新成绩、做出新贡献,开拓新领域。基于国家和公共利益的要求,发挥为国家和社会提供公共服务的作用。

（四）提升服务效能,打造一流营商环境

优化提升政府治理效能,进一步深化"放管服"改革。加大行政审批、组织管理等方面放权力度,加快促使政府从主导要素资源配置向注重市场监管、平

台建设、政策普惠转变。完善亲清政商关系,提高市场主体活跃度和发展质量,探索全面实施负面清单管理,清理不符合新发展理念和创新驱动发展的市场准入规则。加快建设数字政府,实现政务服务简单化、标准化和网络化。

参考文献:

［1］蒋奕廷、蒲波:《基于引力模型的成渝城市群吸引力格局研究》,《软科学》2017 年第 2 期。

［2］宋鸿、张培利:《城市人才吸引力的影响因素及提升对策》,《湖北社会科学》2010 年第 2 期。

［3］刘建朝、李丰琴:《京津冀产业协同政策工具挖掘与量化评价》,《统计与决策》2021 年第 20 期。

［4］陆大道:《京津冀城市群功能定位及协同发展》,《地理科学进展》2015 年第 3 期。

［5］岳志春、张晓蕊:《京津冀产业协同发展的障碍及对策》,《人民论坛》2018 年第 29 期。

基金项目:国家社会科学基金项目"世界级城市群视阈下京津冀创新要素优化配置机制与路径研究"(课题号:19BJY061)。

京津冀推动形成平台经济竞争新优势研究报告

贾玉成　天津社会科学院区域经济与城市发展研究所副研究员

摘　要： 平台经济(Platform Economics)在互联网时代获得了全新的内涵和影响力,并成为世界经济发展的新动能。从京津冀发展实践出发,平台经济呈现出制度实践有序推进、规模经济和范围经济优势、基础设施规模提升、生产要素支持体系和治理体系的健全等方面的良性态势。与之相对,平台经济在发展中也面临一系列问题,主要表现为严峻的负外部性挑战、基础设施配置效率的有限性、要素供给的市场化程度不足以及治理效力仍存在改善空间。据此,塑造区域平台经济竞争新优势需要从外部性内部化、提升基础设施"投入—产出"效率、提升要素供给市场化水平和构建内生性平台经济治理体系四个方面推进具体实践。

关键词： 京津冀　平台经济　竞争新优势

一　京津冀平台经济发展现状

(一)平台经济制度实践有序推进

平台经济是数字经济的一种具体模式和应用,是一种基于数字技术,由数据驱动、开放平台支撑、网络协同的经济活动单元所构成的生态系统。数字经济成为平台经济发展的时代背景和决定性外部条件,宏观上的国家数字经济战略和中观产业政策也因此成为区域平台经济竞争优势的重要制度化力量。

数字经济战略构成顶层制度安排。面向未来,我们要充分发挥海量数据和丰富应用场景优势,促进数字技术和实体经济深度融合,赋能传统产业转型升级,催生新产业新业态新模式,不断做强做优做大我国数字经济。我国"十四五"规划明确了数字经济在下一个周期的阶段性目标,指出到2025年,数字经济迈向全面扩展期,数字经济核心产业增加值占GDP比重达到10%,我国数字经济竞争力和影响力稳步提升[①]。

平台经济构成区域产业政策的重点任务。从区域发展战略和当地禀赋优势出发,三地政府部门明确了各自的"平台化"产业发展定位。北京着力于以互联网信息服务业和总部平台经济为代表的第三产业建设,打造中国数字经济发展"北京样板"和全球数字经济发展"北京标杆";天津重点在推进产业经济智能升级,特别是经济技术开发区(天津)重点推进金融和物流平台经济聚集区建设,全力打造智慧天津城市标杆[②];河北省强调以构建数据资源体系为核心,将张家口打造为我国规模最大、设施先进的数据产业基地和交易服务平台[③]。

(二)平台经济呈现规模经济和范围经济优势

市场分工的细化会引致企业经营行为呈现出规模优势和范围优势,构成核心竞争力的具体内涵。就平台经济而言,其规模优势主要体现为增加值比重扩大,范围经济优势体现为经营领域扩展。

企业增加值比重扩大。2021年北京全年数字经济实现增加值16,251.9亿元,按现价计算,比上年增长13.1%,占GDP比重达到40.4%,比上年提高0.4个百分点。河北省数字经济增长值总额超1万亿元,占GDP比重超30%。

---

① 《中华人民共和国国民经济和社会发展第十四个五年规划和2035年远景目标纲要》,http://www.gov.cn/zhengce/content/2022-01/12。

② 《推进数字经济建设推动天津经济转型》,http://gyxxh.tj.gov.cn/。

③ 《河北省数字经济发展规划(2020—2025年)》,http://yjs.hebei.gov.cn/news/zxzc/2020-04-23/423.html。

互联网平台型企业累计注册资本占京津冀城市群 GDP 的比重上升至 42.36%，其中，石家庄的互联网平台型企业累计注册资本由 0.3 亿元增加至 64.38 亿元，占城市群的比重由 0.60% 上升至 18.91%，提升了 18.31 个百分点。

经营领域扩展。2021 年，北京平台企业在在线娱乐、游戏和体育等领域的收入增幅超过 20%，第三方移动支付金额增长 16.3%；天津经济技术开发区初步形成多元化平台经济集聚优势，涵盖生活服务、互联网出行、网络运营、灵活用工等七个大类、并包含美团、滴滴、顺丰、爱奇艺等五十余家知名平台企业。河北省也开始基于电力、煤炭等要素资源禀赋，推进大数据储藏产业向制造业和服务业数字化转型领域的延伸和业务扩展。

（三）平台经济外部基础设施规模不断提升

基础设施为市场信号流动和资源配置提供了必要的技术载体，是平台经济发展的前提和保障。外部基础设施从数字基建和传统基建两个维度构筑了企业竞争优势，前者以 5G 互联网、大数据平台和超级计算机中心为代表，后者以陆地交通枢纽为主。

数字基建系统优化。总体而言，京津冀区域已初步形成了北京中关村 + 天津滨海新区、武清 + 河北张家口、廊坊、承德和秦皇岛的"1 + 2 + 4"数字基建协同发展功能格局，同时展开数据中心的整合利用、试验探索和大容量骨干网络设施建设，基础设施物联网覆盖率逐步扩大。截至 2021 年底，北京已经建设 5G 基站 4.7 万个，千兆固网用户累计达 42.8 万户，万人基站数全国第一，天津也基本实现 5G 网络全覆盖和行业应用热点区域深度覆盖。相比而言，河北省的后发优势较为明显，截至 2021 年底，省内 5G 网络、数据中心、工业互联网、人工智能等新型基础设施开工和在建项目约 140 项，总投资达 1744 亿元。

交通基建网络畅通。平台经济企业的资源流动和要素配置需要以传统交通基建网络为基础，对于行政区划相互独立的京津冀区域而言则更加重要。总体上看，京津冀交通网络互联互通初具规模。以"轨道上的京津冀"为代表，已经形成包括国家干线铁路、城际铁路、市郊铁路、城市地铁在内的四层轨道交通网络。另外,依托国家电网公司和充电运营平台,天津市与北京市、河北省联通的 10 多条高速公路上布局了 41 座充电站,特别是天津高速公路服务区的充电桩数量从 2016 年的 2572 台增加至 2021 年的 8765 台,年复合增长率达到 27.7%。

(四)平台经济内部要素支持体系日益完备

生产要素的供给效率对生产效率和最终产品质量具有关键性影响。着眼平台经济实践,其要素投入主要包括技术、人力资本和金融资本,高质量的要素投入体系显著改进了企业生产效率。

数字化技术需求和潜力突出。北京产业特点突出,以科技创新、国际贸易、高端产业为主。金融证券、车联网、新能源、人工智能、工业互联网以及互联网领域的重点企业均有上云需求。截至 2021 年年底,中信建投证券、北汽集团、猎户星空、新浪等代表企业在不同领域、方向通过"上云"的方式正在全面加速迈向数字化智能化。天津在平台经济技术领域正在构建以智能科技产业为引领的"1+3+4"现代工业产业体系,打造 12 条重点产业链,大力推进新一代信息技术和制造业深度融合。截至 2022 年,河北省关键核心技术攻关机制已初步形成,每年 30 项以上关键核心技术取得突破,电子信息产业 R&D 投入强度达到 4.5%;在大数据、软件及服务、半导体器件、新型显示等领域省级各类创新平台超过 50 家,形成局部技术优势。

人力资本要素充实。整体层面,京津冀平台经济人才合作更为紧密,人才交流合作平台不断涌现。目前已经成立了由 160 余家京津冀企业组建的天津市高端装备和智能制造人才创新联盟,成功转化 45 项科研成果。区域内部城市在劳动报酬和人才培养上具有吸引力。58 同城招聘研究院数据显示,2021 年 3 月,京津冀地区平均支付月薪为 7850 元,而平台经济产业链上的物流运输行业则具有收入优势,其中快递员支付月薪最高,达到 9170 元/月,物流专员/助理平均支付月薪超过 8500 元,装卸/搬运工的支付月薪环比增长最快,增长幅度为 11.69%。此外,天津市于 2021 年成立了涵盖政府部门、高校科研机构和互联网平台企业在内的互联网新经济人才创新创业联盟,为平台经济人才培育和供给提供保障。

企业融资便利。2021 年 3 月，北京率先在全国开展跨国公司本外币一体化资金池试点，特别针对互联网平台企业打通境内外多币种融资通道，满足总部企业融资需求。作为政府引导基金，天津海河产业基金聚焦传统产业平台化转型，在天津推动高质量发展所瞄准的 12 条重点产业链中，海河产业基金至少直接参与了 8 条，投资引入 10 亿元以上的重点项目达 51 个。近年来，天津深入实施智能制造专项资金政策，累计支持八批 2998 个项目，安排资金91.9 亿元，带动投资超过 1200 亿元。河北省从制度保障上做出规范，印发《关于加强信用信息共享应用促进中小微企业融资的若干措施》，降低互联网企业融资风险，保障资本安全。

（五）平台经济治理体系逐步健全

平台经济的良性运转离不开政府"有形的手"的效力发挥，后者主要体现为完善制度规范、落实监督管理和推进监管服务化转型。

完善反垄断法律规范。2021 年 4 月，北京举办京津冀地区平台经济领域反垄断合规培训，三地市场监管部门反垄断执法人员，以及 40 余家平台企业代表进行了学习。天津于 2021 年出台《天津市经营者反垄断合规指引》，特别就平台经济的"二选一"典型问题进行了规范。河北省也于 2020 年发布《河北省经营者反垄断合规指引》，对互联网企业市场垄断和价格操纵行为的认定提出具体依据。

监督管理取得实效。三地依据市场管理制度规范，展开一系列针对性举措，取得显著治理成效。北京从打造"全球数字经济标杆城市"的要求出发，强化了对平台企业、云计算、人工智能等新模式新业态的监管。同时，"北京市平台经济综合监管服务系统建设项目"的招标工作正在推进中，建成后可以极大提升数字化监管效率。2022 年，河北省市场监管局拟在石家庄、唐山、廊坊、邢台 4 个城市开展平台经济规范发展先行试点，从平台内经营者合规治理、知识产权培训、知识产权保护、直播电商合作、执法案件协查、投诉举报共治、日常工作运行 7 个方面，助推平台经济规范健康持续发展。

监管服务化转型。平台经济的监管实践体现出从管理向服务转型的典型特征。市场便利化举措极大降低了企业登记、注册和经营成本。总体层面,推进京津冀税收政策执行标准统一化,逐步探索平台经济业务跨省通办,实现税收大数据资源共享。分区域层面也开始推进监管工作的服务职能转型。2021年天津推出平台经济集中登记注册系统,以"个体工商户一网通办"为具体办事场景,为平台企业开辟专属的、定制化的业务办理通道。河北省的"平台经济规范发展先行试点"的重点任务就包括开展平台知识产权保护培训,推出服务中小企业保护知识产权的"星火计划",助力中小企业提升知识产权保护能力等一系列服务型举措。

二 京津冀平台经济发展的短板

(一)平台经济的负外部性挑战严峻

负外部性指的是企业为自身行为支付的成本低于其造成的损失的现象。平台经济的负外部性主要表现为数据安全问题和环境污染问题。

数据安全问题。首先,数据管理漏洞导致数据贩卖成为大数据产业的灰色地带,对个人安全造成了极大危害。一是外部攻击者利用爬虫等技术窃取并倒卖个人数据;二是"内鬼"常成为非法数据交易链源头;三是平台之间实施暗箱操作,通过数据兜售进行数据商业变现。其次,数据的不规范使用导致企业滥采滥用个人信息并实施数据垄断。基于数据收集使用创新商业营收模式,实现利益最大化成为了各个平台企业追逐的商业目标,由此也引发了个人信息滥采滥用程度加重、数据垄断乱象频发的数据安全风险。

环境污染问题。以外卖、快递为代表的平台经济模式带来污染损失,加剧环境治理困境。有研究表明,一份外卖订单将产生 97 克的包装垃圾和 680 克的碳排放当量,依此标准,2021 年全国外卖行业的碳排放为千万吨级别。更为重要的是,单独依靠企业"自觉"对于改善污染问题几乎是"杯水车薪"。数据显示,截至 2020 年 7 月底,饿了么联合回收平台一共回收了外卖塑料 390 公斤,减少的碳排放约为 585 公斤。截至 2020 年 8 月,美团设立的青山公益行动共捐出善款 1400 万元。

(二)平台经济外部基础设施的配置效率不高

基础设施的配置效率直接关系平台经济的跨区域资源流动的经济性,而其不经济性主要体现为区域间数字型基建分布不平等和数字基建与平台经济的互补效应程度存在差异。

数字基建分布不平等。受到经济社会发展水平的约束,北京、天津和河北三地的数字基建发展速度存在明显差异,并以北京和河北省两地的差距为甚。《北京数字经济发展报告(2021—2022)》显示,北京数字基建指数四年增长245%,领跑京津冀。2021 年北京的互联网和信息技术服务业产业营业收入达2.2 万亿元,占全国比重达到 25.7%,居各省区首位。与之相比,河北省的数字基建依旧处于投资建设中,现有存量较为有限。2022—2023 年河北省 5G网络、数据中心、工业互联网、人工智能等新型基础设施拟开工和在建项目约140 项,总投资达 1744 亿元,其中 2022 年内计划完成投资 320 亿元。

数字与传统基建之间的协作效率有限。三地就数字与传统基建之间的协作效率存在差异,并与经济发展程度显著正相关。就北京市而言,数字和传统基建的配置结构较为完整,涵盖公共服务和民生领域,推动平台产业形成范围经济效应。目前,北京已经完成注册用户超过 920 万人的公共交通“一码通乘”、全市 829 条道路 7.6 万个道路停车位实行电子收费、加速建成覆盖全生命周期的智慧轨道建设应用体系和高精度定位网、高空间数字化信息服务平台。与之相对,天津和河北轨道和高速公路设施的数字化程度较高,但城市内部道路和空间系统之间的数字化程度有限,某些城乡接合部和偏远区域的空间定位精度较差,不同数据平台之间的开放性较差,部门之间也存在较为严重的数据壁垒。

(三)平台经济内部要素供给的市场参与度有限

平台经济要素供给体系内部存在市场壁垒,从结果层面加剧区域数字经济发展水平的不平等,从现象层面造成以政府为主体的要素供给体系对市场力量的"挤出"。

区域发展不平等。《京津冀蓝皮书:京津冀发展报告(2022)》数据显示,2020年京津冀城市群数字经济发展变异系数为2.85,长三角城市群为2.23,珠三角城市群为1.84,前者具有相对更高的发展不均衡问题。值得注意的是,2010年至2020年京津冀城市群数字经济发展变异系数从3.48下降至2.85,城市间数字经济发展差距逐渐缩小。

政府为主体的要素供给体系挤出市场力量。京津冀平台经济的发展壮大主要依靠政府支持下的创新发展模式,并以国家实验室、国家重点实验室、国家技术创新中心为代表。另外,政府支持程度对京津冀城市群的影响,较长三角和珠三角更为显著,其中原因一部分与北京的全国政治中心的先天属性密切相关①,另一部分也在于市场壁垒制约了企业的市场参与。从区域内部出发,三地的要素供给体系表现出显著的政策性作用力效应。截至2022年上半年,位于北京的国家网络安全产业园入驻企业已近200家,设立和运行国际大数据交易所,在全国率先实现新型交易模式。工业互联网平台数量、接入资源量、国家级智能制造系统方案供应商数量均居全国第一。天津经济技术开发区在税收、经营费用方面的优惠政策吸引了大量平台经济企业和相关配套产业的进驻。大量的数字技术人力资本也是依靠"海河人才"的资金补贴而完成,源自企业内生的吸引力带来的人才流动效应还较为有限。

(四)平台经济的治理效力有限

治理效力包括治理过程和结果两方面内容,平台经济治理效力的有限性主要体现为能力的有限性和治理与发展之间的矛盾,而治理理念是导致上述问题的重要成因。

治理能力的有限性。法律制度规范和执法能力滞后于平台经济发展实践是产生治理能力有限性的主要成因。从理论出发,以数据为核心的平台经济

---

① 更强的政治辐射范围和调控力度表现为更加密集的数字经济先行先改政策实验。

形态具有更快的自我演进速度,这就必然与制度规范和治理能力的时效性产生矛盾。从实践出发,虽然京津冀区域的市场监管部门已经就平台经济设立了专门的应对部门并展开了密集的技术培训以及大量的监管实践①,但依旧无法及时、有效应对数字经济飞速发展客观中涌向出的各种问题,如针对平台企业利用大数据"杀熟"的问题、高额平台"抽成"等问题,就存在明显的监管"真空"地带。

治理与发展的矛盾性。现有制度规范在一定程度上仍未摆脱以政府为主体、以管理以及处罚为工具的治理惯性和行为逻辑,这必然与平台企业内在的发展目标产生矛盾,进而造成"一管就死、一放就乱"的困境。由于平台经济与实体经济之间的经济关系十分复杂,涉及多元化主体之间的正式和非正式制度关联,所以必然会存在很多法律空白和中间地带,制约监管执法的可行性和效力。例如,平台企业往往设置很多小程序端口,而两者之间只是一种不同属性企业之间的合作关系而不一定被某种既定的法律规范所覆盖,这就导致消费者在小程序商户中发生的交易纠纷很难找到对应的法律依据来维护个人权益。

三 打造京津冀平台经济新优势的政策建议

（一）完善平台政策制度规范和市场机制,实现"外部性内部化"

"外部性内部化"就是要推进制度规范和市场化力量的结合,建立与企业外部性损害相当或者更高的定价标准,以价格机制实现企业经济行为的理性决策。

健全法律制度规范。从整体层面,构建和完善以数据信息安全和环境污染为主体的平台经济法律制度规范。一方面,对数据信息安全的保护要以反

---

① 2021年北京举办京津冀区域平台经济反垄断合规培训,三地参加的市场监管执法人员规模超过100人。

垄断法律规范为依据,以保护个人和商业信息安全为目标。从京津冀信息安全保护的实践特征出发,把握"禁止"和"成本"两个维度,厘清平台经济行为边界,就企业跨区域泄露、倒卖和转移数据信息的违规行为建立联合执法机制和共同处罚标准。另一方面,重点关注以快递和外卖食品的包装为主的浪费和污染问题,从节约和环保角度出发,制定快递包装标准和规范,从成本和激励两个维度细化对应性制度条款,加重企业污染的成本负担和环保举动的正向收益,例如,对于以顺丰重复利用包裹为代表的非一次性外包装应用模式给予财政补贴和推广应用,影响区域内生产者和消费者的行为偏好。

依靠市场价格机制。充分依靠市场价格机制推动企业从成本—收益角度,自主调节经济行为、降低外部成本负担。一方面,基于现有的法律制度框架,大力探索数据信息的商业化经营模式,满足数据要素的市场价值实现需求。从实践出发,依托河北省建设大数据中心的政策红利,逐步放开商业化数据应用领域的市场限制,特别是鼓励私营企业参与市场竞争,将数据倒卖的非法动机转变为有法可依、有利可图的数据资源商业价值实现的合法经营行为。另一方面,对于平台经济造成的资源浪费和污染问题,在必要的制度规范之内,依靠价格机制,调节供求两端的行为偏好。从实践出发,在河北省区域引进可降解材料生产企业和物资回收企业,在北京和天津等发达地区设立物资回收网点并针对可回收物资给予消费者一定的货币奖励,更为重要的是,基于财政和金融政策推广非一次性外卖包装的研发和市场化应用,从源头上降低外部性污染产出。

(二)引入市场力量,提升外部基础设施的"投入—产出"效率

从"投入—产出"角度出发,引入市场力量,构建外部基础设施供给机制,不仅可以提升政府财政资金的利用效率,而且可以理顺平台经济要素价格体系,构建网络和实体经济协同发展格局。引入市场力量需要着力做好调整补贴性政策和放宽市场进入约束两方面工作。

调节补贴性政策。从"幼稚型产业"理论出发,政策补贴对于推动京津冀区域平台经济发展起到了关键性作用,而三地之间经济发展水平的动态化趋

势,决定了政策调整成为一种必然要求。具体实践中,逐步降低北京和天津区域的数字基建的直接性财政补贴力度,适度引进信贷、抵押和担保等金融手段,使基础设施建设的成本价格回到相对合理的轨道。同时,打通三地之间的政府资本流动屏障,优化以市场价格为主体的政府基建投资配置,补齐河北省的数字基建短板。

放宽市场进入约束。数字基建作为一种半公共产品,可以借助公共交通传统基建生产经验,探索以政府—企业联合投资生产的基建"PPP"供给模式。从实践出发,结合数字基建本身特点和区域资源禀赋特征,在北京、天津等领先区域探索数字基建供给新模式,特别强化对珠三角、长三角等资本富集区的企业引进力度,探索国有资本和私营资本相结合的数字经济要素生产体系。另外,充分利用天津和河北的港口资源优势,降低数字基建设备的进口成本,打通国内国外两个市场,提升关键性要素的供给和配置效率。

(三)打破市场壁垒,提升资源要素供给的市场化水平

从京津冀协同发展战略出发,打破区域内部市场壁垒,提升人力、技术和资本要素供给的市场化水平,有助于塑造成本和效率优势下的区域平台经济竞争力格局。

提升人力资本市场化水平。建立以企业为主体,包含不同类型的人力要素生产体系,有效化解平台经济人才要素的结构性困境。从实践出发,依托三地高水平科研机构和高等院校,培育包含信息通信、大数据等工程型研究人员和数字经济原理为主的管理型人才。此外,在职业教育院校中设立物流、直播和商贸营销等相关专业,依托"订单式"企业培养模式,扩大应用型人才储备,提高就业效率。

提升技术要素市场化水平。针对平台经济技术要素供给,把握创新和合作两个辩证统一的关系。一方面,对于区块链、大数据和超级计算机等核心技术要素,以京津冀内部创新体系为主导,并结合相关模仿式创新成果实现对关键技术的突破。另一方面,对于应用型平台信息技术而言,在专利技术保护和反垄断法律制度框架下,最大限度打破市场进入的"玻璃门",依托三地产学研

转化平台,扩大参与技术创新和流通的市场规模,构建京津冀平台经济技术资产市场交易优势。

提升资本要素市场化水平。从"破坏式"创新的角度出发,在把握国有资本对关键性部门的控制权之外,最大力度引进社会资本,可以有效实现资本安全和市场活力的统一。从实践出发,大力提升国有资本对关乎国家信息数据安全的关键性部门的调控能力,尤其是针对河北省张家口地区的大数据产业中心,保证政府部门的控制效力。此外,充分依托三地产权交易平台的资本机制,放宽交易主体的限制和可交易的数字经济资产的范围和规模,依靠资本力量去识别和发现新经济的市场机会和利润点,提升区域虚拟要素资源的市场活力。

(四)构建内生性平台经济治理体系

内生性治理体系是通过转变政府治理理念、创新治理方法,实现治理目标与企业利润最大化行为动机的结合。

强化法治治理和服务治理理念。针对平台经济模式具有的快速创新特点,通过数字化技术手段,识别产业发展中涌现出的新趋势和新问题,及时修改和调整相关监管规范,同时提升执法工具的专业化水平,做到"有法可依、违法必究"。从法律规范层面确立服务型治理逻辑,实现市场秩序与企业发展双重目标的统一。从实践出发,进一步推广以天津为代表的市场营商环境制度建设经验,从制度上明确服务型监管模式的实践流程,并从法律规范层面予以保障,将监管目标定位于提升市场规模、增进市场交易活力与维护市场秩序三者的统一。

构建"政府—行业—企业"三位一体的治理模式。平台经济具有复杂的市场网络关系和交易规则,这就要求建立包含正式和非正式制度在内的多元治理模式,将柔性化和包容性纳入内生治理逻辑之内。从实践出发,建立京津冀三地平台经济企业家联盟,将代表性企业纳入一个行业组织内部,依靠私人社会关系、经济利益网络和道德制度约束,从内生动力出发规范企业经济行为。另外,明晰政府在上述网络关系中的"裁判员"作用,一方面确立相关部门对行业组织的领导和监督职能,特别是坚决维护公平市场竞争规范;另一方面,厘清政府行为的边界,降低对市场性行为的直接性干预,通过约谈对话的方式,纠正违规行为。

参考文献:

[1] 习近平:《不断做强做优做大我国数字经济》,《求是》2022 年第 2 期。

[2] 陈雪柠:《北京打造中国数字经济发展样板》,《北京日报》2022 年 4 月 17 日。

[3] 温宗国、张宇婷、傅岱石:《基于行业全产业链评估一份外卖订单的环境影响》,《中国环境科学》2019 年第 9 期。

[4] 唐立军、朱柏成主编:《北京蓝皮书:北京数字经济发展报告(2021~2022)》,社会科学文献出版社,2022。

[5] 叶堂林、李国梁等:《京津冀蓝皮书:京津冀发展报告(2022)》,社会科学文献出版社,2022。

创新驱动篇

天津科技创新发展研究报告

张冬冬　天津市科学技术发展战略研究院经济师

李小芬　天津市科学技术发展战略研究院高级工程师

摘　要： 2022 年，天津坚持"四个面向"，坚持"以用立业"，深入实施创新驱动发展战略，自主创新和原始创新能力显著增强。战略科技力量加快壮大，科技对经济的带动作用显著增强，科技创新生态进一步优化，京津冀科技创新协同步伐有力。但面对新形势、新任务，仍存在科技人才资源相对不足、重大创新平台仍需加快布局、科技型企业创新活力有待进一步强化、科技金融作用有待进一步发挥等短板。下一步要打造战略科技力量，加速提升创新体系整体效能；优化创新资源布局，构建高效协同格局；培育壮大企业创新主体，加快构建高精尖企业集群；强化科技成果转化服务，打通从科技强到产业强、经济强的通道；创新科技治理体系，持续优化创新生态；加大引聚培育力度，塑造科技人才竞争优势。

关键词： 天津　科技创新　战略科技力量　对策建议

一 天津科技创新取得积极进展

2022年,天津坚持"四个面向",坚持以用立业,深入实施创新驱动发展战略,加快建设高水平创新型城市,科技创新实力持续提升。全社会研发投入强度达到3.66%,位于北京、上海之后,连续4年在全国31个省区市中排名第三位①;综合科技创新水平指数达到80.88%,居全国第四②,科技创新对经济社会发展的支撑引领作用日益增强。

(一)战略科技力量加快壮大

1.高水平创新平台取得标志性进展

海河实验室加快建设,围绕"重在应用、瞄准产业"的建设方向,瞄准科技赋能天津市"1+3+4"重点产业和12条重点产业链发展,已紧密对接、服务百余家企业,完成首批119项科研项目立项,其中超80%的项目面向产业,有力支撑服务天津重点产业高质量发展和"制造业立市"。海河实验室创新联合体成立,吸引来自政产学研用金服的117家成员单位加入,服务海河实验室链接产业上下游资源,营造良好创新生态。新一代超级计算机、大型地震工程模拟研究设施、组分中药国家重点实验室、国家合成生物技术创新中心等重大创新平台相继落地并实现突破,在新一代超级计算机上完成的大规模新冠药物虚拟筛选成果成功入围2021年度戈登贝尔新冠特别奖,组分中药国家重点实验室构建了世界最大规模的中药组分库,为我国高水平原始创新提供了重要支撑。

2.重大科技成果不断涌现

基础研究与应用基础研究进一步实现融通创新发展,组合数学、内燃机动

① 数据来源:国家统计局、科学技术部、财政部:《2021年全国科技经费投入统计公报》,https://www.safea.gov.cn/xxgk/xinxifenlei/fdzdgknr/kjtjbg/kjtj2022/202209/P020220920392671098341.pdf。
② 数据来源:中国科学技术发展战略研究院《中国区域科技创新评价报告》,科学技术文献出版社,2022。

力研究、合成生物学等领域保持全国领跑水平,光学自由曲面制造、生物活性材料、组分中药等研究处于国际领先水平,取得了高效手性螺环催化剂、酵母长染色体精准定制合成等重大原创性成果。产业关键核心技术实现重大突破,攻克了晶圆抛光及减薄装备关键技术,柔性三结砷化镓和钙钛矿晶硅叠层太阳电池均达到国际先进水平,自主研发的断热稀土涂层、高效液相色谱串联质谱检测系统等打破国外垄断。面向国家重大需求,强化重大项目实施推动,座舱环境控制系统、低重力试验场建设、深水推进器、"海燕"水下滑翔机等一批创新技术和产品应用于 C919、"天问一号"火星探测、"嫦娥四号"登陆月球背面、"奋斗者"号万米载人深潜等国家重大创新工程。

(二)科技对经济的带动作用显著增强

1.科技型企业梯度培育成效显著

天津将发展科技型企业作为服务经济建设主战场的关键抓手,实施科技型企业升级版、创新型企业领军计划,成功打造科技型企业发展的 2.0 和 3.0 版,全市国家高企、国家科技型中小企业均突破 9100 家。加速高成长企业梯度培育,雏鹰企业、瞪羚企业分别达到 4974 家、378 家,科技领军(培育)企业累计认定数达到 230 家,独角兽企业 9 家。科技型企业对经济高质量发展起到了"强创新、强带动""小投入、大产出"的有力支撑作用。自 2019 年启动梯度培育工作以来,培育企业对全市高技术制造业、高技术服务业营业收入增长的贡献率分别达到 52.1% 和 37.8%,拉动营业收入分别增长 13.1、11.4 个百分点。2022 年前三季度,全市高技术产业(制造业)增加值同比增长 6.8%,占规模以上工业比重达到 14.1%;高技术制造业投资增长 8.8%,高于制造业整体 2.8 个百分点。战略性新兴产业增加值同比增长 0.4%,占规模以上工业比重达到 24.0%,比上半年提高 0.2 个百分点。

2.科技成果转移转化体系不断完善

加速技术要素市场化流动,以天津市科技成果交易平台为核心,发展区域、高校院所、行业、服务四类技术转移机构,建立了"1 + 4"市场化的技术转移体系。科技成果的市场化转化实现新突破,2021 年,天津市全市登记技术合同

12,560 项,技术合同交易额达到 1321.8 亿元,同比增长 18.8%,占 GDP 的比重居全国各省区市第二位。大学科技园加快建设,出台《天津市大学科技园建设工作推动方案》,引导大学科技园汇集创新资源,截至目前,已有 7 家大学科技园开园,首批认定的 4 家市级大学科技园已汇聚科技企业 132 个。

（三）科技创新生态进一步优化

1. 科技体制改革持续深化

坚持科技创新与体制创新"双轮驱动",以创新促改革、以改革助创新,探索符合科研规律的科技管理机制。持续构建符合科技创新规律的法规政策体系,修订《天津市促进科技成果转化条例》等法规,在海河实验室建设、天使母基金设立等实践中制定了一批创新体制机制的政策文件,政策创新度、突破力度走在全国前列。推动科技政策扎实落地,出台《关于完善科技成果评价机制的实施意见》,同步配套编制 13 项系列操作指引,进一步解开阻碍政策落地的"细绳子"。创新重大科技项目立项和组织管理方式,探索运用"揭榜挂帅 + 里程碑"模式,仅仅用时 5 个多月,成功研制完全依靠纯太阳能驱动的智能网联汽车"天津号"。

2. 科技与金融加速融合

启动市级天使母基金,引导社会资本"投早、投小、投硬科技",打造覆盖科技型企业全生命周期的风险投资体系。人民银行天津分行会同市科技局等相关单位创设"天津市科技创新企业白名单",为科技创新企业提供多渠道专项资金支持,2022 年上半年,科技创新再贷款带动银行为 2968 户科技创新企业发放贷款 336.7 亿元。

（四）京津冀科技创新协同步伐有力

坚持"一盘棋"思想,优化创新资源布局,京津冀协同创新共同体建设成效显著。京津冀三地总体 R&D 经费投入强度从 2014 年的 3.08% 上升至 2021

年的 4. 10%①;京津冀三地新增授权发明专利数量由 2014 年的 2. 05 万件增长至 2020 年的 5. 69 万件,年均增长率达到 18. 55%。积极承接北京创新资源,与中国有色集团共建创新研究院,深化新材料、新能源领域合作。基础研究、技术要素市场互联等合作进一步推进,京津冀三地科技部门签署了《关于共同推进京津冀基础研究合作协议(第三期)》《关于开展京津冀三地间技术交易数据共享的合作协议》,将持续推进京津冀基础研究合作专项工作,共同推动基础数据、专家、政策信息、科技成果、技术要素市场信息等科技资源互联互通。京津冀国家技术创新中心天津中心揭牌,将采取大学"育种"、中心"育苗"、企业"育材"、区域"成林"的发展模式,推动京津冀三地优质科技成果在津落地转化。

二 天津科技创新面临的形势与任务

(一)世界科技前沿引领新趋势、新方向

全球新一轮科技革命和产业革命快速演进,新一代信息技术、生物技术、新能源等新兴技术迅速发展并广泛应用,颠覆式创新持续涌现,世界各国纷纷加快对前沿科技领域的战略布局,抢占科技经济制高点。自 2021 年以来,美国、欧盟、英国等发布科技经济战略部署 50 余份,涉及人工智能、量子科技、5G/6G、能源、先进计算、生物医药、太空技术等领域。

科技创新呈现以下趋势和特征:第一,科技创新广度显著加大。世界科技发展向宏观拓展追寻宇宙起源演化的脚步,向微观深入探究物质世界和生命的本质及运行规律,覆盖了从宏观世界的天体运行、星系演进、宇宙起源,到微观世界的基因编辑、粒子结构、量子调控。第二,科技创新深度显著加深。深空探测成为科技竞争的制高点,航天大国积极开展载人航天、月球与深空探测等重大航天工程,部署建设性能更为先进的大科学装置,深海深地的探测深度

---

① 数据来源:根据国家统计局数据计算取得。

不断突破,不断拓展人类认识自然的视野。第三,科技创新速度显著加快。以物联网、云计算、大数据、人工智能、区块链等为代表的信息技术飞速发展和广泛应用,打破了空间限制,使人类进入"人机物"三元融合的万物互联时代,"互联网＋""智能＋"支撑科技创新进入数据密集型的"第四范式",数据成为重要的创新投入要素。第四,科技创新精度显著增强。生命科学领域的研究向着"定量检测解析"发展,对生物大分子和基因的研究进入精准调控阶段,相关领域的研究成果不断涌现,推动人类从认识生命、改造生命走向合成生命、设计生命等新形态。

（二）国内科技创新面临新形势、新任务

党的二十大报告提出,必须坚持科技是第一生产力、人才是第一资源、创新是第一动力,深入实施科教兴国战略、人才强国战略、创新驱动发展战略,开辟发展新领域新赛道,不断塑造发展新动能新优势。要坚持科技自立自强,加快建设科技强国。

党的二十大报告为我国科技创新发展指明了前进方向,擘画了清晰路径。第一,加强原创性、引领性科技攻关,坚决打赢关键核心技术攻坚战。以国家战略需求为导向,前瞻布局、加快实施具有战略性、全局性的重大科技项目,增强自主创新能力。加强基础研究,突出原创,鼓励自由探索。第二,完善科技创新体系,强化国家战略科技力量。优化配置创新资源,优化国家科研机构、高水平研究型大学、科技领军企业定位和布局,形成国家实验室体系,统筹推进国际科技创新中心、区域科技创新中心建设,提升国家创新体系整体效能。加强企业主导的产学研深度合作,提高科技成果转化和产业化水平。第三,推进科技体制改革,形成支持全面创新的基础制度。重点深化科技评价制度改革,坚持质量、绩效、贡献为核心的评价导向,建立健全符合科研活动规律的评价制度。加大多元化科技投入,加强知识产权法治保障。深化财政科技经费分配使用机制改革,提升科技投入效能。第四,构建开放创新生态,参与全球科技治理。扩大国际科技交流合作,加强国际化科研环境建设,形成具有全球竞争力的开放创新生态。第五,激发各类人才创新活力,建设全球人才高地。

加快建设国家战略人才力量,培养造就更多大师、战略科学家、一流科技领军人才和创新团队、青年科技人才等。

(三)区域创新格局分化带来新机遇、新挑战

国家已对区域科技创新中心做出总体布局,从国际创新中心、综合性国家科学中心和区域科技创新中心三个层级予以统筹推进,推动形成国际科技创新中心龙头带动、综合性国家科学中心内核支撑、区域科技创新中心优势互补的"3+4+N"总体布局。国家"十四五"规划和2035年远景目标纲要明确提出,支持北京、上海、粤港澳大湾区形成国际科技创新中心,建设北京怀柔、上海张江、大湾区、安徽合肥综合性国家科学中心,支持有条件的地方建设区域科技创新中心。

一方面,京津冀协同创新的持续深化将为天津科技创新带来更多机遇与资源。从城市群来看,京津冀城市群的科技创新发展综合水平仍处于全国引领地位。三地战略科技力量雄厚,截至2020年,三地共建设国家重点实验室154家,国家级技术创新中心85家。协同深化重点园区建设取得积极进展,天津滨海—中关村科技园打造了"3+1"产业体系,京津中关村科技城建成首个人才社区,中关村协同发展中心产业综合体启动试运营。跨区创新协同与产业联动进一步深化,2022年1—7月,北京流向津冀的技术合同2819项,同比增长3.9%,成交额达到207.2亿元,增长7.3%。未来面对高水平科技自立自强的发展需求,以及建设自主创新重要源头、原始创新主要策源地的战略任务,京津冀科技创新协同将进入新阶段,为天津创新型城市建设提供新的战略机遇。

另一方面,天津在推进重大创新平台建设、对接引进创新资源等方面面临一定挑战。各省市均在争创区域科技创新中心,除成渝、武汉已经获批以外,江苏省苏州市和南京市、湖南省长株潭地区、河南省依托郑州都市圈等纷纷提出争创国家区域科技创新中心。各省市对标国家实验室,部署建设省实验室,截至目前,已有百余家省实验室正式揭牌或启动筹建。各省市积极引进国内外一流高校、科研院所和高层次人才,设立分校、分院(所)或新型研发机构,促

进产业向"产学研"一体化发展,例如苏州已累计与260多所国内外高校院所建立了稳定合作关系。

三 天津科技创新存在的短板

天津科技创新取得了一系列标志性成果与进展,综合科技创新水平保持全国第一梯队。但与新发展阶段国家对科技创新的部署要求相比,与国际先进、国内一流相比,我市在科技人才资源、重大科技创新平台、科技型企业创新、科技金融资源等方面还存在短板。

（一）科技人才资源相对不足

从科技人力资源整体情况来看,2020年,天津万人研究与发展（R&D）人员数为69.76人年,居全国各省区市第6名,落后于北京（171.41）、浙江（107.04）、上海（99.29）、江苏（85.02）、广东（83.54）,且较上年略有下降,研发人员队伍有待培育壮大[1]。从顶尖人才情况来看,截至2021年底,天津有40位院士[2],2021年新增4位,新增人数仅为北京的7.02%、江苏的25%、上海的36.4%,顶尖人才集聚的差距有所扩大;天津国家杰出青年科学基金获得者数量与上海、江苏等地相比还有较大差距,科技创新后备力量亟待增强。

（二）重大创新平台仍需加快布局

截至目前,国家已布局建设了北京怀柔、上海张江、大湾区、安徽合肥4家综合性国家科学中心,天津尚未入选。全国布局的55个重大科技基础设施中,北京22个、上海14个、合肥7个,天津仅有1个。国家重点实验室方面,天津现有14家,与北京（120家）、上海（44家）、广州（30家）等第一梯队仍然存

---

① 数据来源:中国科学技术发展战略研究院《中国区域科技创新评价报告》,科学技术文献出版社,2022。

② 数据说明:统计标准为工作单位在天津。

在差距。省实验室方面,安徽已建设了 15 家省实验室,广东、浙江两省均已分 3 批建设了 10 家省实验室,山东、河南、湖北的省实验室数量也分别达到 9、8、8 家,海河实验室的建设步伐仍需加快①。

(三)科技型企业创新活力有待进一步强化

科技型企业数量不多。2020 年,天津高新技术企业数量达到 7442 家,落后于北京(28,985)、深圳(18,699)、上海(17,015)、广州(11,599)和苏州(10,081)。科技型企业研发活跃度较低,2020 年,天津有 R&D 活动的企业比重为 28.2%,低于深圳(52.63%)、广州(44.60%)、重庆(41.48%)和北京(39.7%);企业 R&D 经费支出占营业收入的比重为 1.20%,低于江苏(1.90%)、浙江(1.78%)、广东(1.67%)等省市。高新技术企业对产业的带动作用不足,2022 年上半年,天津市高技术制造业和战略性新兴产业增加值占规上工业的比重分别达到 15.4%、23.8%,低于重庆市(19.1%、32.4%);高技术制造业增加值增速为 7.5%,低于国家水平(9.6%)。

(四)科技金融作用有待进一步发挥

投早、投小的风险投资活跃度不足。据清科数据显示,2022 年上半年,天津新募集早期投资市场基金数量 3 支,募集金额 3.70 亿元,低于江苏(11 支、15.63 亿元)、山东(6 支、6.52 亿元)等地;创业投资市场基金 8 支,基金募集金额 17.15 亿元,低于浙江(154 支、191.71 亿元)、江苏(138 支、444.32 亿元)、深圳(73 支、163.85 亿元)。投资案例 51 起,投资金额 33.62 亿元,在全国各省市中排名第 12。知识产权质押融资、知识产权证券化等知识产权相关金融创新较少,2022 年上半年,全国银行业金融机构知识产权质押融资当年发放贷款 587.24 亿元,同比增长 64.43%;当年累计发放贷款户数 5981 户,同比增长 60.91%;北京、广东等省已发行纯专利资产证券化产品,实现了知识产权证券化从 1.0 到 2.0 的跨越,天津相关金融创新步伐仍需加快突破。

① 数据依据公开资料整理。

四　对策建议

全面贯彻党的二十大精神,落实市第十二次党代会部署,坚持"四个面向",坚持"以用立业",抢抓京津冀协同发展历史机遇,深入落实创新驱动发展战略,统筹推动战略科技力量建设、创新资源优化布局、创新市场主体培育、科技成果转化、科技人才队伍建设、创新生态营建等,开辟发展新赛道,塑造发展新优势,以科技创新支撑"制造业立市",加快社会主义现代化大都市建设步伐。

（一）打造战略科技力量,加速提升创新体系整体效能

第一,高标准推动海河实验室建设运行。按照"重在应用、瞄准产业"的建设方向,推进实验室与产业深度融合,围绕国家战略和天津重点产业创新需求,强化对优势产业的科技支撑。发挥海河实验室创新联合体作用,促进各实验室之间的资源共享和协同创新,以及与我市 12 条重点产业链有机融合,实现在科研攻关、产业发展、人才交流等方面深度合作。第二,抢抓全国重点实验室重组机遇,积极争建新能源转化与存储、功能晶体材料与器件等国家重点实验室。第三,加快打造一批引领性战略科技力量,推动新一代超级计算机、国家合成生物技术创新中心等承担更多国家重大科技项目,推动大型地震工程模拟研究设施、中国医学科技创新体系核心基地天津基地等加快建设。第四,发挥重大创新平台对产业链的战略支撑作用,构建国家科技创新汇智平台"一区多园多中心"布局,在重点产业链上开展创新资源融合共享和成果转移转化示范。

（二）优化创新资源布局,构建高效协同格局

第一,建立与北京全国科创中心联动机制,加强项目、平台、政策、机制等前端统筹。持续深化部市、院市、校市、企市合作,实施院市合作重点专项,构建形成"天津出卷、中科院答卷、市场阅卷"的院市合作新模式。第二,深化重

点领域协同融合。加强产业链供应链对接,坚持北京研发与天津转化融合发展,用好京津冀协同发展产业投资基金和京津冀(天津)科技成果转化基金,加快应用场景开放,培育信创、生物医药、汽车等上下游协同的区域产业链。第三,发挥科技金融作用。用好天使母基金,吸引北京风险投资、创业投资基金投资设立子基金,形成覆盖科技型企业全生命周期的风险投资体系,支持天津科技型企业快速发展壮大。推动京津冀科技成果转化基金开展子基金参股投资,服务京冀创新成果在津转化。

(三)培育壮大企业创新主体,加快构建高精尖企业集群

第一,深入实施国家高新技术企业倍增行动计划,按照"保存量、促增量、育幼苗、引优苗、建生态"的思路,引导人才、服务、政策、资本向高企聚集。第二,推动重点产业创新发展,推动建设产业链创新联合体。发挥产业链"链主"作用,推动"链主"企业和上下游企业构建协同创新联合体和稳定配套联合体。第三,持续推动新一代信息技术、新材料、高端装备、生物、新能源、新能源汽车等战略性新兴产业加快发展,引导各类创新资源向企业、创新型产业集群和火炬特色产业基地等集聚,壮大产业集群规模。

(四)强化科技成果转化服务,打通从科技强到产业强、经济强的通道

第一,加快推动大学科技园建设。推动现有市级大学科技园进一步拓展空间规模,优化服务链条,汇集创新资源,构建"一园多基地"发展格局。探索组建大学科技园联盟,强化资源协作共享,持续激发大学科技园创新创业活力。第二,推进科技成果市场化转移转化。设立科技成果概念验证资金,支持高校院所实施概念验证项目,支持企业建立概念验证平台。第三,营造成果转化良好生态。加强与京津冀等地技术交易市场的互联互通,持续开展"科技成果俏津门"、中国创新挑战赛等品牌活动,吸引北京等外地科技成果在津转化落地。

（五）创新科技治理体系，持续优化创新生态

第一，优化科研项目攻坚机制。积极探索由市场决定的科技项目遴选机制，完善"揭榜挂帅""里程碑"等新型项目组织管理模式。充分赋予科研主体、科研人员自主权，探索扩大自主立项、社会多元投入基金试点范围。探索更多科研项目立项、组织管理方式。第二，推动科技政策落地。制定实施《科技体制改革三年攻坚方案》，持续优化"放管服"改革，推动科技管理职能转变，进一步赋予科研机构和科研人员更大自主权，充分激发科研机构和科技人才创新活力。第三，着力培育"中国信创谷""生物制造谷""细胞谷""天津智谷"等应用场景牵引的科技创新标志区和创新集聚区，在体制机制上发力，营造"谷"的优良创新生态。

（六）加大引聚培育力度，塑造科技人才竞争优势

第一，引进一流创新人才和团队。发挥重大创新平台筑巢引凤作用，打造国际一流人才创新平台，对引进的战略科学家等顶尖人才提供"绿色通道＋政策定制"服务，绘制重点领域科技人才图谱，加快汇聚一批一流科技领军人才和创新团队。第二，实施科技人才培育工程，依托科技人才大讲堂、大学科技园创业训练营、重点领域院士专家国际交流论坛、高层次科技人才赋能行动等系列活动，强化各类科技人才培养，持续提升人才素质。第三，着力引进高水平外籍人才。深入实施国家、天津引才引智专项，深化诚信管理、行政许可等管理服务体制机制创新，推进"社交助力计划"，组织京津冀高端外国专家学术交流、外国专家中国日等特色活动，加大对外籍人才的吸引力度。

参考文献：

［1］中国科学技术发展战略研究院：《中国区域科技创新评价报告2021》，科学技术文献出版社，2022。

［2］曹磊:《2021 全球科技创新趋势》,《竞争情报》2022 年第 2 期。

［3］秦铮、周海球、刘仁厚:《后疫情时代全球科技创新趋势与建议》,《全球科技经济瞭望》2021 年第 8 期。

［4］王新钰、郭海轩:《天津科技创新能力短板分析》,《科技中国》2022 年第 3 期。

［5］顾震宇、黄吉:《〈2021 国际大都市科技创新能力评价〉研究发现》,《竞争情报》2021 年第 6 期。

天津新业态发展赋能乡村振兴研究报告

谢心荻　天津社会科学院海洋经济与港口经济研究所助理研究员

摘　要： 发展新产业新业态是促进乡村产业振兴的重要抓手,是拓展脱贫攻坚成果同乡村振兴有效衔接的重要支撑,也是推进农业农村现代化的重要引擎。大力发展新产业新业态,构建更加完善的乡村产业体系,丰富更多的乡村业态类型,发掘更多的乡村功能价值,将聚集更多资源要素、延长产业链条、拓展价值实现渠道,夯实乡村振兴的产业基础。未来,天津要进一步推进农村新业态相关产业发展,以数字技术为农村新业态提供新动能,拓展乡村产业融合的广度和深度,畅通城乡资金和知识要素流动。

关键词： 新业态　乡村振兴　要素流动

党的二十大报告提出,全面推进乡村振兴。培育发展新业态是乡村建设的重要内容,也是实现乡村振兴的必然选择。一方面,乡村振兴战略明确了农村新业态的发展方向,为农村新业态发展提供了道路指引;另一方面,农村新业态的健康有序发展,可不断提升农村农业发展质量,增强乡村发展新动能,助力乡村振兴。

一　我国农村新业态发展态势分析

壮大新业态、凝聚新动能、引领新发展是推动我国经济高质量发展的重要一环。近年来,技术与服务业的结合带动了各领域产业的发展,基于平台经济、共享经济的新业态快速成长。新业态主要具有以下特征:一是依托于互联网和技术创新开展经营活动,二是在产品类型、服务模式等方面进行创新,三是提供的服务更加个性化、多样化。当前,农村新业态持续快速发展。在大数据、云计算、移动互联网等数字技术的支持下,通过线上线下、虚拟实体结合等途径,农业和现代产业要素跨界配置,产业交叉融合进一步加深,乡村呈现出"农业+"多业态的融合发展趋势。农业与各产业多向融合,催生了休闲农业、乡村旅游、稻渔综合体、农商直供、教育农园等成长性好、附加值高且"三产"特征突出的农村新业态,成为促进乡村产业振兴的有力抓手。

党中央、国务院高度重视培育农村新产业新业态新模式。2017年中央一号文件提出发展乡村休闲旅游业、农村电商、现代食品产业与宜居宜业特色村镇四项新业态类型。2018年中央一号文提出用于发展农村新产业新业态的限制建设用地,可以给予对应奖励。《乡村振兴战略规划(2018—2022年)》明确要建立健全适应农产品电商的标准体系,加强农商互联,密切产销衔接。2019年中央一号文件提出发展适应城乡居民需要的休闲旅游、餐饮民宿等产业。2020年7月,《关于支持新业态新模式健康发展 激活消费市场带动扩大就业的意见》明确提出支持15种新业态新模式发展。2021年7月,国务院办公厅印发的《关于加快发展外贸新业态新模式的意见》指出,新业态新模式是我国外贸发展的有生力量,也是国际贸易发展的重要趋势。系列出台文件为我国农村新业态健康有序发展提供有力政策支持。

二 天津新业态发展赋能乡村振兴的发展现状

近年来,我市以实施乡村振兴战略为总抓手,积极培育农村新产业新业态新模式,农产品加工业保持稳中增效,乡村休闲旅游业、乡村新型服务业与农村电商持续快速发展,乡村社会数字化建设不断完善,成为实现乡村产业振兴、促进农村经济发展的新动能。

（一）乡村休闲旅游业蓬勃发展

乡村休闲旅游业是进一步拓展农业功能、发掘乡村价值后产生的新业态新产业。发展乡村休闲旅游业可有效吸引人才返乡创业、传承地方文化,对激活农业农村发展新动能、促进农民增收意义重大。近年来,在政策引导与农民自主探索下,我市乡村旅游业快速发展,以地域建筑风格、民俗文化、自然禀赋乃至餐饮商超等为符号的乡村旅游文化不断发展壮大,建设了一批休闲旅游精品景点,推介了一批休闲旅游精品线路。不仅深度挖掘农村多种功能与乡村多重价值,亦不断提升乡村休闲旅游业服务水平。

2022 年,我市农村中心规划推出了 5 条休闲农业与农村旅游精品线路,宝坻—蓟州红色游、津南—东丽—宁河稻乡游、武清—北辰运河游、蓟州—武清生态游和西青—静海休闲游。我市西青区美丽采摘一日游入选 2022 年全国乡村旅游精品线路,包括杨柳青古镇景区和生态六埠两种推荐行程。截至2021 年,全市 30 个村被认定为中国美丽休闲乡村,创建了蓟州区、宝坻区两个全国休闲农业示范县,全市休闲农业年接待游客 1800 万人次,综合收入达到45 亿元。

我市宁河区以千亩油菜花为特色打造乡旅品牌,加强稻香花海园区配套的观赏娱乐设施建设。结合既有的民宿、"八大碗"农家乐等优势丰富乡村旅游业态,满足游客多样化消费需求。以杨泗村为中心,综合考虑各村资源禀赋与地域特色,构建了七村农文旅融合发展新格局。

（二）乡村新型服务业加速推进

乡村新型服务业是适应农村生产生活方式变化应运而生的产业,经营方式灵活,发展空间广阔。近年来,我市乡村新型服务业的业态类型愈加丰富,在提升农业、繁荣农村、富裕农民等方面作用显著。我市将现代工业标准理念和服务业人本理念引入农业农村,在生产性服务业与生活性服务业领域持续发力。一方面,扩大生产性服务领域与服务水平,积极开展农技推广、农资供应等业态类型,扩大服务网点的乡村铺设范围,推广农超、农企等产销对接模式;另一方面,丰富生活性服务业的服务内容与服务方式,改造提升餐饮民宿、商超美容等服务业质量,积极发展定制服务、体验服务等新形式,探索"线上交易+线下服务"新模式。

截至 2022 年,我市 6 个国家级现代农业产业园建设有序推进,4 个国家级优势特色产业集群规模日趋扩大,12 个国家级农业产业强镇相继建成,培育认定市级休闲农业示范园区和示范村点 280 个。入选国家级现代农业产业园的宝坻区现代农业产业园已覆盖该区 7 个街镇、127 个建制村和天津食品集团下属 3 个国有农场。该产业园不断适应农业生产规模化、标准化、机械化的趋势,先后建成智慧育秧基地、天食智慧牧场等新业态项目,构建了"公司+合作社+基地+农户"的多重联结机制,以推进乡村新型服务业辐射带动园区周边镇村农户增收。

(三)农村电商日渐活跃

涉农领域的生产经营主体利用网络平台完成产品或服务的销售、购买等交易过程,不仅为脱贫攻坚提供了强大支持,也成了乡村振兴的重要支撑。农村电商在 2021 年后已进入"数商兴农"高质量发展阶段,即充分释放数字技术对农村商务领域的赋能效应,全面提升农村商务领域数字化、网络化、智能化水平,推动农村电子商务高质量发展,进而支持和促进农业生产发展与乡村产业振兴。

近年来,我市农村电商的快速发展,有力促进了消费品下乡与农产品出村,电商示范服务中心、电商产品生产基地、网红小镇等建设快速发展。淘宝村作为互联网草根创业集聚地,有效推动乡村包容性经济发展,数量增长较快。2021 年,我市淘宝村数量达到 52 个,同比增长 33.3%,全国排名第 12 位,体现了我市农村地区电商发展水平进一步提升。我市静海蔡公庄镇的四党口中村被列入淘宝村名单,该村主营萨克斯生产销售,承包全国 7 成以上萨克斯产量,电商销售份额约占 40%。该村从事西洋乐器生产已 40 余年,年产值达3 亿元,淘宝渠道的销售额超过 7000 万元。村内淘宝店数量超过 400 家,淘宝客服、快递从业人员达 6000 余人。

电子商务的加快兴起延伸了新的市场空间,加强了产业宣传和推介,更好打造了农业品牌,提升了农产品知名度和市场占有率。2022 年,我市新认定"津农精品"品牌 28 个、"国内知名"品牌 5 个、"国际有名"品牌 1 个。小站稻、沙窝萝卜、茶淀玫瑰香葡萄 3 个区域公用品牌入选中国农业品牌目录,沙窝萝卜被认定为"2017 年中国百强区域公用品牌",11 个产品在中国国际有机食品博览会和中国绿色食品博览会上获得金奖。同时,我市加快农村寄送物流体系建设,支持邮政与农村电商协同发展。推动静海区、蓟州区"互联网 +"农产品出村进城,探索建立同城快递 + 农特产品方式。鼓励建设村级农村寄递物流综合服务站,给予最多一次性补贴 8000 元。

(四)乡村数字化建设不断完善

数字技术作为传统产业转型的核心驱动力,正在成为催生农村新产业新业态新模式的重要引擎。不仅深度介入生产端,通过数字乡村平台物联网检测等先进手段实施农牧业生产,通过电商平台拓展农特产品销路,也在消费端助力培育农村消费新业态,挖掘乡村市场消费潜力。在数字网络方面,我市3821 个建制村已实现 4G 全覆盖,宽带覆盖率已达 100%,光纤进村率提升至70%,为农村电商、农产品直播带货等农村新业态发展提供基础条件,为乡村产业振兴提供重要支撑。在数字基建方面,我市近年来全力推进"农村公路 +"模式,为农村新业态发展提供基础条件。截至 2021 年底,全市农村公路总里程达到 11,230 公里,占我市路网总里程的 73%,农村公路网密度达到每百平方公里 94 公里,基本形成遍布农村、连接城乡的农村公路网络。在数字金融方面,我市致力于打造现代农业智慧金融体系,支持涉农主体通过线上渠道自主获取金融服务,引导社会资本下乡,联合金融机构完善农村投保贷一体化智慧金融服务,初步尝试以数字人民币形式进行村集体收益分配。

(五)新业态相关产业吸纳农村劳动力就业潜能持续增强

传统农业发展方式已无法促进农业生产力快速发展,农民增收的传统动力逐渐减弱,农村新业态能够深挖农业功能,实现农村产业结构融合升级,成为带动农民增收新亮点,对农村富余劳动力具有吸纳作用。

根据国家统计局天津调查总队的调研数据,我市新业态相关产业吸纳约三成农村劳动力就业,预计未来还将有约两成农村劳动力加入新业态相关产业工作。产业分布方面,27.8%的被访农村劳动力从事新业态相关产业,其中38.3%的从业者集中于设施、现代农林牧渔业和休闲农业等新兴产业,部分农村劳动力从事外卖员、网络主播、病人陪护等生活服务业。此外,有意向从事新业态相关产业的农村劳动力逐步增加。被访者中愿意从事新业态相关工作的比例占42.2%,随着行业规模扩大,新业态相关产业发展前景广阔。

三 天津新业态赋能乡村振兴的问题与挑战

发展新产业新业态是促进乡村产业振兴的重要抓手。只有大力发展新产业新业态,构建更加完善的乡村产业体系,丰富更多的乡村业态类型,发掘更多的乡村功能价值,才能延长产业链条,拓展价值实现渠道,夯实乡村振兴的产业基础。我市农村新业态相关产业转型布局仍需加快,在人才、技术、资金等方面仍存在一定挑战。

(一)乡村产业人才总量规模不足,支撑乡村产业转型升级能力有待提升

截至 2021 年底,我市已落地建设农业科技创新示范基地 76 家,累计支持建立 135 支科技帮扶团队和 26 支法人特派员团队,全市科技特派员总数逾千人。整体来看,新业态相关人才仍处于稀缺状态。在城乡二元发展的长期格局下,我市人口和人才形成了从乡村向城镇单向流动为主的状态,城镇人才资源持续集聚,乡村人才资源相对匮乏。乡村建设对人才的需求十分强烈,对于农、林、牧、渔专业技术型人才与综合管理型人才的乡村振兴人才发展仍处于扩大供给、满足需求阶段。

由于我国长期实行城乡两种不同的资源配置制度,农村的专业服务资源多数由农民自行负担,乡村本土专业人才占多数,经过专业训练的人才因待

遇、生活条件等现实问题不愿到农村,造成农村专业人才严重缺乏、专业素质和技能不高。近年来,我市政府通过设立特岗计划、实施特派员制度、实行"神农英才"计划等方式,引导专业技术人才陆续进入乡村,打造了一批农业科技领军人才和创新团队,乡村专业人才实力有所增强。但总体看,农村人才队伍中专业人才资源匮乏、专业素质不高、技术能力较差等问题仍然存在。乡村产业科技人才总量不足、分布不均衡,高层次人才特别是领军人才、农业战略科学家、创新团队比较匮乏,具有较强科技应用转化能力和科研能力的企业技术人才存在较大缺口。专业化社会化服务组织带头人队伍基础薄弱,联结小农户的桥梁纽带作用发挥不充分。农业企业家队伍规模偏小,引领产业转型发展、带动农民融入大市场的能力有待提升。农村创业带头人层次不高,示范带动作用亟待强化。

（二）技术要素有效供给不足,有效需求缺乏

设施农业科研创新缺乏针对性,设施机械技术含量较低。我市设施农业在三十余年中取得了突出的科研成绩,各类技术成果成功解决了设施农业生产技术问题。但由于设施农业交叉性较强,科研创新容易陷入相互割裂、协作无力的境地。设施农业领域的基础研究、应用基础研究都与露地农业共用平台和团队,研究精力聚焦不足,成果针对性弱,应用效果很难达到最佳,导致成果在国际竞争中易处于弱势。应用研发方面虽有大量创新型企业投入开展,但基于当前科研经费分配机制和企业协作习惯尚未良好建立等现状,基于生产全程的协作较少。设施机械的技术含量、成套性与适应性有待提升,例如农业部门补贴的设施农业机械设备,由于缺乏足够的适应性,难以充分满足本地棚室作业的现实需要。

乡村产业技术的有效需求不足。我市当前推广应用的部分乡村产业技术难以匹配生产经营主体的实际需要,从而降低了其对乡村产业技术的需求。农业技术与农户种植需求不匹配。经济作物在农作物中的收益较高,发展经济作物是提高农业效益、增加农民收入的突破口。农户倾向种植水果、蔬菜等经济价值较高的农作物,以替代过去单一化、低价值的粮食作物。我市目前推广的农业技术主要集中于大田作物,经济作物的种植技术特别是育种研发相对滞后,育种规模小且效率较低,从而影响了产品市场价值,与农户实际技术需求之间存在结构性差异。农户缺乏对新技术的足够认知。部分农户缺乏对乡村产业新产品、新技术的足够认知,接纳能力较差。在技术推广过程中,容易与推广人员沟通不畅。农户未积极参与土地流转。对于农户而言,土地不仅承担着农业生产职能,还发挥着生活保障职能,因此不会积极主动地参与土地流转,客观上导致大量小规模兼业农户的存在,其多样化的农业技术需求难以获得满足,进而表现为对农业技术的有效需求明显不足,不利于农村产业融合发展的顺利推进。

(三)农村新业态金融产品创新不足,投入形式单一

涉农金融产品同质化程度较高。目前农业农村中长期贷款项目主要以土地作为抵质押品和还款来源,同质化程度高,易导致与商业性银行恶性竞争,不利于农村金融主体间的整体协同发展。精准针对乡村振兴新需求的产品不多,存在期限错配、额度不满与定价不合理等问题。

涉农金融机构创新动力不足。农村的小型农村金融机构与新型农村金融机构的金融服务创新能力较为薄弱,其他涉农金融机构出于成本与风险规避的考虑,未将农村金融市场纳为业务发展重点,缺乏对农村金融服务创新考核的有效举措,导致其创新的内在动力不足。

农村金融服务无法满足农村市场需求。由于受贷主体抵押物不足,农村金融服务都停留于满足基本农业生产需要的层面,金融机构主要对农机具、农药、种子、化肥等生产资料提供资金支持。服务供给方主要由银行构成,其产品的期限、利率与额度不能完全满足农村新业态相关产业发展的资金需求,表现在农业科技贷款增长缓慢、新型农业主体贷款难等方面。与此同时,农业保险与信贷抵押担保发展相对较慢,农村担保机制建设进展迟缓,使得农村金融市场信贷风险较高。

四　天津新业态发展赋能乡村振兴的对策建议

农村新业态相关产业的发展是实现乡村振兴的重要抓手,也为我市经济社会发展提供新方向、新途径。应持续推进数字技术发展,拓展乡村产业融合的广度和深度,畅通城乡资金和知识要素流动。

(一)持续推进数字技术发展,为农村新业态提供新动能

"数字经济 + 农业"的发展模式可有效带动农村经济转型,填补我市城乡经济发展间的"数字鸿沟",让数字发展红利遍及更多农户与农村新业态相关产业经营者。以数字技术为媒介,传统农业生产可以转换为智慧农业生产。例如使用数字技术控制农业生产环境,分析育种数据以提升育种效率;使用传感器采集农业数据,实现农业生产可视化管理;使用农作物病虫害检测系统及时预警作物病虫害情况,精准诊断对症下药;使用智能农机设备有效提高农业生产效率,实现农业生产过程自动化规范化。数字技术能够助力打通农业产业链末端的零售环节,以农村电商等新业态模式增加农产品滞销渠道,解决农产品滞销困境。

进一步推进数字技术发展。一是进一步加快农村信息基础设施建设。逐步深化普及乡村4G、创新应用5G,有序推进农业农村、商务、民政、邮政、供销等部门农村信息服务站点的整合共享,推广"多站合一、一站多用",推动信息服务向乡村延伸;加快农村电网数字化改造,深入实施农村电网巩固提升工程。二是制定农村数字技术促进政策。进一步优化财政支持,鼓励以奖代补、贷款贴息等支持方式,增加我市财政支持数字经济发展力度,提高资金使用效益。三是加强农民数字素养与技能培训,手机成为"新农具",直播带货成为"新农活",提升农户与农村新业态从业者的数字技术掌握熟练度。整合数字乡村应用场景,对典型案例进行宣传示范,提升农民学习互联网与移动终端操作的意愿。构建现代农业科教信息服务体系,优化完善全国农业科教云平台,汇集整合新技术推广、电商销售、新媒体应用等优质培训资源,持续推进农民

手机应用技能培训工作。此外，加强与公益机构、农业培训学校等合作关系，通过农民技能培训班帮助农户学习实用性数字技术。

（二）拓展乡村产业融合的广度和深度

构建一二三产业交叉互动、融合发展的现代农村产业体系，是农村新业态发展的前提支撑，也是实现农业现代化的必然选择。促进农村新业态平稳发展，应拓展乡村产业融合的广度和深度，跨界集约化配置资本、技术与资源要素，支持打造贯通产加销、融合农文旅、对接科工贸的现代农业产业体系、生产体系和经营体系。

一是加强农业内部融合发展。支持新型农村经营主体发展，加强农业内部资源整合力度，推动种养结合的循环农业新模式，构建农业内部之间紧密协作、优势互补、互动有效、融合发展的机制。二是做大做强农产品加工业。建设高标准原料基地，发挥农产品加工业龙头企业，培育一批家庭农场和农民合作社，引导小农户分工分业发展，将工业化标准理念和服务业人本理念注入农产品生产。构建高效加工体系，进一步延长加工链条。扶持农民合作社发展延时类初加工与食品类初加工，培育原料基地＋中央厨房＋物流配送等模式，推进农产品加工梯次利用、减损增效。创响知名农业品牌。引育一批具有自主知识产权和品牌效应的龙头企业，加强农产品地理标志管理和品牌保护，推进现代农业全产业链标准化试点。三是做精做优乡村休闲旅游业。打造乡村休闲体验产品。打造一批乡村休闲旅游优势品牌和城乡居民休闲旅游"打卡地"，持续推进我市5条乡村旅游精品线路，进一步激发文旅消费潜力，让消费者享受多样化旅游体验。进一步打造稻香花海园等特色景区，加强配套观赏娱乐设施建设。四是做活做新农村电商。培育农村电商主体，推进建设村级寄递物流综合服务站点，依托信息进村入户运营商、优质电商直播平台、直播机构和经纪公司，发展直播卖货、助农直播间、移动菜篮子等，培育农民直播销售员。

（三）畅通城乡资金和知识要素流动

畅通城乡资金、知识的要素流动是农村新业态发展的有力抓手。介入资金的引导可以更好推动数字技术在乡村多产业间应用,增进产业间融合。知识的溢出效应可以有效弥合城乡"数字鸿沟",培育信息时代新农民,催生数字乡村发展内生动力与核心竞争力。

多种方式促进资金要素流向乡村,进一步推动农村新业态发展。一是优化金融政策,发挥政府引导。通过财政补贴或税费减免等方式,制定有针对性的政策性贷款或创新项目支持资金,支持实体经济企业开展信息化建设和大数据分析业务;通过设立专项科研基金支持前瞻技术研发,推动大数据和人工智能在乡村产业中的应用;鼓励金融机构创新金融服务且加强合作,金融机构在抵质押物、支付结算、人身保险等方面提供金融服务,发挥各自功能形成优势互补,健全利益联结机制,推动乡村基础设施建设与人居环境改善。二是激发社会资本投资活力,实现社会资本与农村新业态互惠共赢。发挥市场化、专业化优势,审慎选择投资产业,聚焦智慧农业、休闲农业等资金与技术密集型业态。完善农业全产业链开发模式,探索整体开发农村区域的方案,创新政府与社会资本合作模式。

采取多种方式促进知识要素流向乡村,进一步推动农村新业态发展。一是破除知识要素在城乡流通的壁垒,助推村民技能培训自主化。专家通过线上平台帮助乡村居民学习手机上网技能,了解政策、学习技术、知悉市场行情,提高查询信息的能力;帮助乡村居民学习如何利用电商等平台准确获取农产品营销方法和销售渠道;指导农民如何利用现代技术设备提高获取农业气象、测土配方施肥、动植物疫病远程诊断、农机作业等服务的能力。二是加强乡村与科研机构的帮扶对接关系。利用南开大学、天津大学等知名高校与科研机构的科技人才优势,指派科研人员深入农村基层,围绕我市新业态发展需求展开服务和创业,加强与"科技助农"相关的科技培训、科普讲座、产业指导等科技服务,促进农业科技成果的转化应用,构建科技服务与乡村振兴所需对接的有效机制。三是构建乡村数字教育体系,助推乡村产业数字化发展。由于数字经济迭代速度较快,与传统农业的生产逻辑不一致,这就需要建立乡村数字教育体系,更新农村地区的教育理念,加快培养数字化农民队伍,激发乡村振兴发展活力。实施数字化农民队伍培育工程,提供线上线下相结合的培训服务,加快弥合数字"使用鸿沟"和"能力鸿沟"。大力提高"三农"干部、新型经营主体的数字技术应用水平,发挥带头人的示范作用,带动村民厘清数字化观念,以掌握数字技术带动新业态发展。

参考文献:

[1] 田野、叶依婷、黄进、刘勤:《数字经济驱动乡村产业振兴的内在机理及实证检验——基于城乡融合发展的中介效应》,《农业经济问题》2022 年第 10 期。

[2] 李豫新、李枝轩:《乡村振兴背景下数字经济发展与城乡收入差距》,《金融与经济》2022 年第 6 期。

[3] 杨玉敬:《数字经济与乡村振兴耦合协调发展水平研究》,《技术经济与管理研究》2022 年第 7 期。

[4] 张蕴萍、栾菁:《数字经济赋能乡村振兴:理论机制、制约因素与推进路径》,《改革》2022 年第 5 期。

天津绿色经济发展研究报告

刘俊利　天津社会科学院生态文明研究所助理研究员

摘　要： 中国式现代化是人与自然和谐共生的现代化,这给我市经济社会发展提供了新的方向及赛道。绿色经济在提振经济高质量发展的基础上,深化经济发展的可持续性,发展绿色经济将助力我市在征程下打造成为国内国际双循环的重要战略中枢。因此,天津要深度贯彻落实新发展理念,瞄定"双碳"目标,持续推动绿色低碳智慧引领产业提质升级及能源体系低碳转型;深刻践行"两山"理念,激活市场活力,发展生态产业,扎实推进绿水青山向"金山银山"转化;强化"增长"动力源,构建面向碳中和的绿色技术创新体系,为我市经济绿色、健康发展保驾护航。

关键词： 人与自然和谐共生　绿色经济　生态产业　绿色技术创新

中国式现代化是人与自然和谐共生的现代化,需要我们站在人与自然和谐共生的战略高度谋划发展。绿色经济是统筹经济发展与环境保护的经济形态,强调以保护促发展、以发展强保护,不仅是实现高质量发展的关键环节,更是新的经济发展模式和商业运营模式。目前,数字经济、绿色经济是全球竞争的制高点,以数字技术为手段,推动经济发展方式绿色化、低碳化、智慧化转型升级,是构建新发展格局的重要战略方向,将助力我市在新发展格局下打造成为国内国际双循环的重要战略中枢。

一　天津市绿色经济发展态势分析

绿色经济强调对传统经济发展方式的系统化改造及绿色化升级,不仅对经济数量及规模有更高要求,更对经济发展质量、结构、创新度有更高更新的需求。本文将深入分析我市绿色经济发展态势及生态环境系统治理成效,剖析我市经济绿色转型及发展进程中面临的问题及挑战,并提出相应策略。

(一)天津绿色经济发展态势分析

1.产业体系绿色化加速推进

三次产业结构不断优化,"制造业立市"目标加速推进。2017年以来,我市经济发展处于阵痛转型期,加之疫情影响,第二产业增速下降明显,总占比呈断崖式下滑,而疫情暴发带来线上消费、平台消费规模快速增长,2020年以来第三产业占比显著增加。随着疫情防控常态化、经济运行平稳化、"制造业立市"目标加速推进以及高质量转型蓄积成效的不断显现,我市三次产业结构接续优化,2022年1—9月三次产业占比为1.2:38.0:60.8,第二产业占比由2020年的34.1%增长至2022年前三季度的38.0%,工业引领经济高质量发展的优势不断凸显,2023年我市产业结构将进一步优化,第二产业将持续迸发生机。

产业绿色转型不断提速,绿色化数字化协同领航。首先,产业绿色升级加速推进。截至9月,我市围绕汽车制造、生物医药、新能源、新材料等重点领域已培育246家市级绿色工厂、7个绿色工业园区,入围工信部获批的绿色制造名单中,包含绿色工厂86家、绿色工业园区4个、绿色设计产品10类、绿色供应链管理企业28家,在全国各省市中综合排名第2位,国家级绿色制造示范单位累计突破120家,绿色制造内生动力得到新一步激发,绿色制造体系进一步壮大。其次,数字产业进程持续升级。我市制定出台《天津市加快数字化发展三年行动方案(2021—2023年)》,通过大力发展软件与信息等技术服务业、建设新一代麒麟操作系统、天津鲲鹏生态创新中心、腾讯云数据中心等重点项目、打造滨海高新区软件园、"中国信创谷"、泰达数字产业园等多个智慧型园区,赋能全国先进制造研发基地建设。2022年1—8月,我市软件和信息技术服务业实现收入1677.2亿元,同比增长7.7%。《数字中国发展报告(2021年)》显示,天津数字化综合发展水平位居全国第七位。

2. 智慧科技与绿色创新支撑不断强化

为深入实施创新驱动发展战略,加快建设更高水平创新型城市,打造自主创新重要源头和原始创新主要策源地,我市出台《天津市科技创新"十四五"规划》,同步推动智慧科技与绿色创新。首先,持续加大创新资源供给。资金方面,2021年,我市投入研究与试验发展(R&D)经费574.3亿元,同比增长18.4%,其中,研究与试验发展(R&D)经费投入强度达3.66%,位居全国第三位。人才层面,自《关于深入实施人才引领战略加快天津高质量发展的意见》实施以来,我市以打造"海河英才"行动计划升级版为抓手,累计引进各类人才42.3万人,平均年龄32岁,大学本科以上学历人员占70.6%,高层次人才方面,2021年天津院士共计40人,新建博士后工作站27个,新进站博士后600人,人才创新活力和城市竞争力持续增强。其次,着重加强核心技术攻关。聚焦基础软硬件、先进通信、新型功能材料、新能源及智能网联汽车、现代中医药、合成生物技术、高端医疗器械等重点领域,我市组织实施重大科技专项,依托龙头企业推动重大专项项目、平台、人才、资金一体化配置,推动以信创产业为突破口、生物产业和高端装备制造等为重点的产业创新能力提升工程,围绕产业链部署创新链,打造创新应用场景,强化人工智能、区块链、物联网、大数据、绿色制造等技术对航空航天、石油化工、汽车工业等传统优势产业转型升级的支撑作用。第三,我市创新成果日渐丰硕。一方面,基础理论创新成果持续攀升。2021年市级科技成果登记数1972项,国际领先水平137项,国际先进水平253项。全年专利授权9.79万件,增长29.8%。另一方面,产业创新成果不断溢出。自主创新和原始创新策源能力得到明显提升,首批5家海河实验室挂牌运行,22项科技成果获得国家科学技术奖,攻克酶蛋白理性设计等关键核心技术,断热稀土涂层打破国外垄断,二氧化碳人工合成淀粉实现实验室条件下"从0到1"的突破,人工智能、生物医药、新材料等重点领域取得一批标志性绿色技术创新成果。

3. 绿色智慧民生不断完善

二十大报告指出,中国式现代化是全体人民共同富裕的现代化。为推动经济社会发展全面、绿色转型,我市积极推动绿色、智慧民生建设,深化"人民城市为人民"的发展理念。一是推动公共绿色交通体系更加优化。其中,地铁6号线二期、4号线南段开通,预计年底前开通地铁10号线,近5年,运营车辆及线路长度的年均增长率均超过10%,已形成日益完善的地铁网络,中心城区绿色出行比例超过70%。此外,我市新能源公交车基本实现全覆盖,为强化居民绿色出行,积极修建人行道,预计到2022年末,我市人行道面积将达到4495万平方米。二是加速应用普及绿色建筑。建筑节能是推动"双碳"工作的重要抓手,我市持续提升建筑能效水平,严格执行绿色建筑设计和节能强制性标准,新开工装配式建筑149个。绿色建筑的广泛应用也带来绿色材料产业的迅猛发展,是绿色经济强大发展潜力的体现。作为我市12条产业链之一的新材料产业链中的重要子链,绿色建材行业规模不断壮大,2021年实现产值530亿元,同比增长9.8%,同时,推进建设武清区、静海大邱庄、静海唐官屯装配式建筑产业基地,充分发挥我市现代冶金行业优势,融合新材料、绿色石化产业发展成果,通过产业链上下游对接、协同创新、协作配套,推动绿色建材行业转型发展。目前,全市已有10家建材企业上市,18家企业、33个产品获得绿色建材认证。中新天津生态城获国家首批"绿色生态城区运营三星级标识",东丽湖温泉度假旅游区、滨海新区南部生态新城、于家堡金融区绿色生态城区、静海团泊新城西区获国家节能减排政策示范奖励。

4.政策支撑体系不断完善

碳达峰与碳中和行动不断推进我市经济社会发展模式向绿色化、低碳化、循环化转型升级,在此基础上,我市出台一系列政策文件支撑我市绿色经济高质量转型及发展。首先,我市出台《天津市碳达峰碳中和促进条例》《天津市碳达峰实施方案》等系列文件,搭建推进碳达峰、碳中和部署工作的"1+N"政策体系,并从调整能源结构、推动产业结构低碳转型、加快城乡建设绿色转型、强化资源节约集约利用、加快构建绿色空间格局、推动绿色技术创新等方面高水平谋划"双碳"工作,"双碳"相关政策成为促进我市绿色经济转型及发展的助推器。其次,我市加速绿色金融改革创新,不断创新绿色金融产品及服务模式,为绿色经济发展提供持续不断的金融保障。其中,首笔"碳表现挂钩"贷款成功发放,首单蓝色债券成功发行。2021年全年发行绿色债券30只,资金规模 229.6 亿元,11 个项目获得中国人民银行碳减排工具支持。此外,我市深化碳排放权交易市场建设,重点排放企业履约率连续多年达到 100%。2021 年,我市碳市场成交量 5074 万吨,位居全国各省区市第二位,随着碳汇交易规模的持续增长,预计未来我市碳市场交易量将进一步增加。

（二）天津生态环境治理态势分析

1. 环境污染治理成效显著

2022 年,天津坚持以减污降碳协同增效为总抓手,坚持系统治气、治水、治海、治土,深入打好蓝天、碧水、净土污染防治攻坚战,并取得显著成效。2022 年 1—8 月,我市空气质量达标天数为 178 天,较去年同期增加 10 天,优良天数比率达 72.25%,仅 2 天为重度污染,较去年同期减少 3 天。PM2.5 月均浓度 34 微克/立方米,比去年同期改善 12.8%,所有空气质量指标均达到国家标准。随着能源结构、产业结构、运输结构的全面优化提升,2023 年,我市空气环境质量将持续向好,让人民群众更加充分感受到蓝天幸福感。其次,我市水环境质量得到改善。2022 年 1—8 月,我市优良水质断面 21 个,优良水体占比 58.3%,同比增长 40%,无劣Ⅴ类水质断面;完成 63 条农村黑臭水体治理,农村生活污水处理设施出水达标率达到 91.7%,比上年提高了 33.4 个百分点。2023 年,我市要在维稳的基础上持续推进优良水体占比的增长。

2. 生态修复及建设稳步实施

为建设美丽天津,绘就京津冀"人与自然和谐共生"生动画卷,我市统筹城市生产、生活、生态空间,通过打通海陆生态系统及建设生态宜居城市,从大生态尺度及城市建设尺度同步推进生态修复及建设,且成效卓著。生态修复及建设层面,天津大力实施"871"重大生态工程建设,持续推进 875 平方公里湿地保护、736 平方公里绿色生态屏障建设及 153 公里海岸线生态综合治理。4 个湿地自然保护区累计完成补水 13.77 亿立方米,湿地和水域总面积逐年增加,七里海湿地面积增加 1.62%,北大港湿地增加 6.47%,大黄堡湿地增加 1.30%。绿色生态屏障雏形显现,其中,海河生态芯、古海岸湿地绿廊(北段)等八大重点生态片区 80% 以上面积完成生态修复,建成"林田水草、河湖湿地"为一体的规模性生态区域近 300 平方公里,森林绿化覆盖率达到 26% 以上,蓝绿空间占比达到 65.1%,一级管控区内林地面积达到 19.11 万亩。截至 2021 年末,我市共修复滨海湿地 531.87 公顷,整治修复岸线 4.78 公里,12 条入海河流全部消"劣",近岸海域优良水质比例达到 70.4%。生态宜居城市建设层面,为了推动我市绿色发展,让城市融入大自然,天津城市管理委员会出台《天津市"植物园链"建设方案(征求意见稿)》,全面启动"一环十一园"的"植物园链"建设,加快推进以外环绿道为纽带串联打造"一环十一园"的"植物园链"建设。全面提升现代宜居城市品质,共建人与自然和谐共生的美丽家园。

3. 节能降碳增效持续推进

今年以来极端天气肆虐各地,因此,加快推进碳减排、充分落实碳达峰碳中和目标是当前第一工作要务。我市深刻把控系统思维,通过生产方式及生活方式深入变革、科技创新及制度创新双轮驱动,推动经济社会发展建立在资源高效利用及绿色低碳发展的基础之上。当前,我市在节能降碳增效上卓有成效。一是稳妥调整能源结构,按照先立后破原则,加快推进山西大同到天津的特高压通道前期筹备,外受电比例提高到 21%;着力增加新能源供给和应用,全市可再生能源电力装机规模逐渐提高至 362 万千瓦;建成运行 2 座自用加氢母站,实现氢能应用场景新突破。二是加快推进产业结构低碳转型,我市持续推进先进制造研发基地建设,加大力度建设信创、高端装备等 12 条产业链,推动战略性新兴产业及高技术制造业占比持续走高。三是促进交通运输低碳发展,我市不断深化"公转铁 + 散改集"双示范港口创建,天津港铁矿石铁路运输量达到 65% 以上,同时建成全球首个"智慧零碳"码头,打造低碳港口先行示范。淘汰国III及以下中重型营运柴油货车 6428 部。四是充分落实资源节约集约战略。2021 年,我市出台《天津市企业节能信用评价暂行管理办法》,有效遏制高耗能高排放低水平项目盲目发展,以指标反推企业节能减排。此外,我市清洁生产、循环经济工作扎实推进,9 个园区通过循环化改造验收,子牙经济开发区获批全国大宗固废综合利用示范基地。2021 年,全市能耗强度同比下降 5.1%。

二 天津绿色经济发展面临的问题与挑战

绿色经济不仅与经济发展和环境保护息息相关,还与百姓福祉度和人民幸福感息息相关,我市在发展方式绿色转型升级及绿水青山向金山银山转化等领域仍需提速升级,推动经济高质量发展的绿色技术创新体系仍需完善,在促进经济绿色转型发展方面仍面临不小挑战。

(一)发展方式绿色转型仍需提速

今年以来,新冠肺炎疫情持续多点暴发给经济增长带来不小挑战。虽然我市经济发展经历了阵痛转型期,但以重化工为主的产业结构、以煤炭为主的能源结构没有得到根本性改变,"高碳依赖"特征依然明显,发展方式绿色低碳转型仍需提速。首先,我市传统产业占比依然较高,战略性新兴产业、高技术产业等引领新经济发展的优势产业规模仍不足,尚未成为经济增长的主导力量,产业链供应链依然处于迈进中高端的关口,传统产业绿色化转型仍需推进。其次,能源结构优化调整速率有待提升。我市能源供需平衡能力相对较差,每年存在超过2000万吨标煤的能源缺口,此外,我市能源消费及能源结构合理性不足,煤炭始终为能源消费及能源结构的主要组分,风电、光伏发电、水电等可再生能源开发利用规模较小,发展潜力有待提升。

(二)生态价值向经济价值转化有待加强

天津坚持"生态优先、绿色发展"的鲜明导向,大力实施"871"重大生态系统工程,构建城市高质量发展新格局。但同时,我市生态产业化布局尚未全面打开,生态产业开发、生态产品价值转化有待提速。一是技术支撑体系尚需完善。生态产品价值实现的前提是清晰界定生态产权、量化生态产品价值,我市仍存在生态产权界定不清、价值核算机制不完善等问题,且未出台生态产品价值核算办法及技术规范,生态产品价值核算标准化建设有待推进。二是转化渠道仍需拓展。目前,我市"绿水青山"向"金山银山"转化的通道尚待打通,生态产业规模及生态收益较小,难以激发社会资本投入生态建设的积极性和主动性。

(三)绿色经济发展的市场化活力仍需提振

我市绿色产业开发进程相对缓慢,绿色产业化的市场机制尚未健全,绿色产业开发、金融服务支撑有待加强。一是绿色产业面临产业规模小、产业结构初级化、绿色龙头企业少、品牌效应缺乏等问题,绿色产业发展较为局限,农产品精深加工的动力不足,农林产品产业链相对较短,对 GDP 增长的贡献、拉动就业以及提升收入等方面的作用较为薄弱。二是金融服务仍需加强。发展绿色产业需要大量资金支持,我市生态领域金融资源匹配较少,2021 年,我市绿色信贷在信贷总额中占比约 10%,绿色债券在债券发行额中占比不到 1%,有待推进绿色基金、绿色保险、绿色信托、绿色 PPP、绿色租赁等金融产品向生态产业等领域倾斜。此外,缺乏基于排污权、碳排放权等各类资源环境权益的融资工具,以及反映未来预期的绿色期货、期权等金融产品,绿色金融对生态资源权益市场化交易的支撑作用无法充分发挥。

(四)面向碳中和的绿色低碳技术创新体系有待完善

在新发展阶段及"双碳"目标的牵引下,绿色低碳技术创新成为全球新一轮产业革命和科技竞争的重要领域,更是我国应对气候变化、实现人与自然和谐共生现代化的核心竞争力。但目前,我市在建立健全绿色技术创新体系方面仍有较大提升空间。一是基于市场导向的绿色技术创新主体培育力度有待加强,我市绿色技术创新领军人才及融合型人才的规模和能力有待提升,现有人才培养机制及识人用人机制有待健全,技能培训、事业平台搭建、晋升渠道及奖励机制等机制有待完善,此外,我市绿色低碳技术创新型企业数量相对较少,有待进一步培育及引进。二是我市绿色技术创新平台相对较少。绿色低碳技术创新为主攻方向的机构数量较少,近两年认定的 15 家天津市产业技术研究院中仅有一家业务范围与绿色低碳技术创新直接相关。

三　推动天津绿色经济发展的对策建议

中国式现代化既是全体人民共同富裕的现代化,更是人与自然和谐共生的现代化,这给我市的经济社会发展提供新的方向及赛道。因此,我市要在提振经济高质量发展的基础上,深化经济可持续性,激活经济新动力,加快绿色发展的市场化进程,通过深度贯彻新发展理念促进经济社会全面高质量发展。

（一）持续推动产业结构绿色、智慧升级

推动经济社会发展绿色化、低碳化、智慧化是实现高质量发展的关键前提,因此,为持续推动我市经济转型及绿色发展,建议着重从以下两方面入手。一是接续打造现代产业体系。坚持把发展经济着力点放在实体经济上,推动产业基础高级化、产业链现代化,不断提高产业链自主可控水平。二是推动我市传统产业绿色化变革和智慧化转型,紧抓新一轮技术革命和产业变革先机,强化绿色技术创新,推动工业互联网、大数据、人工智能、5G 等新兴技术与装备制造、汽车、石油化工、航空航天等优势产业的深度融合,提升我市绿色制造体系及绿色服务体系能级,同时遏制高耗能、高排放、低水平项目盲目发展,推动工业领域绿色低碳及智慧化转型。三是提振新一代信息技术、新材料、新能源等战略性新兴产业及高技术产业规模和发展能级,打造先进制造业集群和战略性新兴产业发展策源地,同时强化串链补链强链,提升产业链韧性和竞争力。

（二）瞄定"双碳"目标,加快推进能源革命

坚持先立后破、通盘谋划原则,结合我市能源禀赋有序推进能源低碳转型。首先,推动传统能源转型。加强煤炭清洁高效利用,有序推进减量替代,加强煤炭向清洁燃料、优质原料和高质材料转变,同时促进能源技术与现代信息、新材料和先进制造技术深度融合,探索能源生产和消费新模式。此外,加快应用煤炭清洁高效燃烧、资源化利用等技术,推动煤电节能降碳改造、灵活

性改造、供热改造"三改联动"。其次,强化并增加新能源供给及应用。谋划实施一批电力源网荷储一体化和多能互补试点项目,推进大型风光电基地及其配套调节性电源规划建设,提升电网对可再生能源发电的消纳能力。第三,践行节约战略,持续提升能源利用效率。推动钢铁、建材、石化化工等行业节能改造和污染物深度治理,推进工业园区供热、供电、污水处理、中水回用等公共基础设施共建共享。大力发展循环经济,深化企业循环式生产、园区循环式发展、产业循环式组合的生产方式,减少能源资源浪费。

(三)践行"两山"理念,深筑"两山"转化基础和保障

深刻贯彻落实绿水青山就是金山银山理念,持续巩固我市生态建设及修复成效,有序推进我市生态产品价值转化。一是加强制度引领,构建生态产品价值实现保障机制。构建以生态产品价值实现专项工作方案为引领,以调查监测、确权登记、价值评估、质量认证、生态补偿、经营开发、金融支撑等具体制度为骨架的制度体系,为生态产品价值实现提供可操作的路线及指导。探索推行生态系统生产总值指标(GEP)核算,将 GEP 指标纳入各区综合考核指标体系,建立 GDP 与 GEP"双核算""双评估""双考核"机制,以绿色考核倒逼生态转化。二是夯实绿色基底,促进生态产品"可持续供应"。加快我市自然保护地体系建设,持续推进"871"生态工程建设,加速我市湿地、耕地等生态系统保护及修复,科学实施国土绿化行动及森林质量提升工程,加速"蓝色海湾"治理及修复,提升我市生态系统服务功能及碳汇增量,筑牢京津冀绿色生态屏障。同时深入打好蓝天、碧水、净土保卫战,聚焦农村地区强化生活垃圾分类及黑臭水体治理,加快补齐污染治理设施短板,持续推进村容村貌改造提升。三是夯实关键基础,搭建生态产品价值核算评估机制。健全自然资源资产产权体系,着力推进对各类自然资源的数量、质量等底数情况的系统清查,加快建设自然资源三维立体时空数据库并实施动态更新,同时厘清自然资源资产产权主体及边界,深入推进自然资源统一确权登记及颁证工作。制定生态产品价值核算标准,从物质产品、调节服务、文化服务等维度进行核算,推动生态产品价值核算标准化。

（四）激发"市场"活力，推进绿色产业开发

以市场为抓手，培育壮大绿色产业，塑造高质量发展新动能，是未来我市推动高质量发展的一大抓手，可从以下几方面着手。一是发展壮大生态+产业。大力发展稻渔、果禽等综合生态循环种养模式及设施立体种养模式，扩大现代农业产业园数量及规模，打造集旅游观光、乡村体验、田园采摘、加工销售等功能于一体的综合型生态农场，通过做优做深生态农业，多措并举守住我市"粮袋子"。依托自然资源优势发展旅游观光、户外运动、休闲度假、康复疗养、特色民宿等多种业态，做精做大生态文旅产业，为人民提供更多更好的精神食粮，把地方特色生态资源充分转化为经济发展效益。二是加快推进生态资源权益市场化交易。建立健全我市碳排放权、排污权等交易机制，推动绿色屏障区开展森林碳汇市场化交易，拓展碳汇消纳渠道。盘活闲置资源，推进土地使用权、林权等权益交易，引导农村土地经营权流转，实现生态资源最大化增值。三是促进生态产品市场化交易的精准对接。健全绿色产品的标准及标识体系，强化生态产品绿色认证机制，构建绿色食品、有机农产品、地理标志农产品等质量安全追溯体系，进一步提升其市场竞争力。培育特色生态产品品牌、生态文化品牌和区域公用品牌，发展农超、农校、农企的精准对接和个性化定制及配送等营销模式，提升绿色农产品市场占有率。此外，畅通市场交易机制，打造生态产品交易平台，建立生态产品供需信息共享和产销对接机制，通过产销直供、对口帮扶、电商销售、团购直供等模式，实现生态产品供需的精准对接。四是强化绿色产业开发的资金保障。推动绿色租赁、绿色信贷、绿色债券、绿色保险、绿色基金等绿色金融产品与生态产业开发及生态产品价值转化深度融合，探索开发生态产品权益、收益与信用相结合的专项金融产品，提升金融服务支持力度。其次，充分发挥金融杠杆作用，加大对生态产品经营开发主体的金融支持力度，鼓励金融机构探索"生态资产权益抵押+项目贷"模式或设立生态产品价值实现专项基金，不断畅通金融赋能通道，助力生态环境质量提升和绿色产业发展。

（五）强化"增长"动力源，构建面向碳中和的绿色技术创新体系

坚持创新在现代化建设全局中的核心地位，构建面向碳中和的绿色技术创新体系，促进产业结构优化升级、能源利用提质升级，形成绿色经济新动能和可持续增长极。一是加大绿色低碳创新主体培育力度。加大绿色低碳技术创新人才培养和引进力度，培育一批创新能力国内外领先、引领绿色低碳技术跨越发展的行业领军人物。推进创新型示范企业培育。增强科技赋能企业绿色低碳发展动力，发挥企业创新主体作用，引导企业家树立绿色低碳意识。实施创新型示范企业培育工程，围绕"双碳"技术创新需求，培育遴选产业"绿色化"特点鲜明的绿色创新型示范企业。实施科技型企业梯次培育工程，加快发展绿色低碳高新技术企业，持续推进绿色低碳科技"小巨人"企业、科技型中小企业培育工作。二是加快构建绿色低碳技术创新合作载体。围绕我市重点产业链开展绿色低碳科技创新服务，整合、优化现有的绿色低碳技术领域研发优势和技术基础，创建国家级科技资源共享服务平台等创新平台和基地，支持我市海河实验室、产业技术研究院等相关机构发挥研发创新龙头作用，围绕新能源、节能环保、循环经济等领域，集成跨学科、跨领域、跨区域的科学研究力量，布局建设一批绿色低碳技术领域的产学研用联合创新中心。三是加强绿色技术创新知识产权保护，健全以公平为原则的产权保护制度，构建知识产权行政保护和司法保护衔接机制，畅通知识产权诉讼与仲裁、调解的对接机制，降低绿色技术研发企业可能面临的风险，保障技术研发企业基本权利，同时加大对于绿色技术研发和应用的扶持力度，给予技术研发企业更多的支持。

参考文献：

［1］王晓红、张少鹏、李宣廷：《创新型城市建设对城市绿色发展的影响研究》，《科研管理》2022 年第 8 期。

［2］王大勇：《乡村振兴背景下云南发展绿色经济的对策研究》，《农村经济与科技》

2022 年第 12 期。

　　［3］王旭霞、雷汉云、王珊珊:《环境规制、技术创新与绿色经济高质量发展》,《统计与决策》2022 年第 15 期。

　　［4］鲁新瑞:《生态环保视域下绿色经济发展路径研究》,《中国集体经济》2022 年第 18 期。

制造业立市篇

天津产业链发展研究报告

袁进阁　天津市经济发展研究院经济师

摘　要： 近年来，受世界地缘政治冲突频发、贸易保护主义兴起、新冠肺炎疫情蔓延等一系列事件影响，全球产业链正步入重构阶段，呈现区域化、本土化、关键技术自主化以及数字化、智能化的趋势。2022年，天津市产业链整体规模效益平稳增长、重点产业培育成效明显、科技创新能力持续提升、空间集聚格局初步形成。但对照国内其他先进省市，天津产业链在价值链、企业链、供需链和空间链四个维度上仍存在一定不足。为此，建议天津在产业链发展上，加快向价值链中高端攀升、积极突破"卡脖子"技术，推动全链条数字化转型，发挥双循环的优势互补机制，加强人才资金等要素保障水平，全面实现产业链现代化。

关键词： 产业链　现代化　天津

产业链是指各个产业部门之间基于一定的技术经济联系而客观形成的链条式关联形态,包含价值链、企业链、供需链和空间链四个维度,其现代化水平体现了一国一地产业的核心竞争力。在世界地缘政治冲突频发、贸易保护主义兴起、新冠肺炎疫情蔓延的背景下,全球产业链正步入重构阶段。为应对这一系列大变局,党的二十大报告明确指出,要"建设现代化产业体系""着力提升产业链供应链韧性和安全水平"。习近平总书记也多次强调,要"提升产业链供应链现代化水平""努力掌握产业链核心环节、占据价值链高端地位"。提升产业链现代化水平,是天津贯彻党的二十大精神的必然要求,是"十四五"时期建设全国先进制造研发基地、推动经济高质量发展的重要任务。

一　当前产业链发展面临的新形势

受贸易摩擦、新冠肺炎疫情、俄乌冲突等一系列事件影响,当前全球产业链正面临深刻调整,主要呈现三大趋势。

（一）区域化、本土化

疫情、战争等一系列冲击造成的产业链中断,暴露出了当今世界产业分工体系的脆弱性,为应对这一情况,各国纷纷推动自身产业链朝着区域化的方向发展,各种双边和区域贸易协定成为主要发展形势。2018年以来,《全面与进步跨太平洋伙伴关系协定》《美墨加协议》《区域全面经济伙伴关系协定》先后生效,"印太经济框架"首轮部长级会议也于2022年9月开幕,产业链的区域化正加速形成。与此同时,为解决产业空心化困境,以美国、德国、日本为代表的发达国家还展现出了强烈的本土化诉求,积极推动制造业回流本国。2022年8月,美国通过《2022年通胀削减法案》,对电动汽车、太阳能电池板、风力涡轮机等产业给予补贴,并对本地份额和本土生产提出了要求,就是典型案例。

（二）关键技术自主化

地缘政治冲突频发,大国竞争日趋激烈,关键零部件断供、技术制裁等现象时有发生,为保证产业链安全和占据产业竞争的有利位置,主要国家纷纷加强了对关键技术的研发和保护。美国通过了《2021 美国创新和竞争法案》《芯片和科学法案2022》,对半导体等科学研发领域投资数千亿美元,并为美国本土先进制造业发展提供补贴,以提升美国的科技竞争力。德国出台了《2030年国家工业战略》,严格限制特定产业领域的外国企业并购,以避免德国关键技术被欧盟以外的企业收购。日本修改了《外汇与外国贸易法》,收紧了对国外技术投资和关键技术出口的监管。此外,美国还采取"小院高墙""拉小圈子"等方法推动部分产业与我国"脱钩断链",打压我国高新技术企业。截至2022 年8 月,我国被美国商务部列入"实体清单"的企业已有大约600 家。

(三)数字化、智能化

随着大数据、云计算、人工智能等技术逐渐成熟,信息技术服务业与制造业加速融合,全球范围内企业生产、商业模式及市场运行环境都发生了深刻变化,而新冠肺炎疫情的冲击,更是加速了这一趋势。为适应这一变化,产业链数字化、智能化转型已成为多数国家的选择。美国白宫公布《美国先进制造领先战略》,通过开放生产设施、专用设备及技术咨询援助等方式为中小企业提供创建智能制造系统所需的支持;欧盟委员会发布《2030 数字罗盘》和《欧洲数据战略》等多份文件,在企业、人才、基础设施、公共服务四方面力推数字化转型;日本政府先后发布《数字厅设立法》《数字社会形成基本法案》等6 部与数字改革相关的法案,专门创设数字化改革指挥部"数字厅",建立数字社会优先计划,积极促进数据有效利用和社会数字化转型。

二 天津产业链发展基本情况

2022 年,天津立足建设制造业强市,围绕"1 + 3 + 4"现代工业产业体系,集中攻坚汽车及新能源汽车、信息技术应用创新、集成电路、生物医药等12 条重点产业链,产业链现代化取得明显成效(见表1)。

(一)整体规模效益平稳增长

2022年上半年,天津12条产业链工业总产值同比增长9.1%,高于全市规上工业平均水平4.2百分点,占全市规上工业比重达63.4%。链上企业数量从2021年底的2697家,增加到2022年上半年的2856户,半年净增159户,同时新增兆讯传媒、唯捷创芯、海光信息、华海清科4家A股上市企业,上市企业总数已达67家,增长势头良好。在产业链的有力带动下,高技术产业快速发展,上半年天津高技术产业增加值同比增长7.5%,快于规模以上工业7.8个百分点,占规模以上工业比重为14.5%;高端产品产量增势良好,锂离子电池、服务机器人、集成电路等新产品产量分别增长36.2%、3.4%和0.9%;企业效益稳中向好,1—5月,规模以上工业企业营业收入同比增长4.3%,营业收入利润率为7.23%,比2021年提高0.78个百分点①。

(二)重点产业培育成效明显

重点产业培育方面,截至2021年底,已形成绿色石化、汽车及新能源汽车、新材料、轻工4条规上工业年产值超1000亿元的产业链,以及生物医药、新能源、高端装备3条规上工业年产值超500亿元的产业链,其中绿色石化产值超4000亿元,汽车及新能源汽车产值超2000亿元,是天津的支柱产业。2022年上半年,各产业链持续呈良好发展势头,信息技术应用创新、生物医药、新能源、绿色石化、集成电路、航空航天、车联网等产业链更是实现了两位数增长。链上企业培育方面,针对产业链薄弱环节,实行梯度培育专精特新企业发展战略,截至2022年9月,共有四批194家企业入选工业和信息化部国家级专精特新"小巨人"企业名单,其中,华海清科、博思特能源装备、凯发电气、科迈化等9家公司更是入选国家级制造业单项冠军,为天津产业链下一步发展壮大打下了良好基础。

---

① 数据来源:《上半年我市经济运行回稳向好》,天津政务网,2022年7月16日,https://www.tj.gov.cn/sy/tjxw/202207/t20220716_5935394.html。

表 1　天津 12 条重点产业链情况

产业链	产业链概况
信息技术应用创新产业链	分为 CPU 设计和集成电路、网络安全、外设终端、应用软件 4 条子链,其中网络安全子链先后入选全国先进制造业集群和国家级战略新兴产业集群。2022 年上半年,规上工业完成产值 181.69 亿元,同比增长 13.4%。链上共有规上企业 80 家,拥有 360、中科曙光、麒麟软件、普林电路、七一二等龙头企业。
生物医药产业链	分为制药、生物制造、医疗器械 3 条子链,其中生物医药子链入选首批国家级战略新兴产业集群。2022 年上半年,规上工业完成产值 360.90 亿元,同比增长 14.9%。链上企业共有 175 家,拥有康希诺、凯莱英、赛诺医疗、勃林格殷格翰等龙头企业。
新能源产业链	分为风能、锂离子电池、氢能及其他新能源、太阳能 4 条子链。2022 年前 4 个月,产业链规模同比增长 12.9%。链上企业共有 114 家,拥有中环半导体、力神电池、东方风电、金开新能源等龙头企业。
新材料产业链	分为新型无机非金属材料、高端金属材料、新一代信息技术材料 3 条子链。2022 年上半年,规上工业完成产值 703.67 亿元,同比增长 3.8%。链上企业共有 674 家,拥有银龙预应力材料、久日新材料、利安隆新材料、PPG 涂料、膜天膜科技等龙头企业。
绿色石化产业链	分为高端精细及专用化学品、高端生产性服务业、特种烯烃衍生物、先进化工材料 4 条子链。2022 年上半年,规上工业实现产值 2355 亿元,同比增长 25.3%,占全市规上工业比重 22.5%。链上企业共有 618 家,拥有渤海化工、中沙石化、天津石化等 26 家龙头企业。

产业链	产业链概况
汽车及新能源汽车产业链	分为车身领域、底盘领域、动力领域、汽车电子、新能源核心零部件、整车制造6条子链。2022年上半年,规上工业实现产值987.6亿元,占全市规上工业比重9.5%。链上企业共有373家,拥有一汽丰田、长城汽车、大众变速器、电装电子等龙头企业。
高端装备产业链	分为工业母机、智能装备、轨道交通装备、海洋装备4条子链。2022年上半年,规上工业实现产值471.08亿元。链上企业共有450多家,拥有渤海装备、博迈科、凯发电气、长荣股份、百利机械装备等龙头企业。
航空航天产业链	分为飞机、卫星、无人机、运载火箭、直升机5条子链。2022年前5个月,规上工业实现产值57.9亿元,同比增长15.4%。链上企业共有34家,拥有空客天津、航天长征火箭、中航直升机、飞眼无人机等龙头企业。
集成电路产业链	拥有集成电路1条子链。2022年上半年,规上工业实现产值180.13亿元,同比增长18.5%。链上共有企业30家,拥有中芯国际、唯捷创芯、华海清科、海光信息等龙头企业。
轻工产业链	分为耐用消费品、日用消费品、绿色食品和特色文旅4条子链,2022年前4个月,规上工业实现产值526.58亿元,同比增长1.4%,占全市比重为8.0%。链上共有企业991家,其中上市企业共计4家,上市后备企业9家,拥有爱玛科技、桂发祥、依依卫生用品、玖龙纸业等龙头企业。
中医药产业链	分为中成药生产、中药饮片加工2条子链。2022年上半年,规上工业完成产值61.20亿元,同比增长2.5%。链上企业共有18家,拥有天士力、中新药业、红日药业等龙头企业。

产业链	产业链概况
车联网产业链	拥有车路协同装备 1 条子链。2022 年上半年,规上工业完成产值同比增长 14.4%。建有天津(西青)国家级车联网先导区,链上共有企业 60 余家,拥有中汽数据、博顿电子、希迪智驾、经纬恒润等龙头企业。

资料来源:根据天津市统计局及互联网相关资料整理。

(三)科技创新能力持续提升

综合科技创新水平持续保持全国前列,根据世界知识产权组织(WIPO)发布的 2021 年全球创新指数,在全球"最佳科技集群"排名中,天津位居第 52 位;在全球自然指数—科研城市排名中,天津位居第 25 位,均位于全国第一梯队。自主创新能力持续提升,聚焦原始创新,在物质绿色创造与制造、先进计算与关键软件、细胞生态等五个主攻方向,打造 5 家海河实验室,已全部揭牌。产业技术创新不断突破,生物医药、绿色石化、高端装备等重点产业领域中涌现出多项原创标志性成果,腹腔微创手术机器人技术、百万吨级乙烯成套技术、煤矿井下智能化采运技术等获得国家科学技术奖。科技型企业"底盘"不断壮大,截至 2021 年末,累计认定国家高新技术企业 9198 家,评价入库国家科技型中小企业 9196 家,培育市级雏鹰、瞪羚及科技领军企业分别达到 4974、378、230 家。

(四)空间集聚格局初步形成

截至 2022 年 9 月,天津累计建成 12 家国家新型工业化产业示范基地,49 个市级和国家级工业园区,115 个工业片区,产业集聚度进一步增强。滨海新区实施创新集聚谷行动,加快建设中国信创谷、北方声谷等特色产业集聚区,已集聚 52 家百亿级企业,龙头带动作用进一步增强。中心城区充分发挥现代服务业的基础优势,制造业与服务业深度融合,成为设计服务、智能科技等高端生产性服务业核心区域。环城四区与外围五区大力推进"链园结合"，按照"一园一特色、一区一品牌"的原则，大力培育特色主题园区，津南海河电子信息产业、西青集成电路产业、东丽华明医疗健康产业等首批 10 个市级产业主题园区授牌，共入驻企业 433 户，已成为健全产业生态、促进产业集聚的重要载体。

三　天津产业链发展面临的问题

产业链发展实质是产业链水平的现代化，即价值链高端跃升、企业链融通发展、供需链高效匹配和空间链合理集聚，对照这 4 个维度，天津与北京、上海、广东等先进省市相比，仍存在一定差距。

（一）从价值链维度看，产业发展层级有待提升

从价值链维度看，天津产业链已具有一定竞争力，但产品附加值不高，产业层级有待进一步提升。一是产业链短，向高端延伸不足。以规上工业占比最高的绿色石化产业链为例，企业主要集中在中上游，下游精细化工产品和专用化学品生产能力较弱，高性能聚乙烯、改性塑料、碳纤维等高附加值产品明显不足，2021 年仅有利安隆公司一家进入中国精细化工百强名单，与天津石化产业的地位不符。二是知名企业偏少，名牌效应有待提高。《财富》杂志评选的世界 500 强中，全国共有 145 家企业入围，尚无天津企业。品牌评估机构"品牌金融"公布的《2022 中国品牌价值 500 强》榜单，天津也仅有 7 家上榜，远远落后于北京（97 家）、广东（72 家）、上海（49 家）等省市。三是产品较为低端，附加值不高。以自行车为例，2021 年，天津自行车产量 2683 万辆，排名全国第一，但多为中低端产品，高端运动自行车市场几乎完全由意大利皮纳瑞罗、美国崔克、加拿大赛沃洛以及中国台湾的捷安特和美利达等品牌垄断，企业利润也受到较大影响。

（二）从供需链维度看，自主可控能力有待提高

从供需链角度看，天津产业配套较为完善，但关键环节自主可控能力一般。一是核心技术设备和关键材料存在短板。集成电路芯片、生物制药等高技术产业对国外技术与市场的依赖性较大，不仅关键技术设备主要依赖进口，大尺寸硅片、细胞培养基等高端原材料也需要进口。轻工等传统产业链虽较为完善，但主要集中在低端制造环节，关键零部件仍存在"卡脖子"风险，例如作为关键零部件的高档自行车变速器，95%的份额掌握在日美企业手中，产业发展受制于人。二是企业自身研发投入不足，部分产业对外技术依存度高。根据《中国区域科技创新评价报告2021》，天津科技活动投入指数低于全国平均水平，有R&D活动的企业占比、企业R&D研究人员占比、企业R&D经费支出占比等多项指标均落后于北京、广东、上海等先进省市，亟待有效改善。此外，天津在产业发展中，对丰田、大众、三星、空客等外资企业较为依赖，部分行业存在对外技术依存度高的问题。根据《天津科技统计年鉴2020》，天津设备制造业、汽车制造业、机械修理业等行业引进境外技术支出明显高于企业自身的技术改造经费支出。

（三）从企业链维度看，全链条协同有待加强

从企业链维度看，企业间及产学间已形成一定协作体系，但数字化程度不高，整体协同效应不足。一是生产性服务业与制造业未能充分融合。一方面开展数字化改造的制造业企业数量较少，制约了生产性服务业的渗透力。根据《智能制造发展指数报告（2021）》，在智能制造能力成熟企业数量排名中，天津仅位于全国第32位。另一方面生产性服务业内部结构失衡，交运仓储、金融保险等传统性质行业占比过高，信息服务业占比相对偏低，新兴的工业互联网、车联网等产业发展也较为滞后，未能适应产业数字化转型的发展要求。二是产学研协同效率有待加强。企业及高校单打独斗、闭门造车较多，围绕产业链进行合作创新较少，尤其在推进天津本地科研成果转化方面成果小、效率不高，根据《中国科技成果转化2021年度报告》，在科技成果合同转化金额排

名中,天津高等院校与科研机构无一进入前 20 位。此外,天津在高校学科建设上,与产业链也未能形成合力。传统优势产业学科建设较好,但与信创、集成电路、生物医药等新兴产业链相关的软件工程、微电子、生物制药等学科资源投入不足,建设相对滞后,专业 A 类院校极少,仍有较大提升空间。

（四）从空间链维度看,产业布局仍有待优化

从空间链维度看,天津产业集聚效应初显,但布局仍有待进一步完善。一是产城融合发展水平有待提高,园区生活配套不足问题凸显。由于基础公共服务不足,滨海新区大量员工居住在中心城区,出现了职住不平衡的问题,这对高端人才的吸引和集聚产生了较大影响。二是区域协同存在不足,京津冀产业链合作仍以建立产业联盟、保证物资供应等浅层次的合作为主,真正涉及到科技转化的深层次的合作较少。北京作为全国领先的科技中心,2021 年流向外省市技术合同中津冀仅占 8.1%,而 90% 以上流向长三角、粤港澳大湾区等其他地区,对天津的技术辐射度偏低①。三是土地集约化利用水平和亩均效益低。集约化方面,根据 2020 国家级开发区土地集约利用监测统计,天津排名最高的天津经济技术开发区仅位于全国第 78 位。亩均效益方面,2022 年,天津单位工业用地产出尚不足 40 亿元/平方公里,落后于深圳（101.75 亿元/平方公里）、苏州（73.95 亿元/平方公里）、广州（57.59 亿元/平方公里）、上海（39.58 亿元/平方公里）等城市 2015 年水平。

四　天津产业链发展的对策建议

（一）加快向价值链中高端攀升,增强产业链竞争实力

一是加快从价值链低端环节向微笑曲线两端延伸。支持绿色石化、航空

---

① 数据来源:《2021 年北京技术市场认定登记技术合同总量首次突破 9 万项,成交额突破 7000 亿》,中华人民共和国科学技术部门户网站,2022 年 2 月 17 日,https://www.most.gov.cn/dfkj/bj/zxdt/202202/t20220217_179421.html。

航天、集成电路等"短链"通过精细化工和制造业服务化等手段延伸产业链和价值链,拓展上游研发、关键零部件供应或者下游终端产品生产等价值链高端环节。二是聚焦 12 条重点产业链,吸引央企、世界 500 强等优质企业落户天津,支持本土龙头企业做大做优做强,加快培育一批技术、规模、效益世界一流的国际化企业。三是加强质量品牌标准建设,深入开展质量提升行动,加强全产业链质量管理和标准体系建设,打造一批质量过硬、市场占有率高的天津市国际自主品牌,重新振兴一批津门老字号,擦亮天津制造的金字招牌。

(二)突破"卡脖子"技术,实现产业链关键环节自主可控

一是对产业链风险进行清单化梳理。绘制 12 条重点产业链的产业链、供应链图谱,梳理原材料及关键零部件的断链断供风险清单,做好备品备件储备。打通各产业链堵点卡点,推进稳链补链,增强稳定性。二是用好揭榜挂帅机制,开展精细化扶持。针对受国际制裁禁运、长期依赖进口的产品和技术,筛选对天津产业链发展具有战略意义的企业名单,对产业链关键卡点技术攻坚给予专项资金支持。三是产业链多元化布局。发挥国内超大规模市场和创新潜力巨大的优势,在全力"稳出口"的同时,使产业链的研发生产流通消费更多地依托国内市场,积极寻找关键原材料和核心零部件的国内备选供应商,促进产业链供应链多元稳定。

(三)推动全链条数字化转型,提升产业链协同发展水平

一是推动传统产业数字化改造,以"工业云平台"、数字车间和智能工厂为抓手,深入推进企业"上云用数赋智"行动,推动制造业和信息软件服务业等生产性服务业深度融合,全面提升传统制造业数字化协同和集成能力。二是以数字产业化为导向,积极培育元宇宙、车联网等新型数字产业,以互联网平台企业、ICT 领军企业为主导,大力建设企业级工业互联网平台,提高全产业链数字化水平。三是加密产业链创新链关系,由政府牵头建设线上线下相结合的技术交易网络平台,提升供需信息发布、科技成果评估、咨询辅导等专业化服务水平,促进高校、科研单位和企业之间加强合作,推动科技成果尽快转化,对

产业链发展形成更好支撑。

(四)发挥双循环优势互补机制,优化产业链空间布局

一是充分发挥《区域全面经济伙伴关系协定》(RCEP)、"一带一路"倡议的政策红利,加强与 RCEP 成员国及"一带一路"沿线国家技术对接与产业合作,利用天津自贸区打造外循环枢纽节点,不断提升天津在国际产业链的分工地位,促进"国际大循环"。二是依托京津冀世界级城市群建设,结合三地特色产业,高质量建设一批京津冀世界级先进制造业产业链,推进滨海—中关村科技园、宝坻京津中关村科技城产业共建,增强区域产业链协同性和整体竞争力,实现"区域中循环"。三是以产业链发展为主线,以重点产业园区为载体,积极盘活存量土地、处置低效用地、科学规划,推动资源向优质高效领域集中。完善产业园区各项基础设施建设和公共服务功能,推动产业空间由单一生产功能向综合功能转型升级,充分发挥"城市小循环"作用。

(五)强化要素支撑水平,保障产业链高质量发展

一是夯实人才支撑。围绕软件工程、微电子、生物制药等产业链相关薄弱学科,加大对高水平科技创新人才和科研团队的引进力度,积极推行院校、企业等共建教育培训平台,将高校学科建设向产业链需求靠拢,加快基础研究型人才和创新型专业技术人才队伍建设,提高教育的针对性和总体水平。二是多元化企业投融资渠道。加大财政资金对产业链提升改造支持力度,探索设立天津产业链现代化投资基金,引导银行等金融机构加大对链上企业贷款投放规模,支持链上企业上市挂牌及发行债券直接融资,全面降低企业融资成本。三是优化营商环境。对接国际高标准营商环境评价体系和市场规则体系,持续推进"放管服"改革,不断完善土地、劳动力、资本、技术等要素市场化配置机制,营造产业链高质量发展环境。

参考文献：

［1］周济:《提升制造业产业链水平 加快建设现代产业体系》,《中国工业和信息化》2019 年第 12 期。

［2］盛朝迅:《推进我国产业链现代化的思路与方略》,《改革》2019 年第 10 期。

［3］李雪、刘传江:《新冠疫情下中国产业链的风险、重构及现代化》,《经济评论》2020 年第 4 期。

［4］江小国:《推进制造业产业链现代化的问题、路径及保障措施研究》,《当代经济》2021 年第 11 期。

［5］张其仔、周麟:《协同推进城市群建设与产业链供应链现代化水平提升》,《中山大学学报(社会科学版)》2022 年第 1 期。

［6］王新钰、郭海轩:《天津科技创新能力短板分析》,《科技中国》2022 年第 3 期。

［7］吴超:《提高上海土地利用效率问题研究》,《科学发展》2019 年第 7 期。

天津信创产业发展研究报告

秦鹏飞　天津社会科学院数字经济研究所助理研究员

摘　要： 信创产业是天津打造自主创新重要源头和原始创新主要策源地的战略支撑，也是引领全市实现产业升级及经济高质量发展的重要驱动力。天津信创产业快速发展，产品技术能力不断提升，创新平台载体集聚效应明显，产业生态日趋完善，政策措施保障有力，骨干企业引领发展格局正在形成。但仍存在产教协同不力、升级适配公共平台建设迟缓、高水平基础研究平台建设与体制机制设计滞后等方面的问题。宜试行产教协同人才培养模式、整合信创相关协会和龙头企业资源，加快建设升级适配公共平台，全面融入京津冀科技创新合作，推进高水平基础研究平台建设等措施，推动信创产业高质量成长。

关键词： 信创产业　发展现状　问题挑战　对策建议

一　天津信创产业发展情况

天津信创产业布局早、落子快，经过多年发展，已经初步建立以基础软件、CPU 设计和集成电路、网络安全、应用软件及终端设备 5 个子链为代表的信创全产业体系，产业规模突破 1000 亿元，成为国内产业链最完整、自主研发水平最高、产业集群最聚焦的产业基地，为天津高质量发展提供了原始创新动力，为全国信创产业发展提供了"天津样板"，为国家建设网络强国贡献了"天津力量"。

（一）核心技术全国领先

天津拥有基于 Arm 和 X86 指令集授权自主设计的飞腾 CPU 和海光 CPU。全国 2 大通用操作系统之一的麒麟软件落户天津，"飞腾 CPU + 麒麟操作系统"为基础的"PK"体系在信创领域的市场综合占有率已接近 80%，成为稳定可靠的"中国方案"。神舟通用、南大通用国产数据库市场份额占据国内近半壁江山，为北斗卫星导航系统、嫦娥五号探月返航、天问一号探火任务等国家重大工程提供全面保障和数据支撑。部署了"天河一号""天河三号"两大世界领先的超级计算机系统。"天河一号"已累积支撑国家重大科技项目 2000余项，"天河三号"采用自主可控核心技术，成为世界首台峰值性能超过百亿亿次的超级计算机。天津市应用数学中心成为首批建设的十三个国家应用数学中心之一，南开大学"密码科学与技术专业"，进一步提升了面向基础软件、基础算法的支撑能力。2022 年 8 月 12 日，海光信息正式登陆科创板，不仅一跃成为天津当地市值龙头企业之一，跻身科创板股票总市值前五，还是今年以来半导体范畴市值最高的 IPO。

（二）创新平台载体集聚

天津市联合军科院、国防科大、解放军信息工程大学等高校，以及中国电子、中科曙光等产业链龙头企业共建信创海河实验室，组建以多位院士为核心的顶级科研团队，聚焦微处理器设计、基础软件、工业软件、高性能计算 4 个研究方向，首批启动了"兼容 RISC-V 指令集的处理器核设计与指令集扩展项目""面向开放 CPU 架构的开源桌面操作系统"等 5 项重点课题，力争通过技术突破对产业链进行全方位、全链条的改造。我市与国防科技大学共建天津先进技术研究院，是中央军委批准全国仅三家之一的军民融合实体机构。支持中科曙光建设国家先进计算产业创新中心，是全国唯一面向国产芯片及其产业生态的新型组织机构，还建设了国家高性能计算机工程技术研究中心、国家级"芯火"双创基地等一批信创领域国家级创新平台，形成了产学研用融合、"大装置＋大平台"赋能的创新载体。2022 年 8 月 26 日，腾讯集团华北地区新基建项目腾讯天津高新云数据中心在天津滨海高新区渤龙湖科技园正式启用，该中心应用了腾讯目前最领先的技术，是华北地区建设的超大规模数据中心，在建设模式、绿色低碳、智能运维方面都走在业界最前列。

（三）产业生态日趋完善

天津规划 58 平方公里建设"中国信创谷"，全面优化产业空间布局，构建"北产能、南动能、东孵化、中聚核"三区一核的空间结构，实施"主体引聚、平台搭建、场景驱动、金融赋能、群体突破"五大工程，构筑"来得了、留得下、离不开"的"信创理想城"。集聚信创产业上下游创新企业 1000 余家，汇聚中科曙光、360、紫光、华为、腾讯、长城等一批领军企业和创新中心，实现信创产业全链布局。依托"中国信创谷"打造的网络信息安全产品和服务产业集群，成为国内唯一面向网络安全领域的国家级战略性新兴产业集群。

（四）政策措施保障有力

首先，我市出台《天津市信息技术应用创新产业链工作方案》，实施链长制，由市领导同志挂帅，市、区两级共同推进信创产业链各项工作进展。其次，完善顶层设计，制定《天津市信息技术应用创新产业三年行动计划（2021—2023）》《"中国信创谷"建设三年行动计划（2021—2023 年）》《"中国信创谷"发展规划（2020—2025 年）》等政策文件以支撑信创产业发展。再次，强化百亿智能制造专项资金等政策对信创企业的支持力度，支持"飞腾基于国产工艺的飞腾 CPU 设计与流片""麒麟软件新一代麒麟操作系统研制与推广项目""天地伟业基于智能感知的边防视频大数据实景巡查指挥系统的研发及产业化""南大通用面向金融行业的国产大数据存储管理和分析挖掘系统研发项目"等超过 100 余个优质项目建设，为产业发展提供了强劲动力。

二 天津信创产业面临的问题与挑战

当前，天津信创产业发展态势良好，但仍存在产教协同不力、升级适配公共平台建设迟缓、高水平基础研究平台建设与体制机制设计滞后等问题。

（一）高校知识教育与产业实践仍需进一步融合

信创产业的相关专业,如计算机科学与技术、信息工程、人工智能等,具有较强的应用属性,在产教融合培养模式下,才能将知识学得好、用得好。当前教育模式下,教育对产业环境的动态演变反应迟钝甚至不反应。高校教师的现行考评体系中,缺少产业实践方面的指标设置。教师和学生缺乏走进企业、贴近产业的畅通渠道、高效平台、灵活机制。很多高校在组织生产实习时更倾向于采用有限参观和隔断式场景讲析等方式,人为地将学生与真正的生产实践隔离开来,导致学生的感性认知与理性认知无法交融,知识和产业之间缺乏黏性。

（二）升级适配公共平台有待进一步创建

信创建设过程中,将全部应用完全迁移到国产化平台上并实现稳定可靠运行,存在一定的技术难题和其他现实障碍。其深层原因是产品技术的升级适配效率低、更新迭代速度慢,导致可靠性和兼容性不高,无法满足现实需要。创建升级适配公共平台成为解决问题的关键所在。"升级迭代和兼容适配"是信创产业生态繁荣进化的关键,也是打造国家级信创高地的重要依托。升级适配公共平台除了能够提供产品与技术的升级适配之外,还能进行兼容测评、方案评测、相互认证等服务,对平台成员企业进行全方位赋能,吸聚创新创业资源,扩张信创产业群落,促进生态繁荣。

（三）基础科技创新水平有待提升

在京津冀协同发展战略的指引下,三地创新体制机制,建设一批协同创新平台,区域创新能力和协同度均有较大提升,但仍不能满足我市以创新驱动经济发展的战略需要,我市基础性科技创新与京冀二地的协同合作不够紧密,创新资源的开放共享程度不高,科研需求与成果供给错位较大,未能充分利用北京科技创新中心的辐射作用。此外,我市高水平科研人才队伍有待进一步引进及培育,引才、育才、留才的社会保障机制有待加强。

三 促进天津信创产业高质量发展的对策建议

（一）探索试行产教协同人才培养模式

1. 设置产教融合人才培养模式的信创专业

从高校目前的学科专业设置来看,与信创产业弱相关的专业包括数学、统计学、运筹学、概率论等,强相关专业包括计算机科学与工程、数据科学与技术、通信工程与信息技术、软件工程、信息管理与信息系统、人工智能、保密科学与技术等。推动我市重点信创产业与高校对接合作,构建产教融合人才培养模式,并将强相关专业作为试点,强化高校学生以就业为导向学习专业知识,提高教育资源投资回报率,提升信创人才培养的精准度和适用性。

2. 搭建平台,遴选实践导师,推动教师入企挂职

整合教育、产业、行政、创新、信息等各类资源,搭建产教协同人才培养平台,将试点高校和试点企业汇聚于平台之上。将试点企业的优秀管理层遴选为实践导师,除了在课堂上讲授紧贴产业实践前沿的精品课程,还可以将学生带入企业,使学生亲身融入和感受研发、生产、运维等各个环节。学校可以授予实践导师荣誉和称号等精神奖励。高校可以派出教师到试点企业挂职锻炼,接受实际产业环境的熏陶,使其知行合一。此外,高校宜将产业实践相关指标纳入考核体系,引导相关领域教师关注产业、深入企业。

（二）加快升级适配公共平台建设

1. 整合信创相关协会和龙头企业资源

我市信息技术应用创新协会、市软件行业协会等商、协会汇聚了一批潜力型和成长性企业,具有吸聚产业资源和优质项目的能力和实力。同时,有些行业头部企业,如麒麟软件已经在津建成麒麟软件适配总部(天津适配中心),作为连接和管辖北京、广州、长沙、江西等适配中心的综合枢纽,具有较强的产业

生态构建能力。目前仍需对这些商、协会和龙头企业予以充分整合以产生"1＋1＞2"的协同效应。

2.链长高阶推动协调＋链主顶格示范引领

落实信创产业链链长制,强化资源的高效协调配置,加快平台建设进程。以头部领军企业为主导实施链主制,选择并吸引重点目标企业,同时带动上下游企业上平台,再将商、协会的会员企业导入平台,外引内迁,双向发力,形成"滚雪球"效应。具体操作层面,由麒麟软件天津适配中心牵头,以其现有的分布于全国各地的分中心为基础,整合安擎人工智能适配中心、华为安全人工智能适配中心、科大讯飞的中国声谷信创平台等搭建综合性升级适配战略联合体,增强平台对信创资源和企业的吸聚能力。

3.资源统一化调度,业务分布式运行

以麒麟软件适配总部为牵引,联合飞腾、360、国家超算、中环、中科曙光等信创头部厂商和信创海河实验室等科研机构,将分布于全国各地的适配中心、实验室、攻关平台协同组网,构建生态服务架构体系,搭建联合升级适配公共平台。

4.搭建智能化生态适配体系,赋能全链条生态伙伴

在平台上投放自动化测试工具集、一站式迁移单元、AI智能支持服务、DTK开发套件等,为生态伙伴降低适配迁移难度和成本赋能增效。将平台内成员企业、科研院所、社会组织和专家学者汇聚整合,结成生态联盟,集结芯片、整机、外设、数据库、中间件、安全、云计算、应用等基础软硬件企业以及用户、高校等机构,从技术平台建设、联合场景开发、信创人才培养、优秀产品打造、开发者生态培育等各个方面,为生态伙伴提供关键资源支持。打造行业标杆案例、培育核心伙伴群体、链接开发者和应用群落,推进产品生态适配升级,为平台内成员单位提供技术、标准、人才等方面的支撑服务。

5.借助升级适配公共平台推动信创产业协同创新体系建设

借助升级适配公共平台的架构机制,充分发挥政府机构、中国信创谷、产业园区、新创联盟的作用,汇集重点企业形成合力,培养信创软硬件协同创新意识,促进上下游企业的创新合作,开展关键共性技术联合攻关。通过广泛的

协同创新实践,筑牢厂商产品和解决方案之间的生态适配根基和底座,打造兼具开放合作和可持续发展能力的协同创新生态体系。

（三）推进高水平基础研究平台建设

1.全面融入京津冀科技创新合作

天津毗邻京冀,地理位置对于建设跨区域性科技创新中心具有特色优势,以京津冀协同发展为依托推动科技计划、重大科技基础设施的相互开放。一是加密携手京冀增强战略科技力量。进一步加强顶层设计,围绕京津冀三地各自在新发展格局中的战略定位和比较优势,合力谋划建设京津冀综合性国家科学中心、京津冀国家技术创新中心、国家实验室等"国之重器"。依托"中国信创谷"创新科技合作管理体制,加速京津冀创新链、产业链、资金链、人才链对接联通,畅通创新要素高效流动。二是构建更开放融合的区域协同创新共同体。进一步拓展津京、津冀联合资助计划,扩大天津市科技计划对京冀开放。加大支持北京、河北青年来津创新创业工作力度。借助京津冀三地协同创新的"倍增器"作用,加快集聚国际科技创新资源,建成具有全球影响力的科技和产业创新高地。

2.深化推进原始创新重要策源地建设

面向前沿必争领域及高质量发展需求,推动我市开展原始创新重要策源地建设。一是重点围绕人工智能、新能源新材料等国际科技前沿领域,加大人才培养和招引力度。加强中青年人才培养与激励,鼓励支持开展前沿原创性探索、非共识创新尝试,提升天津原始创新能力。二是着力建设国际一流科研机构、一流大学和一流学科,加强基础学科建设,大力推进学科交叉融合和跨学科研究,以此吸纳并涵养人才,为人才提供发展土壤和空间。同时围绕信创产业、智能科技产业发展面临的行业共性问题,组织实施重大科研攻关项目,着力解决产业发展源头基础创新供给不足的问题。三是探索构建多元化的资助体系,建立基础研究市级财政投入稳定增长机制,争取更多中央财政支持,通过市企联合基金引导社会资本向基础研究投入。

3.适度超前推动科研基础平台建设

一是适度超前部署新兴科研信息化基础平台。打造高水平基础研究平台,布局建设京津冀基础科学中心,抢占基础研究前沿领域创新高地。推动科学数据资源平台、超级计算中心、科研院所、国家实验室、重点实验室、高校等科研要素畅联速通,加强人工智能、数据科学与科研基础平台的融合与应用,助力重大科技突破。二是加强国际合作与开放共享。充分利用科研要素的累积性、共享性和倍增性特点,积极促进信息、知识、数据以及基础设施的共享。强化国际合作,借助先进的基础研究平台,发起国际科技合作项目,融入全球科技创新网络,以更加开放的姿态提供数据索引和计算等应用和服务,支撑科技创新的新一轮跨越式发展。

参考文献:

[1] 刘心报、胡俊迎、陆少军、朱佩雅、裴军、杨善林:《新一代信息技术环境下的全生命周期质量管理》,《管理科学学报》2022 年第 7 期。

[2] 陈晓红、张威威、易国栋、唐湘博:《新一代信息技术驱动下资源环境协同管理的理论逻辑及实现路径》,《中南大学学报(社会科学版)》2021 年第 5 期。

[3] 李旭辉、赵浩玥、程刚:《三大经济圈新一代信息技术产业竞争力评价与区域差异研究》,《软科学》2021 年第 8 期。

[4] 王文娜、阳镇、梅亮、陈劲:《价值链数字化能产生创新赋能效应吗? ——来自中国制造企业的微观证据》,《科学学与科学技术管理》2022 年第 10 期。

天津生物医药产业发展研究报告

王子会　天津市经济发展研究院经济师

摘　要： 生物医药产业是天津市打造"1+3+4"现代工业产业体系的重点之一,也是经济高质量发展的重要依托。天津市生物医药产业规模稳步提升,领军企业加速集聚,产业结构持续优化,研发创新实力不断增强,产业政策稳健有力,产业园区引领集群作用逐渐增强。在生物医药产业研发力度持续增强、市场需求持续扩大等因素的影响下,预计"十四五"期间,天津市生物医药产业将实现跨越式发展。为加快全市生物医药产业的提质增效,应建立专业的孵化体系,促进产业链融通发展,提高产业临床试验能力,构建京津冀产业转移合作新机制,提升产业资本的活力,实现生物医药产业的智能化升级。

关键词： 生物医药　研发创新　智能化

一　国内生物医药产业发展概况

(一)生物医药市场规模平稳增长

近年来国家不断推出生物医药利好政策,我国生物医药产业实现了快速发展。我国生物医药产业市场规模从 2016 年的 2.51 万亿元增长到了 2021 年的 3.97 万亿元,年均增速超过 20%。生物医药产业也成为我国最活跃、潜力最大的产业之一,此外,新冠肺炎疫情的持续加大了对疫苗及相关试剂的需求,2021 年我国生物药制品研制与生产取得多项重要突破,化学药市场规模达到 7085 亿元,11 款中药新药获批上市创近年新高,医疗器械正逐渐走向常态化的高值医用耗材集中带量采购,医药服务外包服务需求旺盛。总体来说,我国生物医药行业保持较高增速,整体呈现良好态势。2021 年,我国药审中心受理 1 类创新药注册申请共 1062 件(597 个品种),同比增长约 57%。医药制造业保持较高速的增长,2021 年每月工业增加值同比增速均超过 15%,且每月同比增速均高于全国工业整体增速。受国内外新冠肺炎疫情的持续影响,治疗需求增加、民众采购意愿增强等叠加因素影响,2021 年上半年我国医药产品保持较大需求,特别是与肺炎疫情防治相关的药品以及防疫物资实现迅猛增长,随着疫情形势有所缓解以及防控进入常态化,相关医药产品的需求逐渐下降,医药行业市场逐渐进入冷静期。

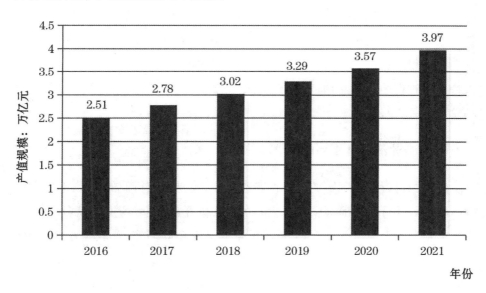

图 1 2016—2021 年中国生物医药产业市场规模

(二)行业整体创新能力进一步提升

国家启动"新药创制"科技重大专项后全国掀起了新药研发的高潮,加速了我国医药产业由仿制向创制的根本性转变,越来越多的药业由"重销售"开始转向"重创新"。在中药方面,新药数量大幅攀升,2021年国家药品审评中心受理中药总量为1360件,其中,新药申请60件,申请数量较同比增加32件,增幅达114.29%。从中药新药上市方面看,2021年共有12款新药获批上市,占近五年中药获批新药总数的54%,数量为近五年的最高。其中,清肺排毒颗粒、化湿败毒颗粒、宣肺败毒颗粒均来源于古代经典名方,是抗击新冠肺炎疫情有效方药的成果转化。在化学药方面,新药研发硕果累累,2021共有14个改良型新药品种获批上市,21个国产1类化学新药获批上市,创新药获批数量再次创下药品注册分类新标准实施后的历史新高,其中抗感染类药物数量最大,占比达38%。在生物药方面,研制与生产成果突出,2021年,疫苗、抗体药物、重组蛋白、血液制品、细胞和基因治疗等生物药领域创新成果突出,重组蛋白药物、血液制品新增上市产品数量是2020年的6倍。在医疗器械方面,创新产品上市进程加快,截至2021年,累计共有120个产品通过创新医疗器械特别审查程序获批上市,其中60个创新医疗器械产品被纳入特别审批,占纳入特别审查程序产品总数的16.8%,28个创新产品获批上市,占获批上市产品总数的23.3%。

（三）企业活跃度不断增强

生物医药行业是我国的战略性新兴产业,也是医药行业的重要组成部分。我国生物医药行业目前存续和在业的企业共2万多家,市场主体较多,且活力较强。企业的上市率为2.6%,新四板企业共有200多家,A股企业共有100多家;近2000家企业获得科技型中小企业称号,600多家企业为专精特新企业。上市企业新增数量显著增长,2021年,我国生物医药领域新增上市企业121家,同比增长超75%。从交易市场看,在上交所上市50家,香港证券交易所上市30家,深交所上市27家,美国纳斯达克证券交易所上市5家,代办转让市场上市5家,北交所上市4家。从市值来看,截至2022年7月,市值在2000亿元以上的企业有药明康德、恒瑞医药,市值在1000亿—2000亿元的企业有智飞生物、百济神州、万泰生物、复星医药、泰格医药,市值在1000亿元以下的企业有长春高新、凯莱英、沃森生物、华兰生物等。从细分领域来看,疫苗领域以中国生物、沃森生物、成大生物、智飞生物、艾美疫苗等企业为主,诊断试剂领域以利德曼、达安基因、迪安诊断、科华生物等企业为主,血液制品领域以天坛生物、上海莱士、华兰生物等企业为主,单抗领域以三生国健、百泰生物、复星医药等企业为主。

二 天津生物医药产业发展现状

(一)产业规模稳步提升

天津市已经建成门类完整的生物医药产业体系,在创新孵化、产业化、流通等价值链主要环节完成了布局,发展质量效益较高,增速稳定,作为天津市12条重点产业链之一,集研发、技术转化、生产制造、商业物流和展示交流的生物医药产业链条已颇具规模,高水平产业平台集聚效应凸显。2021年天津市生物医药产业链实现工业总产值668亿元,同比增长27.5%,高于全市工业9个百分点,中医药产业链实现工业总产值115亿元,实现增速12.6%,全年生物医药产业(含中药)产值完成783亿元,增速达到25%,一大批国内知名的中药特色产品以及优势产品,并积极开发出新型冠状病毒疫苗等填补国内空白的产品。2022年上半年,全市生物医药产业链实现蓬勃发展,生物医药产业链实现工业总产值360亿元,同比增长14.9%,高于全市工业10个百分点,中医药产业链实现工业总产值61亿元,实现增速2.5%,上半年生物医药产业(含中药)产值完成421亿元,在链规上工业企业增加值增长19.2%,拉动全市规上工业增加值1.0个百分点,快于12条重点产业链在链规上工业企业增加值增速18.2个百分点。

(二)领军企业加速集聚

近年来天津市领军企业加速聚集,形成了覆盖生物制药、化学药、医疗器械和体外诊断、医药研发外包服务、数字医疗、中药和天然药物、细胞药物和基因诊断、生物材料等门类的完整产业体系。在疫苗研发、医药研发外包及家用医疗器械新兴领域也涌现出了一批具有国内领先水平的优势企业。原料药板块方面，天津医药集团拥有全球最大的皮质激素和氨基酸原料药生产基地；金世集团的维生素 B1 产量现居世界第一；天津的酶制剂、花青素和益生菌在技术水平和年产量上均居全国首位。生物药板块方面，康希诺深耕感染性疾病疫苗领域，已建立针对 12 个疾病领域的 17 种创新疫苗研发管线；研制的腺病毒载体新冠疫苗获得世界卫生组织紧急使用授权，纳入紧急使用清单，这是中国首款腺病毒载体新冠疫苗和单剂次新冠疫苗。以凯莱英等为代表的医药研发生产服务外包企业近年来实现了快速发展，在临床前及临床阶段药物研发代工领域与国内外制药巨头形成了紧密的合作关系。医疗器械板块方面，天堰科技、九安医疗等企业在医学教学产品研发生产、家用医疗电子产品领域形成了一定优势；赛诺医疗研发的冠脉支架填补了我国生物医药领域空白。截至 2021 年，天津生物医药行业拥有中国医药工业百强企业 5 家、上市公司 24 家，凯莱英和天士力入选 2022 年中国生物医药上市公司营业收入实力榜50 强。

（三）产业园区引领集群发展

天津市以产业园区为依托不断加强生物医药产业布局，着力增强产业集聚度和关联度，加快推进重点产业向重点区域集聚发展，形成了天津滨海高新区、经济技术开发区、武清经济技术开发区、天津医药医疗器械工业园等一大批产业园区。其中，天津滨海高新区不断集聚产业优势资源，从创新研究到产业发展，构建"基础研究—应用研究—小试中试—产业化"的完整链条，产业规模占全市的比重超 60%，重点聚焦合成生物、医疗器械、化学制药、智慧医疗、中药现代化、医药研发服务外包六大方向。在 2021 年中国生物医药产业园区竞争力评价中位列全国第 8 位，环境竞争力、产业竞争力、技术竞争力、人才竞争力及合作竞争力五项分指标全部进入前十。此外，今年入选国家新型工业化产业示范基地名单的天津经济技术开发区拥有生物医药类企业 400 余家，2021 年全区生物医药产业完成产值 404.6 亿元，同比增长 46.9%，占全市生物医药产值四成以上，全区生物医药产业形成了覆盖生物制药、化学药、医疗器械和体外诊断、医药研发外包服务、数字医疗、中药和天然药物等门类的完整产业体系。目前,区内聚集了生物医药领域高水平研究机构 30 余家,包括国家工程研究中心 3 家、市级工程中心 12 家。

(四)研发创新实力不断增强

天津市生物医药产业创新体系不断完善,在生物医药基础研究领域,天津共有各级各类研究机构近 200 个,其中包括 1 个国家技术创新中心、19 个国家和部委级重点实验室、3 个国家临床医学研究中心、6 个国家级工程(技术)研究中心和 7 个国家级企业技术中心。聚集了国家地方共建现代中药创新中心、国家合成生物技术创新中心、海河实验室、天津国际生物医药联合研究院、天津药物研究院,中科院工业生物技术研究所、中国医学科学院血液病医院、现代中药创新中心、军事医学科学院卫生环境学医学研究所和卫生装备研究所、国家干细胞工程技术研究中心、中意中医药联合实验室等一批高水平产业创新平台。2021 年,现代中医药海河实验室落成,进一步提升了天津生物医药领域的基础研究实力。在成果转化领域,天津已建成多个生物医药特色产业园区、专业化众创空间和专业化孵化器,形成体系完整、设备先进、人才丰富、覆盖全面的产业创新体系。

表 1   天津市生物医药产业重点研发平台

类别	所属领域	名称
国家级企业 技术中心	现代中药领域	天津中新药业集团股份有限公司
	化学药领域	天津药业集团有限公司
	化学药领域	凯莱英医药集团(天津)股份有限公司
	生物药与基因治疗领域	天津瑞普生物技术股份有限公司
	现代中药、化学药、生物药	天津红日药业股份有限公司

类别	所属领域	名称
国家重点实验室	现代中药领域	天津中医药大学组分中药国家重点实验室
	现代中药领域	天士力制药集团股份有限公司创新中药关键技术国家重点实验室
	健康服务	天津科技大学食品营养与安全国家重点实验室
	化学药领域	南开大学药物化学生物学国家重点实验室
	生物药与基因治疗领域	中国医学科学院血液病医院（血液学研究所）实验血液学国家重点实验室
	化学药领域	天津药物研究院有限公司释药技术与药代动力学国家重点实验室
国家技术创新中心	合成生物领域	国家合成生物技术创新中心

（五）产业政策稳健有力

天津市着力推进产业转型升级，将生物医药产业列为"1+3+4"现代产业体系中三个加快培育的战略性新兴产业之一，出台了一系列促进生物医药产业发展的政策文件。《天津市生物医药产业链工作方案》和《天津市中医药产业链工作方案》以规模、投资、创新、人才为重点统筹推动，服务链上企业，为企业的研发转化、金融投资、项目建设、生活配套等提供精准精细服务，落实新动能引育政策，对生物医药企业购买引进、创新研发、通过一致性评价和国际化认证等给予资金支持，营造有利于激发创新活力的政策环境，构建完备的生物医药产业生态。《天津市生物医药产业发展"十四五"专项规划》的出台，为天津市未来五年生物医药产业的发展指明了方向，提出要打造生物医药产业集群，聚焦中医药、再生医学、高端医疗器械等高附加值细分产业赛道，打造一批特色鲜明的产业集群,强化核心关键技术供给,培育一批突破性创新药,并以平台为载体建立生物医药顶尖人才、企业和项目引进育成体系,推进生物医药创新优势向产业优势转化。《天津市产业链高质量发展三年行动方案(2021—2023年)》着眼提升产业链发展能级和整体竞争力,做强生物医药产业链,培育一批链主企业,推动产业链上下游、产供销整体配套。

三 天津市生物医药产业发展趋势

(一)生物医药产业发展的影响因素分析

1. 国家政策对行业大力支持

生物医药产业是国家重点支持和发展的行业之一,近年来,相关部门陆续出台了一系列行业政策,为生物医药行业的发展提供了重要指导,各地政府也都纷纷出台具体的生物医药产业政策鼓励行业创新,2021年,国家发布《新型抗肿瘤药物临床应用指导原则(2021年版)》,引导生物医药研发创新以临床价值为导向。"十四五"期间国家支持实验室、区域科技创新中心等研发平台建设,激励企业加大研发投入,提高原始创新供给能力。此外,新冠肺炎疫情的暴发也不断促使各国政府和企业加大相关药物和疫苗的研发投入,开展各类科学研究和临床试验。从长期来看,我国将持续鼓励对新冠肺炎以及其他各类传染疾病的基础研究,药物和疫苗等的研发投入将继续加大,各类疾病检测设备和试剂的研发也将受到持续关注。

2. 市场需求不断增加

随着我国经济的发展,居民生活水平不断提高,人民的健康意识也得到很大程度的提升,对"治未病"的重视程度不断提高,居民在医疗保健方面的支出呈现上升趋势,此外,我国人口老龄化进程的加深也进一步拉动了医药需求,促进了我国生物医药市场的发展。随着老龄化人口的增加,我国逐步迈入老龄化社会,天津市人口老龄化趋势更加严峻,根据第七次人口普查数据,全市常住人口中60岁及以上人口为300万人,占21.66%,其中65岁及以上人口为204.5万人,占常住人口的14.75%。人口老龄化进程的加快,将带来卫生总费用的增加,进一步拉动医药需求。此外,新冠肺炎疫情的持续使得药物产品市场需求迅速增加,病毒检测、疫苗与药物开发、防护设备与设施制造呈现出井喷式增长,为以上基础研究和应用研究提供工具和支持的生物试剂和技术服务行业也将持续受益。

3.医疗卫生体制改革不断深化

我国不断深化的医疗体制改革提升了市场需求,推动了我国生物医药产业的整体发展。一方面我国医疗卫生体制改革通过深化公立医院改革、完善分级诊疗体系,优化了医疗卫生资源的布局,提升了基层医疗机构以及医疗卫生行业的整体服务水平和医疗卫生服务覆盖率,并提高了国产药品在各级医疗机构中的使用率,医养结合等新模式的探索使医疗资源不断下沉,有效降低了医疗资源的闲置率。另一方面,通过全面实施城乡居民大病保险制度,我国医疗卫生保障体系日益完善、居民在医疗卫生方面的经济负担大幅降低,城乡居民治疗重点疾病、传染类疾病的主观意愿显著提升,为我国生物医药产业的发展提供了极大动力。

4.人工智能加速产业发展

生物医药产业细分领域众多,产业业态复杂,药品的研制对技术性要求较高,各产业链环节间信息较为独立,产业协同效率差,人工智能的发展能大幅提升药品的研发效率。在新冠肺炎疫情影响下,生物医药产业迎来发展重要窗口期,生物医药与电子信息、装备制造、大数据以及3D打印等跨界融合步伐加快,人工智能以及互联网的迅速发展也带动了生物医药产业智能化和数字化,医联网、药联网等新兴业态不断涌现,以非接触诊疗为代表的智能科技对生物医药的渗透程度进一步增强,"智慧+"是"十四五"时期生物医药产业发展的重要内容之一。随着人工智能技术的快速发展,数据及智能技术在生物医药产业发展过程中扮演的角色也越来越重要,成为影响产业发展的重要因素。

(二)天津生物医药产业发展未来趋势判断

"十四五"时期是天津加速推动产业新旧动能转换的关键时期,我市始终坚持制造业立市,不断抢抓"后疫情时代"全球生物医药产业快速发展新机遇,加快生物医药产业改革创新步伐,强化核心关键技术供给,统筹生物医药产业平台资源,加快生物医药产业与人工智能产业融合发展,强化生物医药产业发展生态建设,可预见的持续上升的市场需求始终能促进产业不断发展,我市生物医药产业发展必将取得显著进展。基本建成以龙头企业为牵引、产业集群协同共生的生物医药产业生态体系,形成一批具有高附加值创新产品,聚集一批具备高创新能力、掌握核心竞争优势的国际顶尖生物医药头部企业,将天津市打造成立足京津冀、辐射东北亚,具备全球顶尖影响力的生物医药产业智慧创新港,推进本市生物医药产业扩规模、强实力、增品种、创品牌,通过技术、产品、质量升级,带动生物医药产业整体上向中高端迈进。

四 天津市生物医药产业发展的对策建议

(一)培育壮大生物医药平台企业

适应医药领域对高水平医药研发外包和医药生产外包服务日益增长的需求,支持相关企业提升高效研发和先进制造水平,拓展服务领域、增强服务能力、健全服务体系,打造一批综合实力强、具有国际竞争力的专业化医药研发外包和医药生产外包企业。发挥凯莱英等重点医药研发外包、医药生产外包平台企业"以点带面"的辐射带动效应,激发创新创业活力,促进人才、资金等要素不断汇集,强化产业链各环节的合作联动。加强药品研发生产服务平台和科研院所的合作互动,围绕我国药品研发、生产链条亟待提升的关键环节,突破一批共性技术和核心技术,大幅提高生物医药产业发展效率,降低研发和生产成本,形成核心竞争优势,加快与国际先进水平接轨。

(二)提升创新载体产业化水平

在重点领域开展具有重大引领作用的跨学科、大协同科学研究,持续增强原始创新和源头创新能力。促进成果转化平台建设。支持高等院校、科研机构等设立"创新验证中心",联合专业机构打造市场化、专业化的科技成果转移转化平台,提供创业孵化、投融资管理全流程服务。充分发挥天津药物研究院药物创新中心和天津国际生物医药联合研究院等创新载体的研发优势,促进创新载体孵化、研发外包、安全性评价和产业链上下游资源整合,提升创新载体对产业化赋能效应。鼓励龙头企业建立行业协会,组建产业联盟,不断形成和完善与国际接轨的药品研发生产服务行业标准,参与更多国际标准的制定,通过行业标准本地化提升本地生物医药产业竞争力。

(三)推动生物医药产业智能化改造

加快互联网、大数据、云计算、人工智能等新技术在医药生产过程中的应用,逐步建立面向生产全流程、管理全方位、产品全生命周期的智能制造和监管模式。支持智能工厂/数字化车间等新模式应用及试点示范项目建设、智能制造标准化试验验证、关键重大智能装备与系统应用等,提升制药装备智能化水平。鼓励信息数据资源在企业内外的交互共享,企业间、企业部门间创新资源、生产能力、市场需求实现集聚与对接。支持和鼓励政府相关监管服务部门采用人工智能等新技术,提升对行业的监管服务水平,简化企业的审批程序,缩短企业的审批时间。

(四)提升行业人力资源水平

吸引国内高层次人才。完善培养和引进技术转移人才的政策措施,为高端技术转移人才在居留、安居、子女入学、配偶安置以及医疗等方面提供便利条件。鼓励北京、长三角、珠三角等创新资源集聚地的在校大学生、研究生,科研院所科技人员、大企业科技人员等创办创新型企业,鼓励科技人员向创新型初创企业流动。招揽全球顶尖科学家和创新团队。依托天津雄厚的产业发展基础、科研院所基础研究实力和大都市生活配套优势,集聚一批具有国际视野和战略眼光、研究成果产生重要国际影响、能快速攻克产业技术瓶颈、打通产业升级路径的科技顶尖专家,支持其在基础研究、创办科技型企业,合作创立科研成果产业化基地和新型产业技术研究机构。重视团队招引,加速形成"引进一个高端人才、带来一个创新团队、壮大一个新兴产业"的"蝴蝶效应"。成立世界顶尖科学家来津科研成果产业化基金,引导支持顶尖科学家团队前期科研和产业化基础设施建设。

(五)激活产业资本活力

创新支持方式,强化对新技术、新产品、新成果导入阶段的财税支持。发挥财政资金和投资引导基金杠杆效应,通过"母基金"方式设立各类产业投资基金,吸引社会资本参与投资产业发展关键领域。设立支持服务生物医药产业"种子"企业和初创期企业的专项引导基金,推进我市生物医药产业孵化与布局。以海河基金为基础,吸引社会资本共建若干生物医药产业投资基金,为本市优质生物医药企业发展壮大提供资本助力;支持重点产业化项目落地,设立支持临床研发与转化的专项基金,支持研发主体开展临床研究,引导推动创新成果实现产业化。落实有关政策,支持优质生物医药企业境内外上市挂牌融资;在天津OTC市场开辟生物医药成果专项板块,进一步活跃生物医药资本市场。鼓励生物医药领域风投资本在天津落地,激发天津资本市场活力,缓解创新型企业"融资难、融资贵"的难题,形成资本与生物医药产业深度融合的共生态势。

参考文献:

[1] 火石创造:《2021年中国生物医药产业发展回顾与2022年展望》,https://www.cn-healthcare.com/articlewm/20220124/content-1309147.html。

[2] 任祝、周元等:《京津冀生物医药产业链与创新链双向融合发展对策研究》,《科技中国》2022年第9期。

[3] 代栓平:《生物经济发展的机遇与挑战》,《人民论坛》2022年第15期。

[4] 中商产业研究院:《2022年上半年中国医药上市公司营业收入排行榜》,https://m.askci.com/news/20220906/1121431977535.shtml。

天津新能源产业发展研究报告

尹晓丹　天津市经济发展研究院经济师

摘　要： 推动新能源产业发展，是应对气候变化，实现"双碳"目标的关键举措。近年来，天津新能源产业发展迅速，已成为天津市主导产业之一，并初步形成了锂、光、风、氢四大主导产业链条，聚集了一批国内外龙头企业，创新资源不断集聚，产业生态不断完善，天津新能源产业实现链条化集群化发展。能源革命与数字革命加速融合，新能源发展成为全球共识，新能源科技创新高度活跃，成本逐渐下降，我国新能源产业基础雄厚，持续优化政策支持，且平价上网推动风电、光伏市场化发展。在此背景下，天津新能源产业预计仍将保持较快增长，产业链将进一步优化，协同创新体系进一步完善，科技创新成果取得新突破，多种能源综合化发展趋势明显。

关键词： 天津　新能源产业　发展趋势

党的二十大报告提出，深入推进能源革命，加强煤炭清洁高效利用，加快规划建设新型能源体系。天津市第十二次党代会提出，要深入打好新能源产业链的攻坚战。新能源产业是具有战略性和先导性的新兴产业，代表着未来技术变革和能源发展的方向。在"双碳"背景下，新能源产业高质量发展，是天津建设全国先进制造研发基地、推动"制造业立市"战略实现的重要载体，是实现"双碳"目标的重要途径和客观要求，也是全面构建双循环发展格局的重要支撑。

一 新能源产业发展形势

(一)新能源产业国际发展形势

1.各国加速布局新能源产业发展

全球能源转型进程明显加快,以风电、光伏发电为代表的新能源呈现出性能快速提高、经济性持续提升、应用规模加速扩张态势,形成了加快替代传统化石能源的世界潮流。受俄乌冲突、能源危机、极端天气及新冠肺炎疫情等的影响,各国加快布局新能源产业。美国、德国、日本、韩国等国家都已经出台大规模的新能源发展规划,将新能源产业作为新一轮科技竞争和产业竞争的关键。欧盟公布"Repower EU"能源计划,提出建立专门的欧盟太阳能战略,此后宣布到2030年,可再生能源占比达到40%。发展中国家也积极布局新能源,南非、沙特、阿联酋等国家都在大力推动新能源发电项目。能源转型的趋势将加快,已有130多个国家和地区作出"碳中和"承诺,新能源产业发展迎来长期发展机遇。

2.科技创新高度活跃

在能源革命和数字革命的驱动下,全球能源科技创新高度活跃。能源系统形态加速迭代演进,分散化、扁平化、去中心化的趋势特征日益明显。各国新能源创新投入不断增加。2021年7月,欧盟委员会在"创新基金"资助框架下投入1.22亿欧元,支持推进低碳能源技术商业化发展。2021年8月,英国商业、能源与工业战略部发布"下一代核电反应堆"计划,其中提出将投资1.7亿英镑用于研究"先进模块堆"示范计划,力争未来十年内将最新核电技术投入应用,并利用最新核电技术制取低碳氢气[1]。2021年至2022年4月,德国在氢能领域政府资助总额超过87亿欧元。能源科技成果快速增长,可再生能源技术领域全球申请的EPO专利数量在2009—2021年间保持了较快增长,2021

① 《英国要用核电制氢引争议》,《中国能源报》2021年8月9日,第6版。

年时已达到 94.84 万件,较 2009 年翻了 4 番①。

3. 新能源价格优势逐渐显现

随着世界各国对新能源技术持续性的研发投入,相关科技创新取得重大突破,有效推动了新能源产业的应用范围,技术进步和规模效应有效降低了新能源的成本。在过去 10 年里,全球太阳能和风能装机规模年均增速达 20%,发电量已占发电总量的一成以上。同时,太阳能、陆上风能发电的价格分别下降了约 90%、70%,一些国家新能源发电成本与火电基本持平,如美国风电行业长期购电协议价格已经与火力发电的价格达到同等水平。动力电池的价格也在下降,2021 年以来,平均总成本下降近 90%。

(二)新能源产业国内发展形势

1. 新能源产业不断发展壮大

我国对新能源发展高度重视,投资额连续多年位居全球第一位,水电、风电、光伏发电装机容量稳居全球首位。大型风电光伏基地、先进核电等一批重大项目陆续开工建设,截至 2022 年 4 月底,非化石能源发电装机容量 11.5 亿千瓦,同比增长 14.5%;风电、太阳能发电等新能源发电装机增势突出,同比增长 20.5%,超过总发电装机增速 12.6 个百分点。煤炭消费量占能源消费总量的比重持续下降,2021 年为 56%,较 2012 年下降 12.5 个百分点。可再生能源消费比重持续提升,2021 年超过 14%,装机规模突破 10 亿千瓦大关,占全国发电总装机容量的比重超过 40%。我国《"十四五"可再生能源发展规划》明确,"十四五"期间,可再生能源发电增量在全社会用电量增量中的占比超过50%,风电和太阳能发电量实现翻倍。

2. 利好政策加速能源转型

2022 年以来,国家针对新能源行业持续出台利好政策,推动新能源产业高质量发展。2022 年 5 月 30 日,国务院办公厅转发国家发展改革委、国家能源

---

① 《能源技术创新洞察:谁在引领前进的方向?》,https://www.thepaper.cn/newsDetail_forward_17810260。

局《关于促进新时代新能源高质量发展的实施方案》,在新能源的开发利用模式、加快构建适应新能源占比逐渐提高的新型电力系统、完善新能源项目建设管理、保障新能源发展用地用海需求和财政金融手段支持新能源发展等方面做出了全面指引。随后,国家发展改革委等 9 部门共同印发了《"十四五"可再生能源发展规划》,进一步明确了"十四五"时期可再生能源发展的主要目标、重点任务、保障措施,致力于全面推进新能源大规模、高比例、市场化、高质量发展。

3. 市场化发展趋势明显

我国风电、光伏发电技术持续进步、竞争力不断提升,正处于平价上网的历史性拐点,将迎来成本优势凸显的重大机遇,全面进入无补贴平价甚至低价市场化发展新时期。陆上风电和光伏项目发电成本大幅下降,已然为平价上网打好基础。2021 年,国家发改委正式发布《关于 2021 年新能源上网电价政策有关事项的通知》,自 2021 年起,对新备案集中式光伏电站、工商业分布式光伏业项目和新核准陆上风电项目,中央财政不再补贴,实行平价上网。我国沿海各省已陆续发布"十四五"可再生能源发展规划及相关政策,重点推进海上风电建设,山东、江苏、广东进一步提出要打造千万千瓦级海上风电基地,我国海上风电有望加速实现平价。

二 天津新能源产业发展现状

(一)产业规模快速增长

1. 新能源产业占比逐年上升

新能源产业是天津市主导产业之一,已初步形成绿色电池、风电、太阳能等优势领域。新能源产业增加值占规上工业比重逐年上升,2020 年为 3.1% ,较 2015 年提升了 2.4 个百分点,2022 年 1—6 月为 4.1% ,其中风能子链、锂离子电池子链、太阳能子链占比分别为 1.7% 、1.2% 、3.3% 。新能源产业保持较快的增长速度。2021 年天津市新能源产业链在链企业总产值为 936.28 亿元,

同比增长 12.5%，在链企业增加值同比增长 11.5%，占全市规上工业增加值
的比重为 4.2%。2022 年 1—6 月,天津新能源产业链共有链上企业 114 家,新
能源产业链在链企业总产值为 518.88 亿元,同比增长 15.2%,在链企业增加
值同比增长 7.9%,占全市规上工业增加值的比重为 4.1%。①

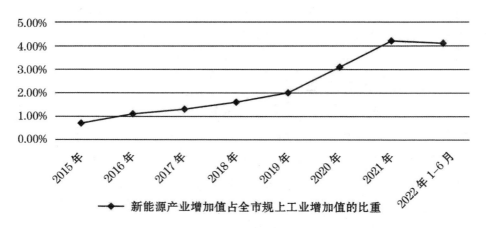

图 1　2015 年以来新能源产业增加值占全市规上工业增加值的比重

资料来源:2015—2020 年数据来源《天津统计年鉴 2021》,2021 年数据来源天津市
工业和信息化局,2022 年 1—6 月数据来源《统计信息》,第(2022)186 号。2021 年和
2022 年 1—6 月的数据为新能源产业链在链企业增加值占全市规上工业增加值的比重。

2. 重点领域产业结构逐渐完整

绿色电池领域覆盖了六氟磷酸锂、正负极材料等锂离子电池配套材料生
产体系,形成了从原材料、技术研发到电池产品检测、应用及回收的全产业链
布局,具备 30 亿瓦时年产能力,市场占有率及产业规模居全国前列,成为全国
重要锂离子电池生产基地。锂电池产量逐年增长,2021 年超过 9 亿只,同比增
长 26.1%,2022 年一季度超 5 亿只,同比增长 35%。风电产业坚持陆上风电
和海上风电并举,带动风机制造业快速发展,已成为我国最大的风电成套设备
生产制造基地。2022 年 1—4 月,天津新能源产业链规模同比增长 12.9%,其

---

① 天津市统计局:《统计信息》,第(2022)186 号。

中,以中环半导体 DW 智慧工厂为代表的太阳能企业强势发展,产值规模同比增长 31.7%。依托千亿级石化产业优势,氢能产业加快布局,氢能产业链雏形基本形成,制氢能力位居全国前列。

(二)集聚效应日益凸显

1.产业布局逐渐完善

产业集聚程度不断提高,形成了锂、光、风、氢四大主导产业链条。四大主导产业链以滨海新区、北辰区、宝坻区、静海区等为重点,差异化布局发展。动力电池产业重点布局在天津滨海高新技术产业开发区和宝坻区、静海区。2022 年 6 月 6 日,力神滨海新能源产业基地项目在滨海高新区启动,达产后年产值预计可达 120 亿元,将成为中国北方最具规模、最先进的动力电池产业基地,将有力促进天津市完善动力电池产业生态。风电产业重点布局在天津经济技术开发区、天津滨海高新技术产业开发区和北辰区;光伏产业重点布局在天津滨海高新技术产业开发区和北辰区、静海区;氢能产业重点布局在天津港保税区和东丽区、宝坻区、静海区。

2.四大主导产业链集群式发展

锂电池形成了从上游原材料、中间电池产品及检测、下游电池应用及回收的全产业链,截至 2022 年 9 月 20 日,天津锂电池产业相关注册企业超 167 家,其中龙头企业有天津力神电池、捷威动力,注册资本在 10 亿以上的企业 4 家,1 亿—10 亿元的企业 9 家,1 亿元以下企业 5 家。太阳能产业形成了从多晶硅锭加工、硅片、电池外延片、电池组件、光伏应用系统到光伏系统集成的生产链条。截至 2020 年底,总装机 163.6 万千瓦。截至 2021 年末,TCL 中环的光伏硅片外销市场市占率全球第一。风电行业汇集了歌美飒、维斯塔斯、苏斯兰、广东明阳、四川东方汽轮机等国内外知名风电企业,形成产业链条比较完整的产业集群。以天津港保税区等为载体着力打造天津市氢能示范产业园区,截至 2022 年 4 月,天津港保税区拥有氢气制备、氢气储运、氢能应用等企业 20 多家。制氢龙头企业方面,拥有法液空、中石化、渤海化工等重点供氢企业;在燃料电池叉车方面,杭叉集团、新氢动力等项目已落地投产;在燃料电池汽车方面,聚集重塑科技、氢璞创能、未势能源等重点企业。

（三）创新能力不断增强

1. 创新资源聚集

汇集了中共科技集团公司第十八研究所、中海油天津化工研究设计院等知名研究机构,拥有南开大学、天津大学、天津理工大学、天津工业大学等多所高校,形成了政府、企业、高校和科研院所多方参与的新能源产业服务体系,推动新能源领域产学研用紧密结合,促进新能源产业创新发展。新能源创新生态不断优化,成立了天津市锂离子电池技术创新中心、天津市分布式发电与微电网产业技术创新战略联盟、天津市氢能产业和技术发展联盟等科技创新平台;打造了新型锂离子电池材料工程研究中心、天津市电力新能源与智能配用电技术工程中心等天津市工程研究中心;成立了天津市新能源协会、天津市电池行业协会等行业协会组织。2020年以来,天津先后成立了无人机和新材料、智能轨道交通、智能网联汽车等十大产业人才创新创业联盟。2021年成立的新能源电池人才创新创业联盟,推动天津新能源产业和人才同步高质量发展。

2. 科技成果转化取得显著成效

为了提升天津新能源产业核心竞争力,天津选取力神电池、巴莫科技、荣盛、盟固利等30家企业作为首批重点龙头企业,以揭榜挂帅、科研众包等方式,以企业为核心推进联合研发攻关,通过上下游企业协同合作,提升科技成果转化。力神电池公司研发的高镍电池将电芯能量密度提升至330瓦时每千克,达到国内领先水平。氢能产业示范区已在车载动力技术和分布式发电/热电联供技术两大燃料电池技术领域取得了一系列突破,众多成果及产品均达到国内领先水平,如国内首批氢燃料电池叉车、国内首套固体储氢燃料电池发动机系统及国内首套燃料电池叉车配套加氢装置,并在国内首次公开固体氧化物燃料电池热电联供系统内部构造,以及国内首批投入示范运营的燃料电池环卫车。风电领域重点攻克了一批关键核心技术,高强度大型薄壁内齿圈变形控制技术达国际领先水平,抗台风型机组、高原型机组、寒带低温型机组均为国内首创。

(四)产业生态不断完善

1. 顶层设计持续优化

新能源产业是天津市构建"1 + 3 + 4"现代工业产业体系中的三大新兴产业之一,印发了《天津市新能源产业发展三年行动计划(2018—2020 年)》《天津市制造强市建设三年行动计划(2021—2023 年)》《天津市产业链高质量发展三年行动方案(2021—2023 年)》等支持政策,推动新能源产业加速发展。新能源产业链作为天津市谋定的 12 条重点产业链之一,由市领导挂帅出任"链长",链上抓运行、抓创新、抓项目、抓人才、抓政策。2021 年 8 月,出台《天津市新能源产业链工作方案》,明确了新能源产业未来两年的发展重点及目标,着力提升新能源产业链能级和核心竞争力。

2. 要素保障不断增强

多元化金融服务支持。出台《关于金融支持天津市重点产业链高质量发展的若干措施》《关于强化涉疫地区产业链重点企业复工复产金融服务的通知》等金融支持重点产业链发展政策,并开展重点产业链金融服务专项行动,引导金融机构加大对重点产业链信贷支持。截至 2022 年 7 月,天津市重点产业链的"主办行"已有 19 家银行。充分发挥智能制造等专项资金及海河产业基金引导作用,并在全国首创了金融服务重点产业链的"金融便利店"。融资租赁助力新能源发展,2022 年天津市地方金融监督管理局发布《关于发布天津市租赁公司支持绿色产业发展典型案例的通告》中共 16 个案例,其中 11 个为分布式光伏、风电等新能源发电、储能项目。强化用地保障。出台《天津市推进产业用地高质量规划利用管理规定》《关于支持能源结构调整规范光伏发电产业规划用地管理有关意见的通知》等支持政策,滨海新区出台《滨海新区落实支持"滨城"建设若干政策措施的工作方案》,提出推动能源结构优化,出台新能源发展空间布局专项规划。政务服务再优化。成立复工复产专班,包联重点企业,"一企一策",切实解决企业用工保障、物流运输等堵点、痛点问题。

三　天津新能源产业发展趋势预测

天津市第十二次党代会指出,天津仍处于大有可为的战略机遇期、优势叠加的历史窗口期,处于转型升级的决战决胜期、构建新发展格局的争先进位期。未来天津经济发展对能源的需求仍将增加,推动制造业高质量发展,实现"制造业立市",为天津新能源产业发展提供了广阔的空间。

(一)新能源产业仍将保持较快增长

天津坚持制造业立市,以产业链为抓手,补短板、锻长板,多项支持政策加持,将持续推动新能源产业聚集化、高端化、融合化、智能化、绿色化发展。根据相关规划和文件,"十四五"时期,天津新能源产业发展目标为,围绕锂、风、光、氢4条主导产业链,加快推进新能源产业高质量发展,具体表现为,扩大锂离子电池产业优势,壮大风电产业规模,强化太阳能产业集成,加快氢能产业布局。《天津市新能源产业"十四五"专项规划》明确提出,2025年天津新能源产业工业总产值突破1200亿元。为实现这一目标,天津新能源产业工业总产值2022—2024年至少应保持年均6.41%的增长率。

(二)科技创新能力得到进一步提升

科研投入将进一步增加,且注重关键领域、核心技术的突破,注重拓展应用和服务。《天津市新能源产业链工作方案》明确,到2023年,新能源产业链重点企业研发经费支出占营业收入比重达到4%,提前实现新能源"十四五"专项规划目标。科技人才队伍建设加快,有效支撑科技创新。到2023年,围绕锂离子电池、太阳能、风能、氢能等领域,吸引和聚集专业高级人才500名。

(三)融合发展趋势明显

传统能源与新能源协同互补,多种能源综合化发展。多产业、多领域合作加快,"新能源+"不断发展,尤其是新能源产业与新能源汽车产业的融合将不断深化。"风光储""光储充"新业态不断发展,分散式风电＋储能、分布式光伏＋储能等将取得较快发展。新型储能市场迎来发展机遇,储能市场的发展将更贴近具体应用场景。

四 天津新能源产业发展的对策建议

(一)推动规模化集群化发展

第一,做优做强龙头企业。完善龙头企业库,通过政策、资金、项目和服务的倾斜,全力支持"链主"企业和龙头项目发展,提升龙头企业能级,提高市场占有率。同时加大对"隐形冠军""单项冠军""瞪羚""独角兽"企业的支持和培育力度,鼓励并引导其成长为专精特新企业,加速培育"小巨人"企业,构建产业链优质企业梯度培育体系。

第二,强化招商引资。加强招商规划,对标全国发展趋势,结合区域特点,制定量化发展目标,明确实施路径和主体,加强总部企业和行业龙头企业的引进。发挥好产业联盟作用,补齐产业链,畅通供应链,推动"串链"行动。丰富招商政策工具包,综合运用"金融、科技、信息、项目、平台、空间、人才"要素工具箱,吸引新能源企业集聚。

第三,加快重点园区建设。加快推进滨海高新区新能源产业示范基地、天津经济技术开发区风电产业基地、滨海新区氢能示范产业园、北辰新能源产业高端制造基地、宝坻九园工业园锂离子电池产业基地等重点园区建设,推动产业聚集。

第四,推动重大项目落地建设。梳理新能源产业项目,搭建重点项目库,建立项目推动台账,加快推进项目落地建设。推动力神聚合物锂离子电池、华电海晶光伏发电项目、爱旭太阳能电池基地二期、中环 DW 智慧工厂(三期)项目等重点项目建设进度,加快形成实物工作量。

（二）完善协同创新体系

第一，建立健全新能源技术创新体系和服务体系。加快构建以企业为主体的技术研发体系，推动建设以企业为主导的制造业创新中心、工程研究中心、企业重点实验室等创新平台，鼓励重点新能源企业建设具有独立法人资格的企业技术研究院。打造新能源信息技术交流平台，加快推进新能源咨询、金融服务等各类中介服务机构，助力构建新型产学研协同创新机制。

第二，推动区域合作和绿色转型。鼓励本地企业与海外知名大学、研发机构、国际知名公司合作建设研发中心、企业技术中心，加快技术引进、消化吸收和再创新的步伐。鼓励企业在北上广深等创新资源集聚地设立研发中心，强化区域合作。推进绿色化转型，加快推广应用绿色制造新技术、新工艺、新装备，创建一批绿色工厂、绿色供应链管理示范企业。

第三，强化引人育才。通过"海河英才""海河工匠"等，推进靶向引才，聚焦中原、辽中南、哈长、山东半岛等城市群吸引人才，鼓励企业精准培育所需高技能人才。以关键核心技术突破为指引，加大力度精准引进世界顶级科学家和国内顶尖人才及团队。完善细化人才政策，打好购房优惠、落户、现金补贴等政策组合拳，为高端技术转移人才提供便利条件。

（三）加大政策支持力度

第一，强化金融支持力度。用足用好各类专项资金，积极争取国家相关专项资金支持，统筹利用智能制造等专项资金。积极争取国家开发银行等政策性金融机构支持，充分发挥海河产业基金等政府引导基金的撬动作用，带动社会资本投资。拓宽融资渠道，加大股权融资力度。新能源产业的基础设施建设为重资产行为，鼓励有条件的企业探索采取不动产投资信托基金（RETs）或专项债券等方式进行融资。

第二，优化制度保障。持续优化营商环境，深化"放管服"改革，优化新能源接网流程，提高项目审批效率，降低企业行政成本。推动京津冀区域能源互联互通机制创新。完善新能源立法、行业标准、产业政策体系。支持企业参与国家、天津绿色制造相关标准制修订,掌握新能源产业发展的话语权。强化新能源产业发展用地、用海保障,充分利用盐碱地、坑塘水面等低效土地,因地制宜发展盐光互补、渔光互补等复合型光伏或探索实施风光互补、可再生能源制氢等综合利用项目。结合海洋功能区划、沿岸经济建设及产业布局等,挖掘潜力开发符合"双十"规定的海域。

(四)创新能源开发利用模式

第一,推进新能源与建筑、交通等行业融合发展。促进太阳能与既有建筑和新建建筑的深度融合发展,鼓励光伏复合型开发。完善光伏建筑一体化应用技术体系,新建建筑优先使用新能源,鼓励同步安装光伏发电设施或预留安装条件,壮大光伏电力生产型消费者群体。推进光伏与大型基础设施融合,盘活商业综合体、机场、车站、工业园区、高速服务区等地,灵活发展分布式光伏。完善相关支持政策,推进在具备条件的工业企业、工业园区,加快发展分布式光伏、分散式风电等新能源项目。

第二,建设稳定的新能源领域储能市场。强化顶层设计,加快布局新型储能,研究编制专项规划。推广"新能源+储能",提高供电稳定性。加强电网建设,优化和完善主架结构,提高新型电力系统对高比例新能源发展的适应能力。探索可再生能源电力市场化交易机制,鼓励新能源就近消纳。创新发展新能源直供电、隔墙售电等模式,健全分布式发电市场化交易机制,鼓励新建项目用能探索新能源就近直接交易,由符合条件的电源点就近接入增量配电网或用户侧专变。

参考文献:

[1] 天津市发展和改革委员会规划处课题组:《"十四五"时期天津加快新旧动能转换推动高质量发展研究(二)》,《天津经济》2020年第12期。

[2] 张雄化:《"双碳"目标下深圳新能源产业发展的路径与对策》,《特区经济》2022

年第 8 期。

　　［3］张颖、任世碧：《新能源产业获政策持续加码 未来有望跑出"加速度"》,《证券日报》2022 年 6 月 25 日。

　　［4］前瞻经济学人：《2022 年中国及 31 省市新能源行业政策汇总及解读》,https://baijiahao. baidu. com/s？id = 1739942193294671455&wfr = spider&for = pc。

　　［5］吕建中：《加快构建新能源产业体系》,《瞭望》2022 年第 29 期。

　　［6］白舒婕：《新能源产业再迎发展窗口期》,《国际商报》2022 年 7 月 7 日。

扩大内需篇

天津国际消费中心城市建设
研究报告

康佳迎　天津市统计局贸易外经处中级统计师

摘　要： 天津率先开展国际消费中心城市培育建设以来,扎实推进国际消费中心城市培育建设工作,加快打造地标商圈和消费载体,促进消费融合和业态创新。今年天津在严格做好疫情防控的前提下,以高质量发展、高品质生活为导向,通过出台系列促消费政策、扩大大宗商品消费、举办消费促进活动、打造多元消费场景,全市消费品市场呈现回暖态势。为进一步激发消费市场潜力和活力,需要不断提升居民收入水平,稳固消费基础;引导企业开展线上销售,促进企业转型升级;加强上下游产业扶持,打通消费品市场循环。

关键词： 国际消费中心城市　消费市场　消费场景

2021年7月,经国务院批准,天津成为五个率先开展国际消费中心城市培育建设的城市之一。一年多以来,天津深入贯彻落实党中央、国务院决策部署,加快打造地标商圈和消费载体,促进消费融合和业态创新,进一步增强"买全球""卖全球"能力,取得了积极成效,在鼓励汽车消费、促进家电消费、扩大住房家居消费、拓展文旅体消费、繁荣夜间消费、激活农村消费、做强会展消费、培育新型消费、优化消费环境等方面取得积极进展,国际消费中心城市培育建设工作扎实推进。

一 国际消费中心城市建设背景及规划

（一）国际消费中心城市的背景

国际消费中心城市,是由世界城市、全球城市和消费城市演变而来。2007年,联合国世界旅游组织(UNWTO)在"全球旅游行业发展趋势"会议上首次提出国际消费中心城市的概念:国际消费中心城市应当是聚集消费资源、引领消费风尚、商业繁荣、到达便利、辐射周边、具备全球影响力、吸引力的综合性现代化都市。

一般来说,国际消费中心城市如东京、巴黎、伦敦、纽约都具备以下五个特征:一是高辨识度的世界级商圈。二是服务业高度发达的经济体系。三是全球化的外来消费群体。四是高魅力值的文化软实力。五是全方位的消费服务体系。

从国内看,2019年10月,商务部等14部委联合印发《关于培育建设国际消费中心城市的指导意见》,对国际消费中心城市作出明确定义,即国际消费中心城市是现代国际大都市的核心功能之一,是国际消费资源的聚集地,是一国乃至全球消费市场的制高点,具有三项特征和四大要素。

三项特征包括:一是全球消费市场的制高点,具有强大的消费实现功能;二是全球消费资源的集聚地,具有高效的消费配置和带动功能;三是全球消费发展的风向标,具有突出的消费创新和引领功能。四大要素是:丰富多元的消费供给、宜人便捷的消费环境、完善有序的消费制度、领先的经济文化地位。

党的十九届五中全会将培育国际消费中心城市写入《中共中央关于制定

国民经济和社会发展第十四个五年规划和二○三五年远景目标的建议》。党中央、国务院在建党百年,开启第二个一百年征程的重要历史时刻,提出培育建设国际消费中心城市重大决策,具有重要意义。国家开展国际消费中心城市培育建设工作,就是要树立标杆示范,形成一批各具特色、辐射周边国家及地区的区域性国际消费中心城市,以培育城市为中心,强化协调联动,跨城市、跨区域整合消费资源,实现优势互补,建立"以周边支撑中心、以中心带动周边"的区域联动机制。

(二)天津国际消费中心城市建设规划

2021 年 7 月 19 日,经国务院批准,商务部正式宣布天津和北京、上海、重庆、广州 5 个城市率先开展国际消费中心城市培育建设。

1. 天津具备培育建设国际消费中心城市的优势

五个首批培育城市分别位于华东、西南和东南,经济总量、人口规模、辐射能力均排在同区域前列,能够集聚高附加值的制造业、服务业等产业,支撑区域经济高质量发展,均为国家中心城市和港口级城市,战略地位突出,包括了四个直辖市、四个服务业扩大开放试点城市以及一个一线城市,均设有自贸试验区,贸易和消费国际化程度高,便利的交通网络辐射全球。

天津作为我国最早对外开放的城市之一,百年前就是工商业发达的国际商埠,拥有优良的消费基因、深厚的开放底蕴、广阔的辐射腹地、丰富的文旅资源,诞生了近代中国名扬南北、享誉中外的商业地标——劝业场;诞生了飞鸽自行车、海鸥手表等众多新中国消费品"第一";"海港""空港"双枢纽朝内面向京津冀和"三北"地区,朝外联通东北亚、面向太平洋,"两个扇面"的服务辐射功能日益强化;城市建筑中西合璧、古今交融,山河湖海一应俱全、风光秀美。天津培育建设国际消费中心城市具有坚实基础和明显优势。

2. 天津培育国际消费中心城市的重要意义

国际消费中心城市对天津而言,是融入和服务重大国家战略、全面提升城市竞争力和国际影响力的难得机遇。市委市政府提早谋划,提早布局,全力培育建设国际消费中心城市,就是要成为服务构建新发展格局,承担国内国际双循环的"枢纽"角色。一是在国内国际双循环中发挥战略节点作用,筑牢"一带一路"桥头堡;二是服务京津冀协同发展战略,共同打造世界级城市群;三是发挥城市资源禀赋,建设社会主义现代化大都市。

3.天津培育建设国际消费中心城市的路径

2021年,市委办公厅、市政府办公厅联合印发了《天津市培育建设国际消费中心城市实施方案(2021—2025年)》。根据实施方案,天津的培育建设工作将把握三个目标,遵循四个基本原则,分两个阶段,开展六方面重点任务。目标是要成为国际消费资源的聚集地、更高水平开放的新平台,要丰富消费供给,引领消费升级,更好满足人民日益增长的美好生活需要,要增强城市吸引力凝聚力,提升城市的辐射带动作用。主要任务是:打造消费地标,提升国际消费中心城市承载力;聚焦消费国际化,增强全球消费资源融合力;紧扣消费升级,打造引领消费新高地;提升接待水平,创建具有国际水准消费环境;完善政策体制,构建国际消费自由便利制度环境;推进市场一体化,构建区域消费联动发展新格局。

二 天津国际消费中心城市建设进展

今年前三季度,天津认真贯彻落实国务院扎实稳住经济一揽子政策和接续政策措施,在严格做好疫情防控的基础上,以高质量发展、高品质生活为导向,通过出台系列促消费政策、扩大大宗商品消费、举办消费促进活动、打造多元消费场景,不断激发居民消费活力,举办第二届"海河国际消费季",开展"津乐购"消费券发放活动,全市消费品市场克服疫情影响,在各项稳经济政策措施和促消费活动的带动下,总体呈现回暖态势,全市实现社会消费品零售总额2699.32亿元,同比下降3.2%,降幅较上半年收窄2.3个百分点,与全国平均水平的差距较上半年缩小0.9个百分点,分别好于北京和上海1.3个百分点和7.5个百分点,在全国31个省区市中排第23位,较上半年提升3位。其中,7月份和8月份限额以上社会消费品零售总额分别增长5.2%和10.2%。

（一）政策措施和促消费活动效果持续显现

三季度,我市陆续出台《天津市关于促进消费恢复提振的若干措施》等文件,围绕鼓励汽车消费、促进家电消费、扩大住房家居消费、拓展文旅体消费等方面,提出具体措施,促进消费市场潜能进一步释放,居民消费持续回暖。从月度变化情况看,除9月份受疫情影响外,限额以上社会消费品零售总额增速总体呈现回暖向好的趋势,7月份和8月份分别增长5.2%和10.2%。

从促消费活动效果看,8月20日,2022天津"品质生活节"正式开幕,以"津乐购"消费券为引领,有效激发了消费新潜力,提升了市场新活力,增强了发展新动力,加快推进国际消费中心城市建设进程。根据财政、商务等部门统计结果,截至9月30日,本次活动累计核销财政资金1.37亿元,带动消费约40亿元,拉动8、9两个月限额以上社会消费品零售总额合计增长10个百分点左右,拉动前三季度限额以上社会消费品零售总额增长2个百分点左右。其中,带动汽车消费32.83亿元,拉动前三季度限额以上单位汽车零售额增长6.4个百分点;带动家电消费6.02亿元,拉动前三季度家电零售额增长12.7个百分点。

（二）新型消费快速增长

随着供给侧结构性改革持续推进,居民升级类消费保持较快增长。前三季度,全市限额以上单位化妆品类、家用电器和音像器材类、体育娱乐用品类、通信器材类零售额分别同比增长5.6%、12.8%、14.9%、38.6%,增速明显快于全市消费品平均水平,这四项升级类商品零售额合计145.41亿元,占全市限额以上社会消费品零售总额比重达到8.7%,同比提升1.7个百分点。

今年以来,疫情散发导致居民购买力进一步向网上消费释放,网上零售企业保持较快增长。前三季度,全市限额以上单位通过公共网络实现的零售额同比增长17.9%,占全市限额以上社会消费品零售总额比重达到29.7%,同比提升5.9个百分点。

前三季度,在促消费活动的带动下,全市汽车类商品零售加快回暖,呈现

"V"型反弹走势。前三季度，全市限额以上单位汽车类零售额同比下降8.8%，降幅较上半年收窄6.4个百分点。其中，7月份和8月份分别同比增长4.2%和10.0%，9月份受疫情影响，汽车类零售额同比下降3.4%，但仍明显好于上半年水平。

其中，新能源产业加快发展，疫情影响下居民长途出行向短途转变，带动新能源汽车销量较快增长。前三季度，全市限额以上单位新能源汽车零售额同比增长1.2倍。其中，9月份在疫情影响下仍同比增长85.6%。

（三）商业项目加快建设落地

一是加大政策支持和招商引资力度。允许"小洋楼"历史风貌建筑重新修缮并作为商用，陆续引进联想、阿里巴巴等12家总部企业。出台《天津市商贸数字化发展三年行动方案（2021—2023年）》，实施商业数字化创新等4项工程，开展商业消费数字化场景打造等8项行动，首批评选培育22家"小而美"电商品牌，促进传统商业转型升级。加速普及在线纠纷解决（ODR）机制，在线纠纷解决企业105家，处置投诉6520件，按时办结率95%，和解成功率66%。

二是加快消费载体项目建设。"十四五"期间，规划建设62个消费载体项目，2021年已建成开业13个，新增商业面积150万平方米。今年以来，现代城、港铁·天阅mall等重大商贸项目陆续开工建设，河东区金茂汇、西青区万达广场招商率均超过70%。武清区V1汽车世界引入综合型汽车主题园豪华型名车广场，河西区津悦城引入全国首家市区内大型海底世界，红星美凯龙打造的天津首家智能电器生活馆揭牌运营。

三是强化会展带动。围绕"北方会展之都"发展目标，制定《会展业三年行动方案》和财政支持政策，持续推进会展业改革发展。以部市合作共建的国家会展中心（天津）项目为核心，制定《天津国家会展经济片区规划》，规划面积90平方公里，发布至今已引入会展相关企业800多家。2021年国家会展中心（天津）一期落成投入使用，举办绿色建筑展、国际汽车展、105届糖酒会等63场展会，展会面积超过170万平方米，其中20万平方米以上的展会共3场，带动城市影响力进一步扩大。

根据城市商业综合体年度统计调查结果显示,截至 2021 年,全市符合国家统计标准的城市商业综合体有 58 个,入驻商户 8715 户,从业人员 5.35 万人,车位数 5.49 万个,全年客流量 3.64 亿人次,营业面积 229.79 万平方米,租金收入 25.47 亿元,实现销售额(营业额)259.44 亿元。

(四)商业模式蓬勃发展

1. 促进主题消费

全市连续两年开展海河国际消费季,举办银发购物节、女神购物节、特色集市节、酒吧节、老字号国潮等主题消费活动,满足市民多元化消费需求。2022 年第二届海河国际消费季围绕汽车、体育、旅游等元素推出 13 项主题活动、500 余个子项活动,目前已陆续启动 616 津购节、潮流文化月、第四届哪吒体育嘉年华等 6 项主题活动,累计举办万科广场城市秀场、国图津湾文创空间周年庆等子活动 200 多场,6—8 月连续三个月社会消费品零售总额均实现正增长,全市主要商业综合体和百货商场消费明显回暖。

2. 拓展消费模式

大力发展文化、旅游、体育消费,打造海河亲水、洋楼文化、津味美食等消费名片,推出 13 条运河旅游路线、9 期"邂逅天津"演出进商圈创意艺术活动,创建 13 个赛车、射击主题消费场景,举办 15 场大型体育赛事。国资系统积极筹建天津市康养集团,蓟州区、和平区、中新生态城被评为国家全域旅游示范区,和平区五大道、西青区杨柳青古镇景区入选第一批国家级夜间文化和旅游消费集聚区。升级夜间经济发展模式,新开 30 多条夜市街区,引入酒吧、Live-House、书店等消费项目,推出"博物馆奇妙夜"、《北洋歇洛克》沉浸式互动推理剧等 30 多个夜场项目,商旅文跨界融合的夜间经济格局逐步完善。

3. 加强品牌建设

积极发展首店经济,研究制定首店建设标准,确定首店引进的招商主体和重点区域,提出促进首店经济高质量发展若干措施,支持现代城、海信等商业载体增加中高端国际消费品牌市场供给,去年以来累计引进茑屋书店、Space Club 等全国首店、区域首店、天津首店 200 余个。制定振兴老字号工作方案和支持创新发展意见,在企业融资信用贷款、线上销售、品牌宣传等多方面支持老字号发展,促进老字号焕发新活力。60余家天津文旅、老字号企业在阿里本地生活平台开设"天津礼物城市甄选品牌馆",成为全国首家以非遗商户为主体的省级文旅商品线上品牌馆;推动山海关、万紫千红等老字号企业与天津科技大学、天津大学等高校开展技术合作和攻关,运用先进适用技术创新传统工艺;成功打造海鸥手表、津酒、宝矿力水特工业游,扩大老字号品牌影响力。

4.推进跨境消费

全市商务、海关、税务、金融等部门协同发力,积极推动传统企业转型升级,制定《2022年中国（天津）跨境电子商务综合试验区服务体系建设项目申报指南》,鼓励企业通过跨境电商拓市场、降成本、创品牌。推动eBay、亚马逊与外贸综合服务企业实施跨境电商海外仓出口信保模式,为跨境电商卖家提供出口通关、物流、信保、退税等全链条服务。建成首个跨境电商进口退货中心仓,有效降低企业仓运营成本,进一步提高仓储利用效率和退货办理实效。打造跨境电商全球中心仓,实现跨境电商保税进出口货物同仓存储、分类监管、同仓分拨。加快跨境电子商务综合试验区建设,推进进口正面清单扩围,已开展跨境电商宠物食品和药品跨境销售业务,引导天津品牌产品搭载跨境电商走向全球市场。制定印发《跨境电子商务示范园区评选方案》,认定首批3家市级跨境电商示范园区,不断完善示范园区创业孵化、共享办公、人才对接等公共配套服务,积极整合资源开展招商引资和企业服务孵化,成功吸引抖音、闲鱼、阿里速卖通等电商龙头企业入驻,带动上下游全产业链集聚发展。制定《天津海关特殊监管区域保税展示交易监管操作规程》,明确保税展销的可行性路径。通过一系列政策扶植培育,平行进口汽车口岸地位继续稳固,今年1—8月,天津口岸平行进口汽车2.56万辆,占全国的74.2%,直接拉动外贸进口超过140亿元。

（五）多数企业预期向好

重点商贸企业生产经营景气状况调查显示,七成以上调查单位对四季度经营状况持积极预期态度,相关政策效果持续显现。

1. 七成以上调查单位对四季度预期持积极态度

调查显示,七成以上调查单位对四季度经营状况持积极预期态度。其中,86.9%的批发和零售业调查单位和71.5%的住宿和餐饮业调查单位,对本企业经营状况持积极预期;88.0%的批发和零售业调查单位和72.4%的住宿和餐饮业调查单位,对本行业运行状况持积极预期。

2. 四成以上调查单位受益于相关政策的帮助和支持

调查结果显示,三季度,41.7%的商贸调查单位认为本季度受益于相关政策的帮助和支持,批发和零售业调查单位的受益面为38.9%,住宿和餐饮业调查单位的受益面为54.6%。其中,受益于减税降费政策的企业占比最高,批发和零售业调查单位的受益面达到84.7%,住宿和餐饮业达到92.0%;受益于简政放权政策的批发和零售业调查单位、住宿和餐饮业调查单位比重分别为13.9%和11.5%,高于二季度2.4个百分点和5.7个百分点;受益于促进外贸稳定增长政策的批发和零售业调查单位比重为4.5%,高于二季度1.9个百分点;受益于降息政策的住宿和餐饮业调查单位比重为8.0%,高于二季度3.8个百分点。

3. 企业资金紧张持续缓解

调查结果显示,批发和零售业、住宿和餐饮业调查单位认为资金紧张的比重逐季下降,其中,前三个季度批发和零售业调查单位认为本季度资金紧张的比重分别为23.1%、17.6%、16.7%,住宿和餐饮业调查单位比重分别为52.7%、41.3%、40.6%。从影响原因看,三季度,批发和零售业资金紧张的调查单位中,主要原因有货款回笼慢(40.3%)、存货资金占用较多(38.3%)、融资成本高(36.4%)、融资难(31.3%)等;住宿和餐饮业调查单位资金紧张的主要原因有工资等刚性支出较多(66.7%)、货款回笼慢(42.9%)等。

三　当前培育过程中需关注的问题

（一）疫情影响值得关注

从今年以来社会消费品零售总额走势看,疫情是影响社会消费品零售总额增长的重要因素,疫情期间居民收入预期和消费欲望趋于谨慎,造成相关月份社会消费品零售总额增速明显回落。上半年我市疫情主要集中在1月、3月和5月,进入暑期逐步缓解,而2021年疫情集中在8月,叠加促消费活动,助推今年三季度初期消费市场较快回暖。而市商务局监测结果显示,十一期间,受疫情影响,重点监测的248家商业企业销售收入仅恢复至2021年同期的78%,43家购物中心销售额和日均客流分别为2021年同期的73%和68%,预计10月份社会消费品零售总额稳增长压力较大。

（二）居民收支落差较大,储蓄意愿仍然强烈

疫情期间,居民对未来收入的不确定导致储蓄意愿增加,消费倾向更加谨慎。前三季度,全市居民人均可支配收入38,935元,比上年同期名义增长3.6%,扣除价格因素,实际增长1.6%;而居民人均消费支出23,332元,下降4.3%,扣除价格因素,实际下降6.2%。此外,9月末,全市住户存款余额同比增长14.0%,其中定期及其他存款增长16.3%;而住户贷款余额与上年同期基本持平,其中短期贷款下降8.7%。

（三）居住类商品销售仍低迷

近年来,房地产市场发展放缓,居民更换住房频次降低,下游产品销量随之减少。前三季度,全市限额以上单位家具类零售额同比下降31.4%,建筑及装潢材料类下降10.2%。其中,9月份,家具类下降24.7%,建筑及装潢材料类下降27.4%。

（四）"招工难"问题仍较为突出

重点商贸企业生产经营景气状况调查显示,今年三季度,批发和零售业调查单位、住宿和餐饮业调查单位认为存在"招工难"问题的比重分别为34.3%和66.7%,与二季度基本持平。从问题原因看,认为存在"招工难"问题的调查单位中,60.9%的批发和零售业企业将"符合岗位要求的应聘者减少"视为主要原因;73.9%的住宿和餐饮业调查单位将"求职者对薪酬期望过高"视为主要原因。从所需岗位看,61.4%的住宿和餐饮业调查单位认为普通技工(销售人员)是本企业最需要和缺少的。

四　对策建议

（一）提升居民收入水平,稳固消费基础

市场波动期间,信心比黄金还重要。要全面落实"六稳""六保"各项政策措施,以稳就业、保民生为目标,进一步提升居民收入,稳固居民信心,切实做好社会福利和医疗保障,减少居民消费的后顾之忧,加强市场质量监管,提升商品消费环境,引导居民合理消费,加大力度激活消费市场,增强国内大循环内生动力。

（二）引导企业开展线上销售,促进企业转型升级

疫情形势下,线上消费体现出明显优势,为保障民生,稳定供给做出了突出贡献。一是要加大企业扶持力度,引导线下实体企业积极拓展线上销售市场,通过线上线下结合的方式带动网络销售增长;二是要关注重点电商龙头企业,对接本地居民实际需求,优化供给水平和能力;三是要积极引入电商直播平台,规范市场经营,开拓新型网上零售渠道。

（三）加强上下游产业扶持，打通消费品市场循环

消费品市场处于社会生产的末端，与制造业和房地产等行业息息相关。一方面要持续推进供给侧结构性改革，加大消费品生产供应力度，提升消费品生产质量，增强国内国际竞争力，抢占市场份额；另一方面要加强需求侧引导，综合运用好房地产相关政策，合理支持居民刚需和改善性住房需求，加快家装、家具、家电等大宗消费品行业回暖。

天津消费型数字经济发展
研究报告

李　李　天津市经济发展研究院高级经济师

摘　要： 数字经济时代下,广阔的消费市场和先进数字技术共同促进了消费型数字经济的蓬勃发展。从现状与特征来看,天津市消费型数字经济发展保持强劲态势,为抗击疫情保供稳就业提供了坚实基础,数字消费新业态、新模式层出不穷,为构建"双循环"新发展格局提供助力,政策持续发力引导企业创新发展。当前,天津市消费型数字经济呈现出不断向数字内容服务消费拓展、不断向传统消费数字化赋能拓展和不断向下沉市场数字消费潜力拓展的三大趋势。因此本研究提出应当丰富核心应用场景,加强技术深度赋能,培育数字化消费链龙头企业,加快传统消费数字化转型升级,释放区域数字消费增长巨大潜能,强化行业监管指引。

关键词： 消费经济　数字经济　融合发展

当前,全球新一轮科技革命和产业革命加速发展,数字经济发展速度之快、辐射之广、影响之深前所未有,成为全球要素重组、经济结构重塑、竞争格局转变的关键力量。党的二十大报告指出:"加快发展数字经济,促进数字经济和实体经济深度融合""着力扩大内需,增强消费对经济发展的基础性作用",为数字经济与消费的融合发展指明了方向。在当前的国际形势和国内经济结构转型之下,消费型数字经济作为消费的重要组成部分,是促进经济增长方式转变和形成国内大循环的新兴力量。消费型数字经济是在消费升级和信息消费崛起的新时代下,运用数字技术对消费各领域各环节进行改造提升、研发新兴数字产品和服务、发展数字技术应用创新模式的经济形态。在数字经济快速发展的大背景下,消费型数字经济成为区域经济的重要增长点,消费型数字经济的快速发展使消费呈现出多元化、智能化的发展趋势,并加快了电商平台、社群销售、网络直播等新兴模式的出现,极大推动了消费结构和消费质量的提升。

一　天津消费型数字经济发展现状与特征

（一）消费型数字经济增长势头保持强劲

2022 年 1—6 月,天津市限上单位通过公共网络实现的商品零售额增长 15.8%,占限额以上社会消费品零售总额的比重为 31.0%。2021 年天津市电子商务交易总额达到 8088.3 亿元,同比增长 12.6%。天津市 2021 年全年实现商品网上零售额同比增长 8.0%,与 2020 年两年平均增长 10.4%。截至 2020 年底,天津市互联网普及率达到 81.4%,较全国互联网普及率(70.4%)高 11.0 个百分点。根据《2020 年天津市互联网络发展状况统计报告》的统计数据,在互联网使用情况方面,截至 2020 年 12 月,天津市在线医疗、旅行预订、网上外卖、网约车等 O2O 业务的渗透率高于全国平均水平。天津市在线医疗使用率达 35.2%,较全国平均水平(21.7%)高出 13.5 个百分点;旅行预订使用率达 46.6%,较全国平均水平(34.6%)高出 12.0 个百分点;网上外卖使用率达 54.2%,较全国平均水平(42.3%)高出 11.9 个百分点;网约车使用率达 46.7%,较全国平均水平(36.9%)高出 9.8 个百分点。

（二）数字消费助力抗击疫情保供稳就业

新冠肺炎疫情给消费型数字经济的发展提供了一定的机遇,而消费型数字经济对促民生、强产业、稳经济发挥了基础性作用,尤其是在防疫物资筹措、民生供应保障、稳定就业、助力复产复工、解决农产品滞销等方面发挥了极其重要的作用。依托跨境电商综合试验区建设,天津市充分发挥直播电商、跨境体验店等创新模式,打通了依托跨境电商在全球范围内应急采购防疫物资新通道。部分电子商务平台创新性推出"无接触配送"等新模式,在避免密切接触、保障消费者安全的前提下提供基本生活物资。一些平台企业通过提供灵活用工,为受疫情影响待业的人员提供了临时就业岗位。在新冠肺炎疫情反复扰动的情况下,天津市主要电子商务平台商品供应基本正常,商品价格稳定有序,为天津市广大群众抗击疫情提供了坚实的物质保障。新冠肺炎疫情发生以来,越来越多的消费者通过线上平台购买商品,越来越多的企业通过小程序、微信社群、直播带货等方式扩展线上销售渠道。天津市网上零售额和实物商品网上零售额展现出强大的韧性和活力,成为拉动消费的重要动力。同时,"双品购物节""616津购节""非遗购物节"等消费节进一步激发市场活力,释放消费潜力,加速市场回暖,促进消费稳中提质。

(三)数字消费新业态、新模式层出不穷

天津市消费型数字经济领域向多元化方向拓展。围绕不断升级的消费需求,数字技术提供了更为丰富的数字产品,涉及工作、学习、娱乐、社交等多种场景,新产品、新服务层出不穷,天津市网络购物、数字居家生活、智慧养老、数字教育、网络餐饮、智慧旅游、智慧出行、数字文娱等消费新场景加快发展。天津市建成全民健康信息化业务基础网络平台和分级诊疗平台,实现全市各级公立卫生医疗机构全覆盖。互联网医院加快建设,将互联网医院全部接入市级互联网医疗服务监督平台。通过创新无接触式消费模式,推动传统超市智慧化转型,实现线上订货、线下无接触配送。推广智慧餐厅,实现智能推荐、自助点餐取餐等全流程智能化。推进便利店品牌化、连锁化、智能化发展,实现品牌连锁便利店中心城区全覆盖,24小时便利店占比达到50%以上。推广智能烹饪机和无人售卖餐吧,引导餐饮、商超、菜市场、药店等拓展线上渠道,线上团购、无店铺经营等销售方式不断丰富,形成了一批"云上商店""云上街区"等数字化平台载体。众多实体商家利用达人探店、博主种草、大众点评等新模式、新业态实现客户引流,并转化为真实购买力。无接触式配送和无人消

费方式逐步推广,更多商业街区、旅游景区、居民社区着手布局智慧商店、智慧餐厅、智慧驿站、智慧书店等智慧门店。

(四)数字消费助力构建双循环新发展格局

数字消费作为消费的重要组成部分,经受住了新冠肺炎疫情的严峻考验,成为畅通国内大循环"主引擎"、推动国内国际双循环相互促进的"助推器"以及构建新发展格局的重要力量。天津市居民数字型消费逐渐走向品质型消费,成为人民群众美好生活需要的重要组成部分。可穿戴设备、智能家电、虚拟现实等智能产品供给日益丰富,消费新业态成为助推经济增长的主动力。数字技术加速与实体经济融合,线上线下融合加速发展,带动更多人从事消费型数字经济的各行业各领域。在线服务电子商务创新活跃,直播电商为天津市农产品及更多品牌提供了数字化销售新模式,B2B 电子商务加速带动供应链上下游企业数字化协同发展。跨境电商成为疫情发生以来稳定外贸的重要力量,在新冠肺炎疫情和国际经贸形势严峻双重因素影响下,跨境电商进出口额仍然在疫情期间保持稳定增长。数据显示,2021 年天津市跨境电商进出口额达到 145.5 亿元,同比增长 134.7%,其中 B2B 出口 96.75 亿元,同比增长 7倍;2022 年 1—7 月,天津市跨境电商进出口额达到 73.3 亿元。

(五)政策持续发力引导行业企业守正创新

天津市推进数字消费经济发展和促进消费数字化转型的政策不断深化和落地,促进数字经济赋能消费。2022 年 8 月出台《天津市关于促进消费恢复提振的若干措施》,提出:强化文旅市场线上线下合作;引导电商平台加大"津农精品"采销力度,推进"互联网＋"农产品出村进城;支持各类线下实体和线上平台举办店庆、周年庆、网购节等优惠促销。2022 年 5 月出台《天津市贯彻落实〈扎实稳住经济的一揽子政策措施〉实施方案》,提出:促进平台经济规范健康发展,引导平台企业聚焦防疫物资和重要民生商品,做好线上线下联动保供,打通"最后一公里"。指导大型电商企业创新推出"大仓直配、小团入户"电商保供模式,提升供应效率。2022 年 8—9 月,天津市政府与银联、京东、美团、大众点评等平台企业合作,共发放 1.5 亿元政府消费券,超 5000 家企业积极参加,充分激发线上线下消费活力。数字消费成为天津建设国际消费中心城市和区域商贸中心城市的重要内容。2022 年 3 月出台《2022 年天津市培育建设国际消费中心城市开展消费促进活动工作指引》,提出:加快线上与线下联动,培育壮大"互联网 + "消费新模式,加强电商平台与实体零售门店促消费活动的结合,举办双品网购节、网上年货节、老字号线上直播促销、云上购物季、云上发布会等,打造智慧商圈、智慧商店。2022 年 7 月出台《天津市建设区域商贸中心城市行动方案(2022—2025 年)》,提出:数字赋能传统商贸升级,引导现有批发市场与电商头部企业合作,打造面向中小微商户的商品集配中心;培育一批"小而美"网络品牌和电商细分领域标杆企业。

二 天津消费型数字经济的发展趋势

(一)不断向数字内容服务消费拓展

1. 更多新的数字消费场景不断涌现

数字经济不断拓宽消费渠道,以"互联网 + "为代表的数字经济将持续促进天津市传统消费领域的扩展,进一步改变天津市居民的消费模式和消费习惯,持续推动消费转型升级。伴随数字消费带来的参与感、仪式感和幸福感的提升以及数字化渠道的多样化和多元化,消费者对在线文娱、在线医疗、智能网联汽车、可穿戴设备、智能健身器械等数字服务和产品的需求将持续提升。未来线上服务需求将继续保持增长,线上办公、在线游戏、线上培训教育等行业需求将不断得到满足。

2. 个性化定制服务成为消费型数字经济的重点方向

由于当前数字服务供给能力不足,供给端在规模、质量和结构等方面仍然大有可为,数字内容服务的拓展主要集中在个性化和定制化方面。从需求侧来看,消费渠道需要全面跃迁,必须向满足消费者对更高品质消费体验上的追求靠拢。从供给侧看,科技的发展为个性化服务提供了方式和途径,创新要素的广泛应用将打造出更多沉浸式消费的经济模式。个性化的数字消费更多地体现在互联网医院的在线就诊、复诊、咨询等服务。在智能运动产品方面，涉及个性化的智能健身器材、定制化的健身计划、实时调整跟踪的健身数据记录、远程纠正错误等产品创新。

（二）不断向传统消费数字化赋能拓展

1. 传统商业企业和商圈不断顺应数字化发展趋势

数字化、信息化等新技术的应用推广将更加广泛，智慧化改造持续渗透到传统商圈与企业，沉浸式、体验式、互动式消费场景更加丰富，更多智慧商店、智慧餐厅、无接触配送、情景式消费等新业态、新模式、新场景和新体验将不断涌现。数字技术将赋能更多消费领域，社交电商、网络直播带货、云逛街等新模式将更加广泛地出现在传统商贸业的视野中。更多商贸流通企业、老字号企业可以充分应用移动互联网、物联网、大数据、区块链等新兴信息技术，实现营销、支付、售后服务等服务链条的创新、转型和升级，积极开展全渠道经营。

2. O2O 模式加速普及和深化

消费型数字经济作为数字化产业和产业数字化在消费领域的具体体现，可通过 B2B（企业对企业）、C2C（个人对个人）、O2O（线上对线下）等商业模式开展，但是在 O2O 商业模式中数字化赋能程度将更加深入。所谓的 O2O 模式是指，把线上的消费者带到实体商店中去，在线支付线下商品、服务，再到线下去享受服务。通过线上线下的整合，未来消费者的 O2O 消费预期将更加明确，网购商品线下退换模式更加优化，推动线下零售商店不断向展示型商店转变，通过实体店展示体验，促进线上消费。传统商圈将加速向 O2O 模式融合，数字技术赋能为实现企业与门店线上线下联动和融合提供了更多可能，新消费模式不断涌现，消费路径持续拓宽。另外，数字消费券的应用也将起到促进消费行业线上线下联动发展的作用。

（三）不断向下沉市场数字消费潜力拓展

1. 乡村成为消费型数字经济拓展潜力的重点领域

受移动互联网、大数据、人工智能等新技术的影响以及在以此为代表的数字经济新业态的驱动之下,消费型数字经济在推动天津市城乡居民消费水平和消费质量差距不断缩小的同时,更大程度地激发了农村居民的消费潜力,消费需求呈现出多元化、创新化的趋势,城乡数字消费结构持续优化和改善。因此,以广大乡镇和农村为代表的下沉市场将成为新一轮数字消费扩容的主战场。目前,在下沉市场,智能手机已成为新消费工具,电商和直播已成为新消费渠道,数字有望成为新消费内容。随着乡村振兴战略的深化和拓展以及农村数字化基础设施的逐步完善,农产品可电商化水平将大幅提高,下沉市场的数字产品和服务需求将得到持续激发和释放。

2. 银发经济成为消费型数字经济需要关注的热点

随着智能手机和移动互联网的普及,中老年人的消费习惯加速改变,网购渗透率不断提高,银发族消费成为带动经济发展和提供就业机会的重要经济领域。当前全球一些发达国家和地区已经开始关注老年人消费群体的数字消费参与度,例如丹麦作为欧盟数字化程度最高的国家,从 2013 年开始培育老年人的数字型消费习惯,提高消费活力。随着数字经济的持续发展,更多的机构将为中老年人提供高品质和价格适中的数字型消费服务,成为数字消费升级的重要组成部分。同时,通过促进"互联网＋消费""互联网＋生活服务"等模式,消费型数字经济将服务更多的人群,产生更多更丰富的互动式服务场景。

三 促进天津消费型数字经济发展的对策建议

（一）丰富核心应用场景,培育多元化数字消费新业态

充分发挥天津市区域商贸优势,以应用场景为核心推动消费型数字经济

发展,积极开发智能推荐、云平台、无人配送等具体服务功能,进一步巩固天津市消费领域竞争优势。积极开展在线文娱、在线教育、在线办公、智慧休闲、智慧养老、智慧医疗等领域的消费型数字经济应用,提高数字经济在更广阔应用场景的渗透率。加速典型数字应用场景搭建,紧盯以移动智能终端、可穿戴设备、智能健身器械、智能网联汽车为代表的消费电子产品,积极拓展网络购物、数字家居、智慧旅游、网络餐饮、数字文娱等数字化消费领域。大力发展数字博物馆、数字展览等数字文娱新业态,推动数字藏品、云旅游、云展览等"文化＋互联网"新模式发展。依托天津特色旅游资源,鼓励发展导游直播、网红打卡等"智慧＋旅游"新业态,推广特色精品旅游路线、特色文化活动,促进旅游产业线上与线下融合发展。大力发展"无接触"经济,推广无接触服务、不见面交易等新型消费模式,支持无人商超、无人驾驶、无人餐厅、无人酒店等智慧生活场景。支持远程办公场景应用,充分挖掘疫情常态化防控下居家办公、移动办公和异地办公等产生的线上办公需求。推动智慧出行创新发展,解决泊车困难等问题,推动智能泊车收费、泊位共享、泊车诱导等软件平台建设,尝试打造全市统一的停车服务平台,优化停车体验。

（二）加强技术深度赋能,筑牢夯实消费经济发展根基

提高关键技术创新水平,聚焦量子信息、区块链、大数据、人工智能、网络通信等数字技术领域,深入实施"揭榜挂帅""首席制""包干制"等多种新型科研组织模式,集中突破核心算法、高端芯片、软件技术等战略性、前瞻性核心技术。加强数字技术与医疗健康、商贸服务、交通出行、养老托幼、文化旅游、教育培训等多领域融合发展,推动市场主体、行业协会、平台企业与数字服务企业跨界合作,形成多元化、立体化、市场化的数字技术创新生态系统。促进高精度空间计算、虚拟现实、增强现实、裸眼3D、云渲染、全息成像、虚拟数字人、8K超高清、图形引擎等技术与数字应用场景的融合发展,打造沉浸式数字生活消费体验场景,推动创新要素与产业要素加快集聚。支持动作捕捉、实时互动等新视频技术融合运用,促进交互性强的互动短视频等内容形态发展。推动沉浸式虚拟系统在旅游活动、学术办公、会展服务、人才招聘等接触性、聚集性环节中的运用,提升线上交互体验服务水平。积极推动区块链、物联网、二维码等技术在产品质量安全追溯方面的广泛运用。聚焦"小切口、大场景",引导市场主体积极参与数字技术研发创新,在流通、消费等重要环节,构建实体经济与科技创新协同发展的科研体系。

(三)鼓励平台健康发展,培育数字化消费链龙头企业

支持平台企业推动数字化产品服务"走出去",增强国际化发展能力,提升国际竞争力,促进企业服务和融入新发展格局。提高平台企业对高标准国际规则的适应能力和话语权,积极应对 DEPA、CPTPP 等国际规则。积极培育一批具有国际影响力的平台企业,支持企业通过建设海外仓和境外数字产业园区等方式,打造数字经济产业群,鼓励平台企业与国际领先的研发机构建立协同研发机制,通过多种资本运作方式在海外设立数字化转型中心,提高本土化经营能力。聚焦网络购物、数字家居、智慧旅游、网络餐饮、数字文娱等数字化消费领域,充分发挥数字赋能作用,加快培育一批产品卓越、品牌卓著、治理现代、创新领先的数字化消费链条龙头企业。鼓励天津市国有企业融入数字化发展趋势,积极稳妥应对来自政策、市场等方面的风险挑战,不断提高价值增长点和价值参与度。聚焦消费型数字经济重点领域,主动招商、精准招商,充分加强数字经济招商引资力度,加大营商环境推介力度,促进平台企业以商招商、以商引商,重点加强中国电信、中国联通、中国移动、抖音、华为、浪潮等行业龙头企业对接。切实提高平台企业竞争能力,充分调动平台企业抢占市场的积极性,提高平台企业在数字技术领域的国家重大战略规划、科技重大专项等方面的参与度,鼓励平台企业结合自身实际情况打造世界级一流企业。

(四)加快传统消费转型,开展消费数字化升级工程

开展商圈数字化改造提升,加快 5G 网络和千兆固网建设,持续促进区域重点商圈、重点景区等区域的 5G 网络建设。加强各区对重点商圈、超市等公共场所提供免费无线(局域)网(Wi-Fi)的引导力度。推进数字化技术在生活服务、健康养老等领域的应用程度,积极推动便利店、蔬菜零售、商超、美容美

发、餐饮等行业数字化升级,提升市场主体数字化运营能力。加快布局智能取餐柜、智能快递柜等智能服务终端设施,提高无人车、服务机器人等产品应用示范。积极推动智慧餐厅、云厨房等模式创新发展。发挥老字号品牌优势,支持老字号企业跨界融合发展,引导老字号企业应用先进数字化技术,将传统经营范式与现代信息技术结合,推动营销方式转型升级,在保护优秀传统技艺的基础上,激活老字号文化资源,利用互联网平台促进线上线下融合,扩大消费群体,拓宽消费途径。对标国际自由贸易规则,做大做优数字贸易,打造数字贸易新亮点,大力发展云服务、跨境电子商务等数字贸易,支持企业探索 NFT 交易平台建设,积极推动 NFT 等资产数字化、数字确权保护、数字货币等业态在天津市先行先试。充分发挥自由贸易示范区建设优势,依托中欧班列和天津港平台功能,通过创新发运模式、优化配套服务、解决企业痛点等措施,打造北方跨境电商创新发展高地。

(五)强化行业监管指引,营造数字消费良好发展环境

打造高水平的数字经济发展载体,优化政策制度环境,促进消费型数字经济企业集聚发展。积极完善包容审慎的政策法规体系,营造试错容错的制度环境,降低医疗、教育、养老等线上服务的准入门槛,充分发挥市场作用,营造多元化主体竞相参与的氛围。引导社会资本投入,建立数字经济项目池。加强政策宣传与指导,针对直播电商、主播等不同主体,加强主播资质管理、税收监管等政策宣传与规范性指引。充分吸收国内外制度建设经验,通过制度规范数字消费环境,积极应对窃取、透露、贩卖个人网络信息等违法和诈骗等问题,全面规范平台企业在数字采集、使用和储存等方面的行为,加快完善地区级数字消费法律法规体系,营造消费者能消费、敢消费、愿消费的良好氛围。加强消费领域信用体系建设,持续落实网络实名制,加强互联网、电子商务、线上支付等数字消费领域信用建设,归集电子商务等各行业市场主体信息,开展以信用为基础的联合奖惩制度,积极鼓励消费型数字经济企业成为讲诚信、爱诚信的市场主体。积极引导消费者提高数字消费意识,提高数字消费能力,增强数字消费维权能力,构建公平公正、安全可信、快速便捷的数字消费环境。

参考文献:

［1］张娟娟:《天津数字经济发展模式及路径探索》,《天津经济》2022 年第 3 期。

［2］曹小勇、李思儒:《数字经济推动服务业转型的机遇、挑战与路径研究——基于国内国际双循环新发展格局视角》,《河北经贸大学学报》2021 年第 5 期。

［3］姜达洋、郝新月、赵振兴:《数字经济助推天津服务业转型实现经济高质量发展》,《产业创新研究》2022 年第 13 期。

［4］李宏兵、赵丁然、赵春明:《数字经济发展对我国省际贸易的影响:理论逻辑与实证检验》,《北京师范大学学报(社会科学版)》2022 年第 5 期。

［5］任晓玲:《数字经济助推脱贫攻坚与乡村振兴有效衔接机制及路径》,《农家参谋》2022 年第 17 期。

［6］王榄淇:《乡村振兴背景下农村数字经济的发展困境和对策研究》,《山西农经》2022 年第 17 期。

［7］何帆、刘红霞:《数字经济视角下实体企业数字化变革的业绩提升效应评估》,《改革》2019 年第 4 期。

国家会展中心（天津）区域功能研究报告

赵云峰　天津社会科学院区域经济与城市发展研究所副研究员

摘　要： 国家会展中心（天津）展馆是商务部投资的第三个国家会展项目，也是商务部在珠三角、长三角、环渤海三个最具行业代表性区域的国家会展项目整体布局。随着国家会展中心（天津）展馆一期的建成，并成功举办多次大型展会，有效地推动要素在京津冀城市群乃至东北亚各城市之间的有序流动。在看到成绩的同时，也认识到还存在经济增速放缓、产业支撑薄弱、展馆周边功能单一等不足。本文从提升会展经济效益、丰富会展经济承载能力、提升支撑产业核心竞争力、以国家会展中心（天津）为载体打造更多知名展会等方面提出发挥国家会展中心（天津）区域辐射与带动作用的对策建议。

关键词： 会展经济　区域功能　对策研究

一　国家会展中心（天津）的发展目标、重要性及发展保障

国家会展中心（天津）项目的建成及投入使用，是进一步贯彻落实京津冀协同发展战略、加快国际消费中心城市建设、促进天津市会展业快速发展、打造中国北方国际会展中心城市的重要基础。"碳达峰、碳中和"目标正值"十四五"开局之年确立，同时智慧建筑开始向立足新阶段、贯彻新理念、融入新格

局转型升级，展馆设计以"生态展馆"为主线，建筑过程中所涉及的设计理念与建筑材料均融入环保低碳思想，建筑及使用过程中碳排放能达到最低标准，是我国当前展览面积最大的国家级会展中心。

中国商务部在响应国家会展战略布局时，在全国先后建立了三个国家级会展展馆，分别是：广州广交会展馆，该展馆主要承办广交会；国家会展中心（上海），该展馆主要承办进博会；国家会展中心（天津），该展馆首展"中国建筑科学大会暨绿色智慧建筑博览会"。国家会展中心（天津）展馆由商务部和天津市人民政府共同合资成立，是落实习近平总书记2019年1月中旬在京津冀考察时强调的京津冀协同发展、有序疏解北京非首都功能战略的突出体现。国家会展中心（天津）项目作为全球新高地的重要会展平台，随着一期的成功运营与二期的陆续投入使用，对于京津冀的会展格局产生深远影响，对天津经济高质量发展起到明显的带动效应，也将成为中国北方的会展经济新引擎。

国家会展中心（天津）展馆区位优势明显，展馆东部与卫津河为邻，南至天津大道，宁静高速下口即达。展馆围绕京津冀核心圈，机场、高铁、地铁目前均在1小时交通圈内，完善的海、陆、空、铁四位一体立体交通网络，使天津成为辐射北方、辐射世界的重要交通枢纽，具有较为便捷的交通优势。展馆在智慧、创新与绿色的设计理念基础上，对于室内、室外展览空间设计更为切实照顾大型会展展商诉求，具有多个单层无柱展厅，可满足机械、建设等大型重工业展商的需求。展馆综合配套集合酒店、写字楼和商业多种商业业态，配套高端商务服务，通过"会展产业聚集带"的打造，将展馆打造成为立足环渤海、辐射东北亚、在全球具有一定社会持续影响力的国际一流会展综合体。

二 国家会展中心（天津）对区域经济发展影响分析

（一）国家会展中心（天津）对区域经济增长的直接影响

区域经济的增长主要来自地方产业的产出，区域产业优化升级是提升区域经济主要路径，区域内各个产业交叉与融合，可推动产业链的高质量发展，显著提升社会生产效率。在优化产业结构的同时也要注重区域内创新生态建设，进而更好地促使区域经济高效发展。由表1可知，国家会展中心（天津）展馆自2021年首展以来，多次举办与天津制造业相关重要会展，其中国家会展中心（天津）开馆首展中国建筑科学大会暨绿色智慧建筑博览会（GIB），展会为期4天，展览面积21万平方米，参展及参观观众共计22万人次，签订意向合作协议达267项。举办首届世界职业技术教育发展大会，国家主席习近平向世界职业技术教育发展大会致贺信，通过线上线下结合方式"会聚"渤海之滨，凝聚共识力量，共话推动职业教育高质量发展大计。

表1　国家会展中心（天津）展馆近期展会情况

名称	时间	展览面积	参观观众
2021年中国建筑科学大会暨绿色智慧建筑博览会	2021年6月24日—27日	21万平方米	22万人次
天津国际实木家具展览会	2021年9月19日—22日	14万平方米	14万人次
2021中国（天津）国际汽车展览会	2021年9月29日—10月5日	20万平方米	63万人次
第105届全国糖酒交易会	2021年10月19日—21日	20万平方米	300万人次（直播观看人次）
世界职业技术教育发展大会	2022年8月19日—20日		1100万人次（直播观看）
2022世界金属博览会	2022年8月23日—25日	3万平方米	15万人次
2022中国天津工业博览会	2022年8月23日—26日	10万平方米	15万人次

数据来源：国家会展中心（天津）官方网站。

　　优秀的会展载体对经济发展的影响有多个方面，国家会展中心（天津）展馆的发展对天津经济增长和经济结构的改进优化具有明显的促进作用。国家会展中心(天津)一期展馆投入运营,建成国展大道等会展一期配套设施项目20个。建立"1+16"服务保障机制,一年来成功举办多项大展大会,会展经济拉动效应达到1:7。签约中国国际制药机械博览会等一批国际性展会,落户会展企业900余家。出台《天津国家会展经济片区规划》,力争建成引领绿色高质量发展的中国北方国际会展城。以会展经济为核心的津南区也积极编制《津南区加快建设会展经济功能区实施方案(2021—2023年)》,出台促进会展产业发展政策,发放各类消费券4448万元,最高撬动比达到1:51。

(二)国家会展中心(天津)对区域经济增长的间接影响

国家会展中心(天津)展馆是部市合作共建的重要载体,运营团队具有优秀的会展资源和管理经验,推出的大型会展可联动京津冀范围内的相关行业部门,通过产品需求和供给,形成以国家会展中心(天津)展馆为基础的会展产业集群。发展过程可划分为展前、展中与展后三个阶段,展前会展主办方和承办方需要进行会展的策划、组织、新闻宣传、招商招展等,涉及新闻广电业、传媒业、出版印刷等行业。展会前期需要完善的物流体系进行展品的运输与存储,对接会展服务商进行展位的设计与搭建。展会进行中还涉及餐饮住宿、商务服务等,如表2所示。

表2 会展业带动的主要相关行业

一级行业	二级部门
电力、燃气、水电生产和供应业	
交通运输、仓储和邮政业	铁路运输、公路运输、水运、空运等,仓储业,邮政业
建筑业	
信息传输、计算机和软件业	信息传输业、计算机服务业、软件产业
批发零售业	批发业、零售业
住宿餐饮业	酒店行业、餐饮行业

一级行业	二级部门
租赁和商务服务业	租赁业、咨询与调查业、广告业、知识产权服务业、旅行社、其他商务性服务业
金融业	银行业、保险业
文化体育和娱乐业	新闻出版业、广电业、体育业、文化艺术业

数据来源：历年中国展览数据统计报告、历年天津统计年鉴

以大型会展中心为载体的会展产业的快速发展不仅产生直接的经济收入，对城市其他相关的部门也会带来更多经济收益，各个关联部门按照其生产要素构成的多少、控制权的大小参与会展经济的利益分配，比如2021年10月份全国糖酒交易会期间，展馆周边中大型酒店均出现房源紧俏情况，价格也随着上涨50%左右，连锁酒店也上涨超过40%，这就是由于酒店行业是大型会展中的重要环节，具有较为明显的控制权进而可以获得额外经济效益。

（三）前向及向后关联效应促进产业创新升级

国家会展中心（天津）展馆投入使用一年来推动天津会展业前向关联效应明显，它通过技术进步或价格因素等推动其他产业的创新升级，从而延长产业链条，使得产业网络更加稳固，最终促使产业链优化。会展业本身的创新发展一定程度上改变市场需求结构，通过新产品和新技术的创新来满足会展新的需求，从而推动其他产业结构创新升级。例如为满足高档艺术品和奢侈品的会展专业化保险，满足参展人员的会展定制旅游，互联网领域的"互联网＋展览"等。国家会展中心（天津）展馆的向后关联效应突出，如图1所示，展业发展拉动众多关联产业的发展，会展活动开展过程中可通过与会展业紧密相关的产业链条实现资源及价值的流动。会展业带动关联产业发展，从而促进产业间关系更加紧密，优化会展相关产业链同时，引导三大产业结构不断调整，优化地方产业结构。通过需求和供给推动产业内外部联动，加强产业链上各行业部门的协调，促进产业紧密关联，推动产业结构合理化和高级化，从而促

进国民经济协调发展。

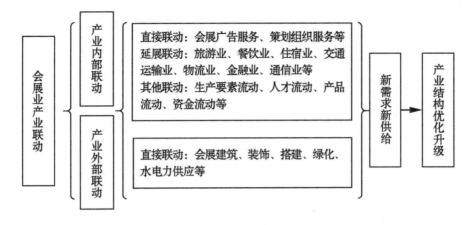

图 1　会展业的产业联动

三　国家会展中心（天津）功能发挥存在的不足

（一）经济增速放缓，制约会展经济发展

近年来，天津经济增速有所放缓，会展整体经济增速也出现放缓趋势。据不完全统计，2022 年前三季度全市举办展览 700 余次，较 2021 年同期举办展览次数减少 4% 左右，近五年举办展览次数平均增长率为 1.5%，低于国家平均增速的 3%。从全国来看天津会展整体规模还是处于中游位置，据《2021 年度中国展览数据统计报告》统计显示，2021 年天津累计展出总面积为 181.8 万平方米，累计展出面积全国占比为 2%，在全国（31 个省市自治区）排名 14 位。

（二）产业基础相对薄弱，产业龙头企业数量不足

发挥国家会展中心（天津）的区域辐射和带动作用需要较好的产业基础支撑，而我市的科技企业虽然近年来发展速度很快，但是对国家会展中心（天津）展馆的支撑还不够强，尤其是与先进地区相比还有一定差距。科技企业的整

体数量偏少,低于北京、上海、深圳、杭州等城市,产业生态不够完善,还没有形成产业链上下游贯通、大中小企业融通发展的格局。产业链中企业规模普遍偏小,大多以初创型企业居多,如深之蓝、一飞智控、零氪科技等,缺乏像华为、腾讯、阿里等知名龙头企业。

（三）展馆周边功能单一,拉动消费的能力稍弱

旅游业是会展经济的重要组成部分,发达的旅游业为会展业提供必要基础条件。天津的主题型旅游资源较为分散,缺乏知名度高的系列旅游项目,外地会展参与者的旅游体验感不强。现阶段国家会展中心(天津)展馆周边能够支撑旅游消费的必要配套条件还需完善,由此导致国家会展中心仅仅具备会展功能,对域内周边消费的拉动作用还不足,应快速推动周边交通、住宿、餐饮、娱乐、购物等基础性设施建设。

四　国家会展中心（天津）推动天津经济高质量发展的对策建议

（一）塑新风、徕新人,丰富会展经济承载能力

加强天津市的全球宣介推广,提升城市形象。依托国家会展中心(天津)打造城市宣传的综合性平台,将天津的国际友好城市、驻津世界500强企业、中欧班列、中新生态城等国际合作示范项目、天津自贸区等优质元素纳入并整合到平台中来,举办包含国际消费中心城市培育推广的专门展区,加强城市营销,营造具有全球吸引力的消费环境。充分发挥标志性商圈和网红打卡地的吸聚带动作用,逐步将滨江道、小白楼、文化中心万象城等头部商圈建设成具有国际影响力的标志性商圈,发挥其引领作用。同时,充分激发释放意式风情区、五大道、解放桥、天津之眼等网红打卡地对旅游群体的吸聚和带动作用,选择适当点位,装设电子影屏,展示哪部电影在此取景,并播放取景桥段,通过示范性照片告诉游人选择哪些角度和姿势才能取得最佳拍摄效果,逐步将网红

打卡地打造成夜间经济的主要承载地和引领国际风潮的消费新高地。通过"一老一小"民生工程吸聚外来人口,提升城市规模与活力。外来人口的后顾之忧有两个,其一是父母的养老问题,其二是子女的教育问题。一方面,通过居家养老、社区养老、社会化养老等形式,以及"长期护理险"等措施,持续完善养老服务体系,做到"养好一老";另一方面,加大教育资源投入,增加幼儿园、小学、初中、高中的学位,扩大在津高校招生规模,放大"高考红利",做到"育好一小"。

(二)完善会展相关体制机制,提升支撑产业核心竞争力

学习优秀经验,整合相关资源,建立完善联合多个部门的"一站式"无障碍办会机制,创新以一站式、专业化、人性化为内涵,服务企业、服务产业、服务城市的主导管理思路,逐渐形成"天津服务"品牌。制定以降低会展企业要素成本和税费负担为主要内容的支撑政策,引导扶持本地会展企业发展。设立会展产业专项资金,强化会展业专项资金的使用效率和覆盖范围,优化办展环境。

建立重大会展项目库和重点会展项目库,遴选一批具有发展潜力的优质会展项目,构建天津会展的品牌阵列。我市信息安全、动力电池两个产业集群成功中标工信部"2020年先进制造业集群项目",具有较好的产业基础。"十四五"时期应紧紧围绕上述集群,积极申办国际性、国家级的专业展会,引育国内外知名会展公司来津举办相关专业会展。以科技为会展创新链动能,丰富我市会展题材。聚焦具有重大产业变革前景的颠覆性技术及新产品、新业态,布局信息技术应用创新、生物医药、新能源、高端装备等产业领域形成新的增长点并打造产业会展,加快天津会展经济提质增效。

聚焦制造业赋能,促进会展业与制造业一体化发展。紧紧围绕"制造业立市"要求,以智能制造为主线,加快推进制造业生产方式和企业形态根本性变革,提升制造业发展水平,夯实会展经济发展的基础支撑作用。与此同时,会展也要根植制造业、反哺制造业,关注大生物医药、新能源、新材料等战略性新兴产业和装备制造、汽车、石油化工、航空航天等优势产业的重点领域、关键环

节,通过对接产业链"链长制",针对每个产业链培育或引进产业会展项目,形成"产业—会展—产业"之间的良性循环,实现会展业与制造业一体化发展。优化会展产业链,推进会展公共服务平台建设。加强会展业上中下游企业的整合、协调,促进会展资源的自由流动,联动会展、旅游、餐饮等行业协会,串联起会展企业、旅游企业、餐饮住宿企业的产业发展链条,构建会展业公共服务平台,企业之间可取长补短,互利合作。

(三)依托天津现有优势,打造差异化的世界智能盛会

差异化是克服同质化竞争的有效手段,要充分发挥天津港、制造业基础雄厚等独特优势,结合"一基地三区"的城市定位,打造差异化的世界智能盛会。以智能制造、智慧港口、智能金融为重点,在大会论坛中增加相关议题比重,汇聚世界智能制造、智慧港口、智能金融等领域的领先企业、权威机构与顶尖专家,探讨智能科技领域的全球最新动态、前沿技术和发展蓝图,培育经济发展新动能,引领全球产业新发展。设置专门展厅充分展示智能制造、智慧港口、智能金融等方面的最新技术成果,多维度展示制造业、航运业、金融业的数字化、网络化、智能化发展的解决方案、应用范例和最终产品。可考虑增设一些新的与天津城市定位相关的赛事,如世界工业机器人大赛、全球金融产品创新大赛等,更好地为"一基地三区"建设服务。

以项目、平台、载体为依托支持永不落幕智能盛会。设立智能科学技术与产品展示体验中心,为人们提供常年的线下参观、体验、交易服务,为参展商"参展一周、服务一年",促进"展品"变"商品"。利用人工智能虚拟现实、云计算、物联网、大数据等方面的最新技术对现有网站进行改造,推出"永不落幕的世界智能盛会在线展",为参展企业和观众打造面向全球的、全年365天持续不间断的技术传播、产品展示、商务洽谈、在线交易等一体化的智能科技服务平台。对已有五大智能赛事的赛制进行改革,设立预赛、初赛、半决赛和决赛,延长赛事持续时间,并对赛事的起止时间进行合理安排,确保全年都有世界智能大会的相关赛事进行,时刻保持热度。与一些全国知名的纸质媒体以及国内外的知名网络媒体共同发起"永不落幕的世界智能盛会"全球传播行动,构

建覆盖全球的、打破时空限制的传播体系，讲好中国故事、天津故事。

（四）以国家会展中心（天津）为载体打造更多知名展会

创办"一带一路"进出口商品博览会。一方面，天津在"一带一路"建设中有着独特的地理位置和优势，是中蒙俄经济走廊的东部起点，是新的亚欧大陆桥经济走廊的重要节点和21世纪海上丝绸之路和丝绸之路经济带陆海交汇的支撑点。据海关最新统计，2021年我市对"一带一路"沿线国家和地区进出口总值2107.8亿元人民币，比上年同期增长16.1%，占同期全市外贸进出口总值的24.6%。另一方面，国家会展中心（天津）的主要管理人员来自广州和上海，拥有广交会和进博会运营的丰富经验，能够对创办和运营与之类似的"一带一路"进出口商品博览会提供有力支持。创办"一带一路"进出口商品博览会，将展示中国主动与世界分享发展的坚强决心，更好地服务"一带一路"建设，更好地服务于国内国际双循环新发展格局的构建。

创办中国国际"双碳"经济高峰论坛暨博览会。结合国家会展中心（天津）的发展目标和定位，中国国际"双碳"经济博览会应聚焦实现"碳达峰碳中和"的路径、方法举措，世界最先进的污水处理、节能环保、新能源、绿色低碳等领域的新产品、新技术、新装备、新材料、新服务，旨在打造"论坛＋博览会＋投洽会"三位一体的国际交往、技术交流、投资合作、产品展示的国际专业展会。该博览会定位于中国最具有影响力的、以"碳达峰碳中和"的商品展销、服务贸易、开放合作、投资促进为主题的国际性展会品牌，打造集技术设备展示、成果推广、高层论坛、项目招商、合作交流于一体的全球低碳经济会展新平台和落实我国绿色低碳循环经济发展的有效抓手，有助于我国碳达峰和碳中和目标的实现，有助于向世界各国展示我国在应对全球气候变化、促进中国及世界的绿色可持续发展方面的大国担当。同时，该博览会还有助于天津更好地服务国家战略，推动传统制造业转型升级，构建碳达峰、碳中和产业生态圈，建设具有全国影响力的碳达峰、碳中和产业综合发展引领区和技术创新策源地。

创办世界智能科技博览会。作为正在向世界制造强国迈进的世界第一制造大国，我国还缺少像德国汉诺威工业博览会那样能够全面反映中国科技创新、制造业和新经济成果，特别是能够引领世界产业发展方向的博览会。在国家会展中心（天津）创办世界智能科技博览会可以填补这一空白，而且也具有一定的优势条件：一是智能科技代表着世界产业的发展方向，而天津所创办的世界智能大会已经成功举办五届，在国内处于领先优势，已经具备了良好的发展基础；二是作为传统的制造业城市，天津近年来致力于发展以智能制造为代表的智能科技产业，并且已经取得了较为丰硕的成果，创办博览会的产业基础较为雄厚；三是与已经运营多年的国家会展中心广州、上海展馆相比，天津展馆刚刚启用，而且毗邻首都北京，在新展创设方面能够提供更优惠的条件；四是在国家会展中心（天津）创设本博览会聚焦工业品，与聚焦消费品的广州和上海展馆正好实现优势互补、错位发展。

参考文献：

［1］尹明远：《打造中国北方国家会展旗舰平台——国家会展中心（天津）展馆的建设与运营》，《商展经济》2021年第16期。

［2］刘营、鹿英姿：《推进天津会展经济高质量发展的对策建议》，《天津经济》2020年第5期。

［3］吴东领、吴俊娇：《京津冀协同发展背景下唐山职业教育创新发展研究》，《郑州铁路职业技术学院学报》2019年第1期。

［4］刘祖基、刘希鹏、王立元：《政策协调、产业结构升级及宏观经济效应分析》，《商业研究》2020年第4期。

天津固定资产投资运行研究报告

陈　申　天津市统计局统计师

摘　要： 2022 年前三季度,全市统筹抓好疫情防控和项目建设,注重发挥重点项目"稳投资"的关键作用,推动在建项目规模实现较快增长,制造业投资加速,高技术制造业投资占比持续提升,基础设施项目建设的投资"压舱石"作用凸显。建议进一步完善细化精准防控措施,最大限度降低疫情对项目建设的影响;持续提振房地产销售市场信心,全力支撑保障项目建设;以成熟项目为重点,加速项目开工进度;着力激发民间投资活力,调整优化投资结构。

关键词： 固定资产投资　投资规模　在建项目

2022 年前三季度,全市深入贯彻习近平总书记关于统筹疫情防控和经济社会发展的重要指示精神,积极贯彻国家稳住经济大盘会议精神,加快推动国务院 33 条政策措施及配套政策的落实落地,注重发挥重点项目"稳投资"的关键作用,用好专项债券多举措满足项目融资需求,加大项目促开工力度,确保项目建设有序推进,稳经济政策在投资领域的效应逐步显现。

一　全市建设项目规模继续扩大

(一)重点建设项目规模扩张

2022 年,全市安排重点建设项目 452 个,同比增加 22 个;计划总投资 1.17 万亿元,同比增长 10.4% ,年度计划投资 2157.98 亿元。其中,计划本年新开工项目 129 个,总投资为 2331.96 亿元,年度计划投资为 824.20 亿元;本年续建项目 323 个,总投资为 9381.43 亿元,年度计划投资为 1333.78 亿元。

从项目规模看,2022 年重点建设项目以大项目为主,超九成投资集中在 10 亿元及以上项目。在 452 个重点建设项目中,计划总投资 10 亿元及以上项目为 173 个,计划总投资达 1.06 万亿元,占全部重点项目的 90.5%。计划总投资 1 亿—10 亿元项目共计 268 个,总投资为 1103.47 亿元,占全部重点项目的 9.4%。1 亿元以下项目为 11 个,总投资达 8.71 亿元,占全部重点项目的 0.1%。在一批龙头项目的带动下,2022 年重点建设项目清单含金量十足,将显著发挥扩大有效投资和推动高质量发展的作用。

从投资去向看,科技和产业创新类项目 32 个,总投资为 599.32 亿元,该类项目投资旨在推进中芯国际 T2/T3 集成电路生产线、腾讯天津高新云数据中心、中国电信京津冀大数据智能算力中心建设,加快提升城市新型基础设施水平和科技创新能力。产业链提升类项目 182 个,总投资为 2659.99 亿元,该类项目投资聚焦信创、生物医药、汽车、新能源等领域,重点推动中石化南港 120 万吨/年乙烯及下游高端新材料产业集群等项目,旨在建设国家级先进制造业产业集群,着力补链强链延链,为高水平建设全国先进制造研发基地提供坚实保障。重大基础设施类项目 99 个,总投资为 5284.24 亿元,该类项目投资旨在重点推动 10 条在建地铁线路尽快建成,加快推进滨海国际机场三期改扩建工程前期进度,建成京唐铁路、京滨铁路宝坻至北辰段,加快津兴铁路、津静市域郊铁路建设,适度超前布局基础设施,提升城市载体功能。重大民生改善类项目 139 个,总投资为 3169.84 亿元,该类项目投资旨在加快中国医学科技创新核心基地建设,对大黄堡等湿地自然保护区进行生态保护与修复,对金钟河大街、保税区海港等区域进行城市更新,深化生态环境联防联治,加快优质医疗资源扩容,提升公共卫生、教育养老等社会福祉水平,增强市民生活幸福感、获得感和安全感。

(二)在建项目规模持续较快增长

前三季度,全市统筹抓好疫情防控和推进项目进度,保障服务项目建设,推动投资量、实物量"双量齐增",全市在建项目个数增加、建设规模保持较快增长。前三季度,全市计划总投资 500 万元及以上建设项目 3636 个,同比增加 485 个;计划总投资为 18,771.07 亿元,增长 10.5%,比上半年加快 1.3 个百分点。

从主要行业看,农林牧渔业在建项目 123 个,同比增加 25 个;计划总投资为 591.97 亿元,增长 3.8%。其中,生态储备林、绿色生态屏障等林业项目 26 个,计划总投资为 487.24 亿元。工业在建项目 1724 个,增加 382 个,项目个数大幅增长;计划总投资为 6397.53 亿元,增长 5.2%。其中,制造业在建项目 1410 个,增加 298 个;计划总投资为 4717.26 亿元,增长 5.2%。在政府专项债券等资金支持下,政府投资主导的交通运输、仓储和邮政业在建项目 201 个,增加 33 个;计划总投资为 4207.87 亿元,增长 11.0%,比上半年加快 5.1 个百分点。信息传输、软件和信息技术服务业在建项目 50 个,项目数与去年同期持平;在腾讯天津高新云数据中心、江天数据(北辰)云数据中心等项目支撑下,计划总投资达到 470.11 亿元,增长 67.4%,保持高速增长。房地产业在建项目 67 个,增加 6 个;计划总投资为 1373.62 亿元,增长 0.4%,比上半年加快 24 个百分点。水利、环境和公共设施管理业在建项目 921 个,增加 2 个;计划总投资为 3619.19 亿元、增长 25.0%,比上半年加快 13.1 个百分点。

(三)新开工建设项目快速增长

前三季度,全市新开工建设项目 877 个,增加 157 个;计划总投资为 2510.02 亿元,增长 12.5%,比上半年加快 9.8 个百分点。

从项目规模来看,本年新开工 10 亿元以上项目 37 个,增加 4 个;计划总投资为 1725.98 亿元,增长 13.7%,占全部新开工项目的 68.0%,凸显了以大项目为带动的特点。1 亿—10 亿元项目 197 个,增加 2 个;计划总投资为 597.51 亿元,增长 8.4%,占全部新开工项目的 24.7%。1 亿元以下项目 643 个,增加 151 个,项目个数显著增加;计划总投资为 186.53 亿元,增长 15.2%,占全部新开工项目的 7.3%。

从主要行业看,农林牧渔业本年新开工项目 24 个,增加 8 个;计划总投资

19.74亿元,增长2.6%,比上半年加快15.8个百分点,主要投向高标准农田建设和设施农业。工业新开工项目476个,增加117个,项目个数快速增长;计划总投资1000.98亿元,投资规模略有降低。交通运输、仓储和邮政业新开工项目51个,增加8个;计划总投资281.69亿元,增长3.8%,比上半年加快74.1个百分点。其中,计划总投资190亿元的天津港集疏运专用货运通道工程开工。信息传输、软件和信息技术服务业新开工项目7个,新开工项目数略有下降,计划总投资达到61.28亿元。房地产业新开工项目11个,项目个数基本持平;计划总投资161.02亿元,增长2.1倍,比上半年加快260.4个百分点。其中,计划总投资135.42亿元的滨海新区新城镇棚户区改造项目开工。水利、环境和公共设施管理业新开工项目172个,增加6个;计划总投资为710.61亿元,增长1.2倍,比上半年加快5.6个百分点。其中,金钟河大街南侧片区城市更新、海河柳林"设计之都"核心区综合开发等百亿元级项目开工,带动该类新开工项目规模高速增长。社会领域新开工项目49个,项目个数略有降低;计划总投资为146.56亿元,增长9.3%。

二　全市主要领域投资运行情况

（一）第一产业投资小幅下降,渔业投资增长显著

受林业投资减少影响,第一产业投资下降1.2%,投资规模占全市投资的0.8%。其中,西青、津南等区设施农业项目带动农业投资增长90.4%,拉动第一产业增长26.2个百分点,占第一产业投资的55.8%。部分绿色生态屏障项目进入收尾阶段,林业投资有所下降,占第一产业投资的33.1%。畜牧业投资略有降低,占第一产业投资10.7%。渔业投资增长59.0%,拉动第一产业增长0.1个百分点,占0.4%。

（二）工业投资平稳增长,制造业投资加快,高技术制造业投资占比提高

前三季度,全市工业投资增长6.3%,比上半年加快3.3个百分点,拉动全

市投资增长 1.3 个百分点,占全市投资比重的 24.8%。在渤海海域油气勘探开发、大港油田勘探开发等项目带动下,采矿业投资增长 22.7%,比上半年加快 7.9 个百分点,占工业投资的 28.3%。制造业投资增长 6.0%,比上半年加快 5.0 个百分点,占工业投资的 49.3%。受电力、热力生产和供应业减少影响,电力、热力、燃气及水生产和供应业投资有所下降,降幅比上半年略有扩大,占工业投资比重为 22.5%。

在工业投资带动下,第二产业投资增长 6.5%,比上半年加快 3.7 个百分点,拉动全市投资增长 1.4 个百分点,占全市投资比重的 24.8%。

前三季度,全市 31 个制造业行业大类中有 13 个实现增长,占比较大、支撑增长的主要有两个行业。在中芯国际集成电路制造(天津)有限公司继续加大对 T2/T3 集成电路生产线投资带动下,计算机、通信和其他电子设备制造业投资增长 15.2%,拉动制造业增长 3.1 个百分点,占全部制造业投资的 22.0%。计划总投资 290.52 亿元的南港 120 万吨/年乙烯及下游高端新材料产业集群项目进入建设高峰期,带动化学原料和化学制品制造业投资增长 1.2 倍,拉动制造业增长 12.3 个百分点,占制造业的 20.9%。

高技术制造业投资加快,占比同步提高。全市高技术制造业投资增长 8.8%,快于制造业投资 2.8 个百分点,高技术制造业占制造业投资的比重为 32.6%,提高 0.8 个百分点。支撑高技术制造业投资增长的主要有三个行业:电子及通信设备制造投资增长 13.8%,比上半年加快 4.2 个百分点,占高技术制造业投资的 70.5%;医药制造投资增长 0.3%,比上半年回落 4.5 个百分点,占高技术制造业投资的 14.3%;医疗仪器设备及仪器仪表制造投资增长 28.2%,比上半年加快 14.4 个百分点,占高技术制造业投资的 6.7%。

(三)基础设施投资稳步增长,"压舱石"作用突出

前三季度,在水利、生态环境和公共设施管理项目带动下,全市基础设施投资增长 10.1%,拉动全市投资增长 2.0 个百分点,占全市投资的 23.3%。在基础设施投资有力支撑下,前三季度,第三产业投资降幅比上半年收窄 2.2 个百分点,占全市投资比重达 74.4%。

从行业看,受电网建设与改造投资减少、天津华电南港热电工程进入施工后期等影响,电力、热力、燃气及水生产和供应业投资降幅比上半年扩大2.6个百分点,下拉基础设施投资2.5个百分点,占基础设施投资的23.9%。盐光互补、渔光互补、屋顶分布式、集中式等多种形式的光伏发电项目集中建设,实现爆发式增长。前三季度,全市太阳能发电业在建项目49个,同比增加41个;计划总投资103.41亿元,增长6.4倍;年度投资同比增长9.9倍。

交通运输和邮政投资降幅比上半年扩大4.7个百分点,下拉基础设施投资2.1个百分点,占基础设施投资的35.2%,投资主要集中在铁路、道路和管道运输业。京滨城际铁路宝坻至滨海新区工程、南港铁路等加快施工,天津港南疆Ⅱ场至Ⅲ场连接线复线工程等7个项目本年度开工,带动铁路运输业投资增长43.2%,比上半年加快19.6个百分点,拉动基础设施投资0.8个百分点,占基础设施投资的2.5%。道路运输业投资下降1.5%,占基础设施投资的30.0%。其中,包括地铁2、4、6、7、8、10、11、B1、Z4、津静市域郊铁路在内的18个轨道交通项目在建,建设规模达到2721.66亿元,增长10.0%。计划总投资190亿元的天津港集疏运专用货运通道工程开工,建成后将进一步优化港口的集疏运体系,化解港城矛盾,增强天津港与内陆纵深腹地联系,是建设世界一流智慧绿色港口的重要基础设施支撑。

信息传输和信息技术服务投资降幅比上半年有所扩大,下拉基础设施投资1.1个百分点,占基础设施投资的4.0%。其中,中国移动通信集团天津公司继续加大通信及5G网络设备购置,电信、联通加快5G网络及配套设施建设。腾讯天津高新云数据中心、中国电信集团京津冀大数据基地、江天数据(北辰)云数据中心等信息基础设施项目顺利推进。

水利、生态环境和公共设施管理投资增长63.7%,比上半年加快5.9个百分点,拉动基础设施投资增长15.8个百分点,占基础设施投资的36.8%,是带动基础设施投资的主要力量。其中,水利管理业投资增长11.1%,永定河综合治理与生态修复工程、津南区再生水利用及水生态综合修复、南水北调中线工程静海引江供水工程等项目投资带动增长。持续加大生态环保投入,生态保护和环境治理业在建项目75个、同比增加9个;建设规模508.66亿元,同比增长16.3%;投资同比增长2.1倍,拉动基础设施投资增长8.3个百分点,占基础设施投资的11.1%。团泊鸟类自然保护区生态修复项目正式开工,大黄堡湿地自然保护区生态保护与修复、团泊湿地生态改善提升等项目加快专项债券支付使用,蓟州区矿山地质环境综合治理二期工程继续实施。公共设施管理业在建项目796个,建设规模3025.25亿元,增长28.4%,其投资增长38.3%,比上半年加快20.1个百分点,拉动基础设施投资增长7.3个百分点。计划总投资135.99亿元的金钟河大街南侧片区城市更新、124.98亿元的海河柳林"设计之都"核心区综合开发等百亿级市政设施项目开工,将改善市容市貌、便利市民生产生活、增强城市活力,实现区域高质量发展。

(四)保交楼工作成效显现,房地产开发投资降幅收窄

全市房地产开发投资降幅收窄,建筑安装工程投资环比增加。前三季度,全市房地产开发投资1800.34亿元,降幅比上半年收窄4.7个百分点。从构成看,土地购置费是房地产开发投资总量的主要支撑因素。全市房地产开发项目的建筑安装工程投资589.33亿元,占房地产开发投资的32.7%;土地购置费997.66亿元,占房地产开发投资的55.4%;除建安和土地购置费外其他投资213.35亿元,占房地产开发投资的11.9%。

保交楼工作效果显现,建安投资连续两个月环比增加。9月份,全市房地产开发投资249.74亿元,比8月增加43.63亿元。从构成看,建安投资86.81亿元,比8月增加10.41亿元;土地购置费116.14亿元,增加0.44亿元;其他投资46.79亿元,增加32.78亿元。

(五)社会领域投资下降,但降幅显著缩窄

前三季度,全市教卫文体等社会领域投资较上半年大幅回落,占全市社会领域投资的2.5%。其中,教育投资下降幅度较高。中国民航大学新校区建设及老校区更新改造、核工业大学等项目已过建设高峰期,投资同比减少较大;本年新开工的天津外国语大学附属静海外国语学校、新建耀华中学滨海学校、职业大学智能制造产教融合实训中心等尚未产生较大工作量,教育行业的大

项目衔接不够。卫生和社会工作投资同比增长 19.6%，比上半年有所回落，其中，卫生投资增长 22.5%。康汇医院、中国医学科学院血液病医院、医科大学总医院空港医院二期、东方妇儿医院改扩建新门急诊楼等续建项目有序推进，北京协和医学院天津医院、第五中心医院新扩建及改造等项目顺利开工，北辰医院投资建设核酸检测方舱实验室、蓟州区人民医院进行三次核酸检测能力提升改扩建。在杨柳青大运河国家文化公园、杨柳青历史文化名镇保护利用等项目带动下，文化、体育和娱乐业投资降幅比上半年大幅收窄 18.4 个百分点。

（六）用足用好专项债券，确保项目资金落实到位

前三季度，全市项目资金到位率（本年实际到位资金与本年投资的比率）为 97.3%。其中，建设项目的资金到位率为 86.4%，比上半年提高了 0.4 个百分点，部分基础设施项目存在资金紧张情形。当前全市房地产市场处于低位运行，开发公司投资趋于谨慎，房地产项目资金到位率为 111.0%，项目资金较为充裕。

项目管理部门积极争取并用好用足专项债券资金，坚持"资金跟着项目走"。结合项目成熟度和资金需求，有关政府部门合力推动 2022 年专项债券发行工作，财政资金通过项目建设预算资金、国家专项债券等方式加大对建设项目的注入。截至 8 月底，全市已发行专项债券 633.93 亿元，共支持 211 个项目建设。从资金来源看，前三季度，全市在建项目到位国家预算资金 314.30 亿元，增长 33.9%，持续保持快速增长。

三 固定资产投资运行全年展望及建议

前三季度，全市投资完成了全年预期投资总量的 65.6%，总体建设进度偏缓，要实现全年目标，在四季度需要持续加力。下一步要防止房地产投资降幅扩大，狠抓项目建设，为全市经济稳定增长提供有力支撑。

（一）进一步完善细化精准防控措施，最大限度降低疫情对项目建设的影响

坚决落实"疫情要防住、经济要稳住、发展要安全"的要求，抓实抓细疫情防控各项工作，建立有效防疫体系，针对目前存在的因疫情管控期间物流不畅导致项目停缓建等问题，在建设施工用工用料需求、物料运输渠道、施工人员通行管控和生活保障等方面进一步完善细化精准防控措施，加强跟踪调度和跟进服务，同时通过抢抓工期，最大限度降低疫情对项目建设的影响。

（二）提振房地产销售市场信心，全力支撑保障项目建设

从房地产销售端发力，逐步适度放开限购限售，分类分区施策，鼓励有稳定收入人群买房，满足市民刚需和改善型需求等合理住房需求，抑制投机型需求，促进房地产市场健康平稳发展。积极推进"保交楼、稳民生"政策措施，压实各级政府属地责任和房企主体责任，加强预售资金账户监管，采取司法、税收等强力手段，确保保交楼取得实效，助力恢复需求端信心。加大金融对房地产企业支持力度，畅通企业融资渠道，缓解房地产开发企业资金压力，积极营造企业敢投愿投的良好氛围，切实提振地产开发企业投资信心。关注已拿地企业的经营状况和项目建设进度，重点解决项目在疫情防控、资金周转、用工用材、市政配套等方面存在的困难，及时化解潜在风险，确保项目如期建成并交付使用。

（三）以成熟项目为重点，加速项目开工进度

今年第一、二批集中开工的 481 个项目中，有 103 个、计划总投资 575 亿元的项目仍未开工，其中，计划总投资 10 亿元以上项目有 13 个、计划总投资 319 亿元。截至 9 月底，列入 2022 年市级重点建设项目名单中的 61 个项目仍未开工，涉及计划总投资金额为 1576 亿元、本年计划投资额为 151 亿元，如西青区集成电路重点项目及配套大宗气体站、天津滨海国际机场三期改扩建、力神电池新能源基地研发中心等项目预计明年年初方能开工。建议将此类项目作为促开工工作重点，加快推动大项目开工入库，扩大在建项目规模，及时形成工作量,支撑全市固定资产投资。

（四）激发民间投资活力,调整优化投资结构

近年来,全市民间投资占比持续走低,目前已位于历史低位,对全市投资和民营经济平稳运行影响较大。民间投资速度下降,主要与民间投资中房地产业投资比重过大密切相关。一是持续加快专项债项目建设进度,合理安排政府专项债支出进度,充分发挥政府投资"压舱石"作用。二是落实好鼓励民间投资发展的相关政策措施,切实优化民间投资环境,拓宽民间融资渠道,拓展民间投资空间,多措并举激活民间投资潜能和创新活力。建议金融机构加大对民间投资的支持力度,降低对中小型企业的放贷门槛,降低综合融资成本,提高企业融资信心和竞争活力。三是鼓励民间资本积极参与基础设施建设、公共事业、高新技术产业等领域投资,促进民间投资转型升级,为工业、制造业民间投资提供良好环境。建议在市政基础设施、居民服务、教育卫生等领域,健全收益回报机制,选择一批示范项目吸引、鼓励、支持民间资本参与。

参考文献:

［1］《固定资产投资效能平稳提升 优化供给结构关键作用不断增强》,http://stats. gov. cn/tjsj/sjjd/202209/t20220923_1888607. html。

［2］翟善清:《固定资产投资增速加快 投资结构继续改善》,http://stats. gov. cn/tjsj/sjjd/202210/t20221024_1889466. html。

［3］《2022 年1—9 月份全国固定资产投资(不含农户)增长5. 9%》,http://stats. gov. cn/tjsj/zxfb/202210/t20221024_1889463. html。

［4］《前三季度我市经济运行持续恢复稳步向好》,http://stats. tj. gov. cn/sy_51953/jjxx/202210/t20221025_601769. html。

［5］《我市发布总投资1. 8 万亿元重点项目清单》,http://www. tj. gov. cn/sy/tjxw/202202/t20220222_5809672. html。

开放合作篇

中日韩自贸区战略先导区
建设研究报告

平力群　天津社会科学院亚太合作与发展研究所研究员

摘　要： 中日韩自贸区战略先导区建设对提升京津冀区域对外开放水平，推动中日韩自贸协定签署，支持东北亚和平发展具有重大意义。2022 年是实施"十四五"规划的承上启下之年，也是天津自贸试验区建设中日韩自贸区战略先导区的关键之年。该报告在梳理天津自由贸易试验区部署建设中日韩自贸区战略先导区目标、意义和现状的基础上，提出落实《区域全面经济伙伴关系协定》(RCEP)，巩固和发展中日韩制造业产业集群；推动软性义务硬约束化，扩大中日韩服务贸易；对接数字贸易规则，打造中日韩电子商务合作示范区；利用联动创新区制度，最大化制度相乘效果；深化京津冀自贸试验区合作，开拓制度创新空间五个方面的建议。

关键词： 中日韩自贸区战略先导区　RCEP　制度创新　地方合作　产业集聚

2022 年是实施"十四五"规划的承上启下之年,也是天津自贸试验区依据《中国(天津)自由贸易试验区发展"十四五"规划》(以下简称《规划》)建设中日韩自贸区战略先导区的关键之年。新技术革命推动的数字化、美国次贷危机引发的世界性经济危机的遗产——欧美老牌资本主义国家经济增长乏力下贸易保护主义的抬头,正在改变世界经济格局与经济秩序。新冠肺炎疫情的全球流行强化了上述变化。在这一复杂多变的国际环境下,中日韩自贸区战略先导区建设尽管面临更大的困难和挑战,但其重要性也更加凸显。天津自贸试验区按照《规划》部署,通过建设中日韩自贸区战略先导区,积极探索制度创新,深化面向日本和韩国的开放合作。

一 中日韩自贸区战略先导区的定位、目标和意义

天津市"十四五"规划纲要提出深化自由贸易试验区"首创性"制度创新。建设国内国际经济双向循环的重要资源要素配置枢纽、京津冀现代产业集聚区、中日韩自贸区战略先导区,打造世界一流自由贸易园区。按照上述要求,天津自贸试验区管委会(以下简称管委会)组织编制了《规划》,并于 2021 年 12 月 27 日正式对外发布。《规划》将建设中日韩自贸区战略先导区作为"十四五"规划的重要任务。

(一)建设中日韩自贸区战略先导区的定位与目标

国际经贸规则是国际经贸往来赖以稳定运行的公共产品。区域贸易协定通常被认为是区域合作升级的重要手段,为缔约方创造更利于经济增长的外部政治经济环境。推动自由贸易协定签署和自由贸易试验区建设是我国改革开放的重要双轮驱动战略。主动的自由贸易协定签署和高水平的自由贸易试验区建设有利于深化国内改革和构筑国内国际双循环发展格局。中日韩自贸区战略先导区建设是对我国自由贸易区与自由贸易试验区建设战略的具体实践和落实。

《规划》将"中日韩自贸区战略先导区"作为天津自贸试验区"十四五"时

期的三大战略定位之一,明确提出建设中日韩自贸区战略先导区,加强面向日韩的开放创新和国际合作。《规划》提出通过扩大贸易往来、深化产业合作和探索规则对接,深化面向日本、韩国的开放合作,建设中日韩自贸区战略先导区。充分利用 RCEP 实施机遇,进一步深化与日韩在交通物流、贸易、制造业、服务业等领域的经贸往来,积极推动与日韩有关地方的交流合作,研究三国经济功能区间先行规则对接的可行性,为深化中日韩经贸合作探索新路径新经验。

建设高标准自由贸易试验区和高水平中国特色自由贸易港,是中央推进新一轮改革开放的一项战略决策。中日韩自贸区战略先导区建设为天津自贸试验区制度创新提出了更高标准和要求,为将自身打造成为高水平对外开放"试验田"提供了新动力。

(二)建设中日韩自贸区战略先导区的意义

受制于三国之间历史问题、领土问题、地缘政治、主导权之争等羁绊的中日韩自贸区谈判步履蹒跚。中日韩自贸区建设需要以良好的中日韩三方关系为基础。在复杂的国际环境与历史负遗产下,地方间经济合作是稳定中日韩三国关系的重要基石。中日韩是东北亚地区的大国,中日韩关系不仅直接影响三国的经济发展、人民的福祉,而且对东北亚区域稳定也具有重要作用。天津自贸试验区在推动中日韩自贸区战略先导区建设,践行二十大报告提出的"实施自由贸易试验区提升战略,扩大面向全球的高标准自由贸易区网络"方面肩负重大使命。

贸易民间交往的增加,有利于中日韩三国文化融合、贸易合作的加深。在经济交流与合作下,国与国之间合作越全面,越能提升彼此利益,越能够站在对方立场上思考问题,越能够带来政治上的互信,有利于提出更好的矛盾解决方式。因此,以 RCEP 为制度基础,超越 RCEP 创建中日韩自贸区战略先导区,在地方层面探索中日韩区域合作的新范式,打造以地方经济合作平台为代表的中日韩次区域经济合作平台,可以有效地以局部促整体、以地方层面支持国家层面,在一定程度上打破建立中日韩自贸区所面临的各种羁绊,为中日韩三国间的制度性合作进一步积累经验，为中日韩自贸区谈判提供新动力。

在贸易保护主义抬头、新冠肺炎疫情世界性流行、世界经济下滑的背景下，天津自贸试验区依托京津冀协同发展、借力 RCEP 并超越 RCEP，以建设中日韩自贸区战略先导区为引领，有利于推动"自贸试验区制度创新←→地区间、区域间合作深化←→自由贸易协定签署、落地"良性循环的形成。这一良性循环对在三国间确立和平发展的地区秩序，推动京津冀区域对外开放走向更高水平，加深中日韩三国经贸合作，支持东北亚和平发展具有重大意义。

二　中日韩自贸区战略先导区建设现状

2013 年 9 月以来，经过五次扩容，中国自由贸易试验区已经发展到 21 个自由贸易试验区和一个自由贸易港。天津自贸试验区是国务院批准设立的中国北方第一个自由贸易试验区，2015 年 4 月 21 日正式挂牌运行。天津自贸试验区重点实施行政管理、投资、贸易、金融和引领推动京津冀协同发展五个方面的试点内容。

"十四五"期间，天津自贸试验区充分利用 RCEP 实施机遇，进一步深化与日韩在交通物流、贸易、制造业、服务业等领域的经贸往来，积极推动与日韩有关地方的交流合作，研究三国经济功能区间先行规则对接的可行性，为深化中日韩经贸合作探索新路径新经验。目前，天津自贸试验区正积极开展中日韩自贸区战略先导区建设。对接我国在 RCEP 中对日本和韩国投资、检验结果国际互认、原产地声明制度、服务贸易、跨境电商、知识产权保护等方面的相关承诺，在天津自贸试验区率先开放和创新，为中日韩自由贸易协定谈判进行风险压力测试。同时，加强与日本、韩国相关地区和仁川等特殊经济区域在医疗美容、生物医药、人工智能等方面的合作，打造国内国际双向循环的资源配置枢纽。

（一）加强与日韩商界的互动

日韩同为 RCEP 的成员国。RCEP 签署以来，为支持企业利用制度红利，在积极开展 RCEP 相关政策宣讲的同时,了解企业诉求,有针对性地开展制度创新。

首先,通过积极宣传 RCEP 相关政策,让企业对 RCEP 相关政策有全面了解。中国(天津)自由贸易试验区政策与产业创新发展局(以下简称发展局)会同市级有关部门积极开展 RCEP 专题研究和政策解读,以日韩企业为重点,分别组织中日、中韩 RCEP 专题研讨会,邀请日韩重点企业、商会及市商务局、天津海关、高等院校、研究机构出席,围绕 RCEP 带来的中韩经贸合作新机遇进行深入交流,支持区内日韩企业积极利用 RCEP 相关政策。

同时,开展送政策上门服务。通过调研走访日韩重点企业,了解企业应用 RCEP 相关政策的诉求和问题点。以 RCEP 实施为契机,发展局成立工作专班,宣传 RCEP 相关创新政策,支持区内企业对 RCEP 的利用。专班赴电装集团总部开展 RCEP 专题政策宣讲,组织三星中国及在津三星系企业召开 RCEP 政策创新推动会,走访一汽丰田、罗姆电子、三美电机等日韩企业,介绍自贸试验区总体发展建设情况,解读 RCEP 规则,并结合企业需求,开展原产地规则应用、检验互认、AEO 认证、通关便利化政策创新。

此外,发展局还应邀参加"迎接中日邦交正常化五十周年研讨会",推介天津自贸试验区的基本概况、政策优势及产业发展等情况,推进中日产业进一步合作。密切与日韩贸易振兴机构交流,推动建立常态化合作机制。

(二)提升贸易便利化水平

管委会于 2019 年与天津海关签署战略合作协议,建立了合作机制。为推动 RCEP 条款在天津自贸试验区的落地,管委会联合天津海关先行先试,在全国率先出台企业自主声明、口岸货物先放后检、压缩预裁定时间等政策创新措施。今后,继续探索相关规则的创新并开展压力测试,持续提升贸易便利化水平。

例如,为解决企业在通关时无原产地证书无法享惠的难题,采取"先行试点、一企一策"的做法。天津自贸试验区建立关键产业、重点企业白名单,对名单内企业实施先放行后验核原产地证书的措施。管委会在对区内的集成电路、信创、生物医药、高端装备、汽车等国家重点战略及"卡脖子"技术领域产业进行评估后，向天津海关提交企业名单。以名单为依据，天津海关会同管委会对企业开展资格培育，并向海关总署报备后赋予"经核准出口商资质"。

再如，为进一步推进原产地证明签发便利化，适应企业快速通关需求，天津海关将对天津自贸试验区重点企业实施原产地裁定审核新模式，将预裁定审核时间由 60 个工作日压缩至 10 个工作日以内，并简化后续证书核查手续，降低企业贸易成本。

同时，专班助力日韩企业用好原产地累积规则，协助日韩重点企业申请 RCEP 经核准出口商资质，适用企业自主声明、口岸货物先放后验、压缩预裁定时间、采信第三方检测机构出具的认证结果等多项政策创新举措，进一步提升中日韩贸易便利化水平，以良好营商环境，吸引日韩企业在天津自贸试验区设立结算中心及相关配套企业落地。

（三）设立 RCEP 自贸服务窗口

与天津海关、经开区政府服务办建立合作机制，成立自贸综合服务窗口，设立自贸试验区服务热线，设置自贸 RCEP 专职人员，提供 RCEP 政策咨询，提升自贸试验区企业享惠水平。窗口共集成行政许可事项 450 项；公共服务类事项 178 项；引进企业经营过程中涉及的其他服务类事项 73 项。

建立"线上线下"公益代理中心，创新推动"证照分离""一企一证"、首席审批官等各项改革，打造企业全生命周期政务服务体系，实现 100% 马上办和网上办，窗口综合服务效率同比提升 60%，政务服务事项集成率达 95%。为进一步深化"三新"（新产业、新业态、新商业模式）经济审批制度改革，优化互联网医院等平台类产业审批流程，在全国首创互联网医院"一企一证"政务服务新模式，整合了市级行政事项，创新市级事权延伸服务模式，实现将市网安总队网络安全等备案事项延伸至自贸服务窗口公益代理中心。

为实现自贸服务窗口海关办事事项全覆盖，以事项延伸服务形式实现报关企业注册登记、经认证的经营者（AEO）认证等 5 个事项委托。同时，持续推动跨境电子商务 B2C 业务、自贸试验区和综保区政策创新与宣贯等工作，不断探索保税研发、加工生产等政策红利的推广与应用。此项延伸机制,有效为企业提供窗口咨询及网办指导等服务,年累计延伸服务量达 2 万余次。实现出入境特殊物品卫生检疫审批延伸,推动市药监局的进口药品批件、进口准许证及药品通关单审批等事项延伸,实现对各类医药品通关全覆盖服务功能。有效带动如康希诺、药明康德、诺和诺德等企业研发活力,进一步优化医药企业招商引资政策环境。

三 加快中日韩自贸区战略先导区建设的对策建议

RCEP 为中日韩自由贸易协定谈判提供了基本性共识和制度支撑,中日韩自由贸易协定将"RCEP +"作为协定目标。以 RCEP 为制度基础,超越 RCEP 创建中日韩自贸区战略先导区,在地方层面探索中日韩区域合作的新范式,提升与日本、韩国的合作层级和合作水平,发现中日韩三国间的利益契合点,实现制度创新与产业创新的良性互动,促进三国间贸易自由化、便利化,稳定和深化产业链、供应链和价值链的融合,建设中日韩自贸区战略先导区,推动中日韩经贸合作,为中日韩自由贸易协定谈判提供实践支撑。

(一)RCEP 落地:巩固和发展中日韩制造业产业集群

国际贸易反映了国际分工。基于东亚形成的生产价值链,中间品贸易成为中日韩贸易的重要特征之一。特别在运输机械、电子机械等机械、化学钢铁和非金属等产业领域。RCEP 通过整合和优化五个"东盟 +1(2)"自贸区,使成员国之间在 RCEP 框架下形成统一的贸易、投资规则。区域内统一规则体系的形成带来的最直接变化包括,降低关税,简化通关手续,避免多重关税,统一原产地规则,削减非关税壁垒。RCEP 为中日韩三国打破了一些贸易壁垒,包括以前中日韩自由贸易协定谈判中涉及的如农产品、汽车零部件等敏感产业,使得三国在部分条款和内容上达成一致。RCEP 为中日韩三国间扩大彼此间务实合作提供了制度保障。

根据 RCEP 两国间关税减让条款,日本对我国出口的工业产品中,零关税的产品数量将由现在的 8% 上升到 86%。在对我国出口的产品中,用于电动汽车的发电机等汽车零配件、钢铁制品等将撤销关税。汽车零配件方面,撤销约 87% 的商品(对华出口额为 5 万亿日元)关税。如,用于电动汽车的重要零配件的发电机、锂离子蓄电池的电极材料等;用于燃油车的重要零配件的发动机部件、凸轮轴、发动机用气泵等。另外,对我国出口的部分大中型汽车的关税将从 25% 下调为 15%。钢铁制品中绝大部分热轧钢板、部分合金钢,家电产品的烤箱、微波炉、冰箱等也将撤销关税。

天津已集聚了多家汽车企业,规模不断扩大,已成为重要支柱产业。RCEP 对汽车零配件产品关税的减让,降低了企业的经营成本,有利于汽车相关产业的进一步集聚,形成规模效应。包括原产地证明等贸易便利化条款的落地,对支持产业的集聚发展显得尤为重要。

以日本丰田公司为例。自丰田整车厂入驻天津后,其上、下游生产企业也相继到天津投资设厂,以维持原有的生产联系,从而将本国的产业链复制到了天津,使经开区形成了产业集群的雏形。基于日本跨国公司在日本国内保留、投资具有研发、生产高端产品的母工厂,在泰国、马来西亚投资兴建生产通用性零部件的工厂,在中国投资兴建组装工厂这一生产网络的市场分割特点,连接各零部件生产基地、产品工序间服务成本,贸易成本,市场规模将直接影响公司绩效。因此,贸易自由化、便利化程度是影响丰田公司在东亚配置生产的重要因素。

RCEP 的签署生效有利于改变贸易成本约束,为中日韩制造业降低经营成本,优化产业链、供应链提供制度支撑。依据企业新诉求,参考《全面与进步跨太平洋伙伴关系协定》(CPTPP),进一步开展制度创新,落实 RCEP 贸易自由化、便利化相关条款,巩固和发展天津形成的日韩制造业集群,推动天津产业集聚与中日韩自贸区战略先导区建设的良性互动发展。

(二)软性义务硬约束化:扩大中日韩服务贸易

服务贸易市场准入方面,RCEP 成员国均做出了高于各自"10 + 1"自由贸易协定水平的开放承诺,并于 RCEP 生效后 6 年内全部实现负面清单承诺。

以中国为例,在入世承诺约 100 个分部门基础上,RCEP 新增了研发、管理咨询、制造业相关服务、空运等 22 个分部门,并提高了法律、金融、建筑、海运等 37 个分部门的开放水平,其承诺水平已经达到现有自由贸易协定的最高水平。RCEP 其他成员在建筑、房地产、医疗、金融、运输等中国关注的分部门也做出了高水平开放承诺。但其中多为软性义务,软性义务条款多达 170 多项。表现之一就是对于专业资质互认机构以及具体行业、职业均未明晰,条款指示性不足。这就需要通过开展国内制度改革,将软性义务作为内部的硬约束进行落实,积极推动服务贸易制度创新,以扩大中日韩三国间的服务贸易。

建议对照 CPTPP 等高标准协定要求,在 RCEP 原则性条款的基础上,与日韩探索专业人员技术证书、职业资格等资质的相互承认,如 CPTPP 的互认条款,保障成员国之间相互承认服务提供者的身份资格和工作经验。参考 CPTPP 对于专业服务所涉及具体行业、职业更加细化,并以亚太经济合作组织(APEC)现有登记授权标准及互认安排为基础进行专业服务认证的深化。

(三)对接数字贸易规则:打造中日韩电子商务合作示范区

数字经济的迅猛发展加速了全球经贸格局重构,传统贸易治理体系难以解决数字贸易发展所带来的问题与挑战。数字贸易治理体系正在加速构建中,但全球层面尚未形成统一的数字治理规则。在数字贸易治理体系规则构建过程中,国家之间的共识与分歧同时存在。共识反映的是数字经济与贸易的发展趋势;分歧反映的是不同国别之间的诉求差异。

推动跨境电子商务发展是三国共同的愿望。探索和推动制定符合三方发展特点和利益诉求的数字贸易规则,以符合数字经济时代三国的共同利益。RCEP 设置了第十二章电子商务章节,首次在区域内达成了范围全面、水平较高的多边电子商务规则成果,将有力推动中日韩跨境电商发展。但 RCEP 协定对电子商务活动的规制更多地是一种框架性质的规定,后续仍有很多细节需要进一步完善。建议天津自贸区以梳理三国间存在的共识和分歧为基础,在建设中日韩自贸区先导区的过程中,积极寻求三国共同利益诉求,通过制度创新,对接数字贸易规则,将自贸区打造为中日韩电子商务合作示范区,为数字贸易规则谈判提供思路。

中日韩共同加入的 RCEP、日本主导的 CPTPP 都专设了独立章节，并对电子商务和数字贸易进行了规定。在日本签署的 CPTPP、日欧经济伙伴关系协定（EPA）、日美货物贸易协定和日美数字贸易协定、日英 EPA、RCEP 中都包含对数字贸易的相关规定。韩国于 2021 年 9 月、我国于同年 11 月正式提出加入新西兰、新加坡和智利于 2020 年 6 月签订了《数字经济伙伴关系协定》（DE-PA）的申请。2022 年 8 月 18 日，根据 DEPA 联合委员会的决定，中国加入 DE-PA 工作组正式成立，全面推进中国加入 DEPA 的谈判。该协定旨在加强电子商务便利、促进数据转移自由、保障个人信息安全，并就各国在人工智能、金融科技等领域的合作提出相应规定。

天津自贸试验区可以以 RCEP 为基础，顺应未来趋势，针对数字化等新问题和新议题，参考 CPTPP、我国和韩国申请加入的 DEPA 及日本和韩国分别与美国和欧盟签署的高标准自贸协议中电子商务（数字经济）的有关规定，开展制度创新，改善数字贸易营商环境的贸易便利化规则，支持中日韩企业间探索数字贸易的新业态，推动数字环境下跨境服务贸易和远程服务贸易的发展，深化中日韩跨境电子商务领域的合作，提供天津方案，打造数字贸易规则的"东亚模式"。"东亚模式"的形成，有望成为中日韩三国，乃至亚洲经济区域合作的引领，将进一步推动三国在数字贸易领域的合作，为中日韩 FTA 谈判提供实践支持。

（四）利用联动创新区制度：最大化制度相乘效果

借力 RCEP，发挥天津自贸试验区与中日（天津）健康产业发展合作示范区（以下简称中日示范区）形成制度叠加的合力，以支持中日韩三国在天津开展大健康领域的合作为抓手，推动中日韩自贸区战略先导区建设，实现制度创新与产业发展的良性互动。

中日示范区聚焦健康产业，以大健康产业服务为核心，医疗康养、教育科研、创新孵化、健身休闲等功能分区辐射延伸。但由于中日示范区缺乏自贸政策支持，无形中增加了项目建设和运营成本，在药品、器械和从业人员等多方面束缚了项目的发展。比如,中日国际健康体检中心项目需要与日本医疗机构合作,整合中日专家资源和健康管理技术成果,创建国际化健康管理学术交流平台和互访机制,将国际最前沿的科研成果引入中国。如不破解外籍人才政策创新就成为这些项目顺利落地的关键。因此,为推动中日示范区发展提质增效,急需自贸试验区政策为其赋能,以支持其逐步发展成京津冀大健康产业聚集地,为健康天津建设增添新动力,为京津冀乃至三北地区提供优质的医疗教育和高水平的医疗服务。

通过自贸试验区和中日示范区的联动发展,有利于扩大自贸试验区创新政策的应用场景,激励自贸试验区的制度创新,实现制度创新与地区经济发展的良性循环,为中日韩地方合作提供示范效应。

(五)深化京津冀自贸试验区合作:开拓制度创新空间

京津冀协同发展、自由贸易区和自由贸易试验区建设是我国当前重要的国家发展战略。京津冀协同发展是面向未来打造新的首都经济圈、推进区域发展体制机制创新的国家战略。主动的自由贸易协定签署和高水平的自由贸易试验区建设是我国改革开放和实现国内国际双循环发展格局的重要双轮驱动战略。

通过推动京津冀三地自由贸易试验区开展合作,不但可以为中日韩战略先导区创造制度需求和市场应用提供广阔市场,还可以共享制度创新成果、为制度创新的压力测试提供更丰富的数据和经验。

天津自贸试验区的战略定位之一是京津冀现代产业集聚区。京津冀协同发展为天津自贸试验区打造中日韩自贸区战略先导区创造了制度创新和场景应用的京津冀一体化市场。天津自贸试验区打造中日韩自贸区战略先导区有利于推动中日韩经贸合作,支持京津冀首都圈发展为东亚贸易和投资的中心。

参考文献：

［1］中国（天津）自贸试验区管理委员会：《〈中国（天津）自贸试验区发展"十四五"规划〉政策解读》，2021-12-27，http://www. china-tjftz. gov. cn/contents/16146/521463. html。

［2］《"十四五"蓝图展卷：锚定"天津特色"深耕自贸创新"试验田"》，2022-1-5，https://m. thepaper. cn/newsDetail_forward_16149219。

［3］孙丽：《日本主导国际经贸规则制定的战略布局——兼谈日本在大阪峰会上的得与失》，《日本学刊》2020 年第 4 期。

［4］刘斌、刘颖：《区域全面经济伙伴关系协定对中日经贸关系影响探究》，《北京大学学报（哲学社会科学版）》2021 年第 3 期。

［5］裴长洪：《"十四五"时期推动共建"一带一路"高质量发展的思路、策略与重要举措》，《经济纵横》2021 年第 6 期。

［6］《天津自贸试验区简介》，http://www. china-tjftz. gov. cn/html/cntjzymyqn/ZMQJJ25023/List/list_0. htm。

［7］赵春江、付兆刚：《RCEP 与深化中日韩贸易合作的机遇与挑战》，《东北亚论坛》2021 年第 6 期。

［8］王厚双、孟霭禾、刘文娜：《RCEP 框架下创建中日韩综合合作示范区研究》，《亚太经济》2022 年第 1 期。

［9］中国天津自贸区：《蓝图展卷丨天津自贸试验区发展"十四五"规划之：三大战略定位》，2021-12-29，https://mp. weixin. qq. com/s/jse4eQLwweKXn_aiwVqlzw?。

［10］杨子炀：《天津推出 24 项措施 助力企业尽享 RCEP 政策红利》，2022-5-12，https://t. ynet. cn/baijia/32753619. html。

［11］平力群：《亚太区域经济一体化的步伐——以 RCEP 为中心》，《亚太安全与海洋研究》2020 年第 6 期。

［12］沈铭辉：《RCEP 在推动东亚区域合作中的作用与新课题》，《东北亚论坛》2022 年第 1 期。

［13］陈颖：《数字服务贸易国际规则研究——基于 CPTPP、EU-JAPAN EPA、USMCA 和 RCEP 的比较分析》，《全球化》2021 年第 6 期。

［14］ 崔岩、杜明威:《"东亚模板"数字贸易规则相关问题探析——基于中日韩合作的视角》,《日本学刊》2021 年第 4 期。

［15］ 袁波、王蕊、潘怡辰、赵晶:《RCEP 正式实施对中国经济的影响及对策研究》,《国际经济合作》2022 年第 1 期。

［16］ 孙丽、赵泽华:《日本依托区域经济一体化主导国际经贸规则制定权的战略分析》,《现代日本经济》2021 年第 1 期。

［17］ 陈子雷:《日本的全球自贸战略及其展望》,《现代日本经济》2021 年第 1 期。

［18］ 翁东玲:《RCEP 签署后中日韩 FTA 面临的机遇与中国的应对》,《亚太经济》2021 年第 6 期。

［19］ 张晓磊:《日本跨境数据流动治理问题研究》,《日本学刊》2020 年第 4 期。

天津北方国际航运核心区建设研究报告

石森昌　天津社会科学院海洋经济与港口经济研究所研究员

摘　要： 多重因素导致 2022 年全球航运市场整体呈现震荡发展格局,并且有可能会持续至 2023 年。受益于国内稳定的经济发展环境和在国际贸易格局中的竞争优势,推进北方国际航运核心区建设在智慧绿色港口、航运综合服务、通达辐射能力、港航软实力、集疏运体系等方面取得积极成效。2023 年,虽然天津主要贸易伙伴经济衰退风险加大带来新挑战,但《区域全面经济伙伴关系协定》(RCEP)为实现外贸稳增长提供强劲动力。预计 2023 年全市港口货物吞吐量将达到 5.8 亿吨左右,港口外贸货物吞吐量将超过 3.2 亿吨,港口集装箱吞吐量将超过 2400 万标准箱。以推动港口经济高质量发展为抓手,加大推进港航领域高水平制度型开放,以 RCEP 为契机加快港航领域服务业发展,大力发展港口特色文化旅游产业。

关键词： 航运市场　RCEP　制度型开放　经济衰退

一　国内外航运业发展现状

2022 年,在复杂的国际政治经济环境影响下,全球港口货物吞吐量增速整体上较上一年大幅回落,全球航运业进入低速增长阶段。创新和开放是寻找新增长点的关键,而市场竞争加速行业资源整合,氢能成为建设绿色港口的新动能。

（一）全球航运市场呈现震荡运行态势

2022 年以来,受新冠肺炎疫情反复、地缘政治冲突、全球经济增长放缓等诸多因素影响,引发国际贸易和港口物流需求不足,全球港口货物吞吐量增速大幅回落。同时,由于通货膨胀导致生活福利水平下降,欧洲、韩国等港口的工人纷纷罢工,影响港口正常生产运营,对航运供应链产生进一步冲击。受此影响,韩国、印度以及东南亚等地港口多数处于增长停滞状态,欧洲重要港口鹿特丹、汉堡、瓦伦西亚处于负增长。全球航运市场进入海运需求减弱、港口生产低速、市场运价分化的震荡运行阶段。货量和运费的下降使得不少国际海运服务商纷纷通过取消、暂停或者合并航线来降低运营成本压力,如美森轮船取消季节性中国—加州快线,中联航运和锦江航运暂停联合运营的 TPX 航线、达飞轮船关闭美西直航 GGB 航线,地中海航运"暂停"SEQUOIA 航线等。

（二）创新和开放是航运市场新增长点

供应链金融服务成为港口业务创新的重要突破点。港口作为供应链物流环节的重要节点,汇集资源货物流动信息和拥有资源货物监管优势,可以利用金融科技和信息技术打造网络化的金融服务平台,为供应链上下游企业提供融资、担保、结算、保理等各类金融服务。港口供应链金融是延伸港口产业链、拓展港口业务范围,提升港口企业竞争力和壮大区域港口经济的重要一环。国内重要港口企业加大港口供应链金融布局,2022 年 4 月,山东港口金融控股有限公司"供应链金融事业部"正式成立。2022 年 6 月,广州港集团提出搭建"港口 + 金融"供应链金融服务平台。

我国国际航运领域持续扩大开放以激发市场活力。2022 年 6 月 1 日,随着从国外进口的 725 吨青豌豆从上海洋山港出发运往天津港,国内首单"沿海捎带"业务正式落地。试点沿海捎带业务是我国国际航运领域扩大对外开放的重大举措,有利于提升我国港口对国际海运航线、货物资源的集聚和配置能力,助力全球枢纽港口建设。

(三)行业并购整合重塑港航新生态

国内外港口企业整合持续推进。在国外,2022年4月,比利时两大港口安特卫普港和泽布吕赫港合并为安特卫普—布鲁日港,新组建的港口成为欧洲最大出口港、最大汽车港和最大综合化工集群。在国内,河北省积极推动"一省一港"战略。河北港口集团更名为河北渤海港口集团有限公司,新公司成为统筹河北省港口资源整合的新平台,致力于打造成为跻身全国港口行业前列的一流港口企业。通过交叉持股,招商港口与宁波港口实现强强联合,重塑市场竞争格局。港口行业加快推进资源整合,有利于实现优势互补,发挥协同效应,提升港口间联动协作水平。

(四)氢能成为绿色港口建设新方向

氢能成为推动绿色港口建设的新兴力量。氢能作为最纯正的绿色清洁能源,在世界能源转型中将扮演重要角色。国内外大型港口纷纷布局氢能产业。2020年,鹿特丹港务局发布建设世界级"氢港"的发展规划,通过建设大规模氢气网络,打造集生产、进口、应用及输出一体化国际氢能枢纽。安特卫普—布鲁日港将于2023年运行世界上第一艘氢动力拖船并计划在港区内建造一座绿色氢能发电厂。西班牙石油公司和鹿特丹港口将联手打造欧洲首条南北氢能走廊,连接鹿特丹港和西班牙南部阿尔赫西拉斯港。在国内,天津港于2022年2月开始在码头使用氢能集卡和氢能叉车,青岛港于2022年6月正式运营全国首座港口加氢站,上海提出把临港新片区打造成为"国际氢能谷",规划建设领先的氢能港口。

二　2022年北方国际航运核心区建设进展

受益于国内稳定的经济发展环境和在国际贸易格局中的竞争优势,推进北方国际航运核心区建设在智慧绿色港口、航运综合服务、通达辐射能力、港航软实力、集疏运体系等方面取得积极成效。

（一）智慧绿色港口建设取得新成就

智慧港口建设取得新突破。由天津港联合报送的 5G 智慧港口项目在"2022 世界 5G 大会"上入选年度十大应用案例。"天津港集装箱水平运输自动驾驶先导应用试点""天津港至马驹桥物流园公路货运自动驾驶先导应用试点"两个项目入选全国第一批智能交通先导应用试点项目。全球首创传统集装箱码头全流程自动化升级改造全面竣工，天津港集装箱大型装卸设备自动化率达到 49.5%，处于行业领先地位。国内首个实现港口精度气象预报的智慧气象一体化平台正式运行，集成气象、海洋、港口生产等相关数据，推动气象数据与港口业务深度融合。冷链物流服务平台干线运输业务正式上线运行，可实现对承运商的准入控制及统筹管理，贸易商或代理委托运输业务的线上派单、线上对账，冷链运输全过程的可视化监控及自动预警，天津口岸进口冷链食品大数据分析等。

绿色港口建设再上新水平。全球首个智慧零碳码头构建起"风光储荷一体化"智慧绿色能源系统，成为全球首个 100% 使用电能，电能 100% 为风电、光伏等绿电，绿电 100% 自产自足的零碳码头。全球港口规模最大的清洁能源水平运输车队在天津港投入生产运营，包括 75 台电动人工智能运输机器人、31 台无人驾驶电动集卡、50 台电动集卡、30 台氢燃料电池集卡，实现集装箱码头装卸作业全流程零排放，为全球港口绿色低碳发展提供天津港方案。在国内港口中首个搭建起生态环境大气智能监测平台，可对港区进行 24 小时动态监控，实时感知与分析港区污染源，为港城融合发展竖起生态屏障。

（二）航运综合服务效能持续提升

码头作业效率稳步提升。中远海运欧洲线、2M 北欧一线、马士基地中海线、地中海西非线等 6 条重点航线作业效率位居全球港口第一位。"海上高速-FAST"以 M 线效率 56 自然箱/小时，作业船时效率 288 自然箱/小时，在泊船时效率 247 自然箱/小时的佳绩，刷新航线作业新纪录。完成首条"进口集装箱＋冷卷件杂货＋出口集装箱"同船作业，实现集装箱、件杂货同船一站式作业，"集＋散＋杂"三位一体"柔性码头"建设迈上新台阶。

港口营商环境持续优化。秉持以客户为中心，深入开展"四千行动"，走访22省52市的政府部门和企业客户，推出24小时服务热线，打造天津港"四千服务"品牌，入选国务院国资委品牌建设典型案例，成为全国港口行业唯一一家。全面推进线上窗口建设，不断完善功能模块，持续提升客户体验和提高服务效率，基本实现单证"零纸化"、收费"零币化"和集港"零延迟"。

区域服务效能进一步凸显。北京冬奥会期间，作为指定的赛事物资海运货物进境推荐口岸，通过开辟绿色通道、实施"四优先"等措施，天津港圆满完成冬奥会物质接卸运输保障任务，共转运物资270余批次，近700多个集装箱，货值超14亿元。2022年8月，作为服务京津冀协同发展国家战略的重点示范项目，京津物流园成功获批"一级冷库、核酸检测堆场"运营资质，正式投产运营。园区占地17.6万平方米，功能完善、技术先进，依托东疆港区得天独厚的区位条件和交通优势，是进口冷链商品入境的"最先一公里"，也将对接面向首都消费终端的"最后一公里"。

（三）港口通达辐射范围持续扩大

国际航线网络进一步增密。连续开通"达飞/太平/宏海东南亚航线""海丰东南亚航线"和"地中海东南亚航线"三条东南亚航线，以更好满足RCEP正式生效后我国北方市场对东南亚地区进出口货物的运力需求，服务京津冀协同发展和共建"一带一路"。北极航运中东线首航，有助于强化天津港的北方国际航运枢纽地位，为我国华北、西北地区货物经天津港抵达中东地区提供新通道，提升天津港服务国内国际双循环能力。"天津港—中亚"国际联运通道重新恢复整列直达运输。

对内辐射功能进一步增强。与河北省邢台市签署《河北省邢台市人民政府天津港集团物流有限公司无水港合作协议》，进一步深化双方战略合作，开展无水港合作，畅通邢台市与天津港间的陆海物流大通道。正式开通邢台—天津港海铁联运通道，并将实现班列化运行，采用海铁联运全程提单业务"一单制"模式为企业提供物流服务。首列陕西—天津港集装箱班列成功运行，自陕西神木出发,经铁路神朔线、朔黄线、黄万线最终抵达天津港,并发往我国东南沿海。"银川—天津港"一单制海铁联运班列首单业务成功运营,宁夏企业在本地可以直接将货物装载进海运箱,签发海联运提单,实现"一票提单、一次报关、一次结算、一箱到底"出口模式,为宁夏企业提供一条高效、集约、绿色的出海新通道。天津港到河北太行钢铁集团的"门到门"铁矿石专列正式运营。

(四)积极培育港航发展软实力

积极推进港口科技前沿创新。2022 年 6 月,天津港集团与华为公司签署《数字化转型深化合作协议》,加快推动港口数字化转型,促进港口生产经营与数字科技深度融合,引领港口数字化创新发展。2022 年 8 月,天津港携手华为、知名科研院校和头部企业成立智慧港口全球创新实验室,打造智慧港口创新联合体,构建港口领域产学研用一体化生态体系,探索港口科技前沿技术和应用场景,为智慧港口建设提供更多中国方案。

推进智慧港口标准化体系建设。2022 年 8 月,天津市港口标准化技术委员会在津成立,致力于推进构建符合智慧绿色枢纽港口建设的天津港标准化技术体系和港口行业其他技术标准。作为全国港口企业首家地方标准委员会,委员会的成立有助于提升天津港在我国港口行业的影响力和竞争力,助力世界一流绿色智慧港口建设。

(五)加快多式联运的集疏运体系建设

积极推动多式联运优化调整。出台《天津市推进多式联运发展优化调整运输结构实施方案》,提出到 2025 年,基本形成大宗货物及集装箱中长距离运输以铁路和水路为主,铁路货运年发送量在 11,124 万吨以上,水路货运量比 2020 年增长 12% 左右,集装箱铁水联运量年均增长 15% 以上,铁矿石、煤炭、焦炭等大宗货物通过疏港铁路、水路、封闭式皮带廊道、新能源汽车运输的比例达到 80%。

进一步完善港口集疏运体系。2022 年 7 月 1 日,联结京津塘高速、滨海新区绕城高速和海滨大道的天津港集疏运专用货运通道首开段正式开工建设,建成后将有助于进一步优化天津港的集疏运体系,形成天津港"北进北出"对外联络的快速通道,构成快速疏解客货运的交通大动脉。

三 2023 年发展机遇、挑战与展望

2023 年,俄乌冲突引发的全球能源、粮食供给冲击有望缓解,全球政治经济格局面临重塑,国际经贸格局调整和产业链重构对北方国际航运核心区建设既是机遇,也有挑战,关键在于练好"内功",推进更高水平的制度型开放。

(一)RCEP 为实现外贸稳增长提供强劲动力

2022 年 1 月 1 日,作为全球最大自由贸易区的 RCEP(《区域全面经济伙伴关系协定》)正式生效实施,一个占全球经济体量约30%的一体化大市场加速形成。作为高水平开放的大型区域自由贸易协定,RCEP 涵盖贸易、投资、知识产权等众多领域,成员国之间 90% 以上的货物贸易最终要实现零关税。RCEP 推动区域经济深度融合,为地区和全球经济发展注入强大动力。

RCEP 对我国对外贸易稳增长发挥积极作用。2022 年 1—8 月,我国与RCEP 其他成员国之间的进出口总值同比增长 7.5%。有效激活我国中小微外贸企业活力。2022 年 1—8 月,与 RCEP 区域国家发生外贸出口业务的我国中小微企业数同比增长 36.4%。RCEP 推动天津外贸规模稳定增长。2022 年1—7 月,天津对 RCEP 成员国的进出口总值达到 1918.9 亿元,同比增长5.6%,占比 35.5%;其中出口值为 698.6 亿元,同比增长 9.7%;进口值为1001.2 亿元,同比增长 2.9%。在当前国际经济形势下行压力逐渐加大的形势下,RCEP 不仅为天津稳经济大盘稳外贸提供强劲动力,也为天津港航业提升全球影响力提供历史契机。因此,充分抓住 RCEP 发展机遇,加大体制机制创新和提升港航科技创新能力,对推进北方国际航运核心区建设具有重要意义。

(二)主要贸易伙伴经济衰退风险加大带来新挑战

长期以来,欧盟、美国和日本一直是天津重要的贸易伙伴。2022年前7个月,在天津市对外贸易总量中,欧盟、美国和日本的占比分别为22.7%、12.3%和8.3%,三者合计43.3%。欧盟、美国和日本经济稳定对促进天津对外贸易高质量发展具有重要意义。然而,2022年以来,三者同时面临经济衰退的风险。2022年至今,美联储累计加息300个基点,导致美国房地产市场降温明显、股市大幅下跌、经济增速放缓,"硬着陆"风险持续增加。俄乌冲突不仅导致欧元区能源价格大幅飙升,也促使欧元对美元大幅贬值。能源危机和欧元贬值对欧洲制造业造成强烈冲击,其他行业也受到波及,欧元区经济衰退迹象明显。日本经济也困难重重,连续13个月的贸易逆差创2015年以来最长纪录,日元对美元汇率也屡创新低,日本经济前景不明朗。

主要国际经济组织发布的预测报告都指出,2023年三者经济增长将明显放缓。经济合作与发展组织2022年10月发布的经济展望报告中,预测2022年美国和欧元区经济增长分别为1.5%和3.1%,2023年分别为0.5%和0.3%。国际货币基金组织(IMF)2022年10月发布的最新一期《世界经济展望报告》中,预测美国、欧元区和日本2022年的经济增长分别为1.6%、3.1%和1.7%,2023年分别为1%、0.5%和1.6%。主要贸易区域经济增长乏力将导致市场需求放缓,国际货物贸易量下降,进而给天津外贸外资实现稳增长目标带来重大挑战。

(三)2023年主要航运指标发展预测

首先是对港口货物吞吐量进行预测。从2010—2021年天津市港口货物吞吐量的历史增长趋势图可以看出,天津市港口货物吞吐量增长曲线变化复杂,难以用标准曲线方程拟合,参见图1。进一步的分析发现,每年前8个月的港口货物吞吐量占全年比重相对较为稳定。由历史数据可知,2019—2021年间,该比值取值分别为0.66、0.672和0.676。按照趋势外推预测法,得到2022、2023年前8个月港口货物吞吐量占全年的比重分别为0.674和0.675。

由相关部门发布的数据可知,2022 年前 8 个月,天津全市港口货物吞吐量达到 37,352万吨,同比增长 4.2%。结合 2022 年前 8 个月港口货物吞吐量占全年比重的预测值为 0.674,预计 2022 年全年天津市港口货物吞吐量将达到 55,483万吨左右。利用 2019—2021 年每年前 8 个月港口货物吞吐量数据,采用趋势外推预测法,预计 2023 年前 8 个月天津市港口货物吞吐量将达到 3.90亿吨,结合 2023 年前 8 个月港口货物吞吐量占全年比重为 0.675 的预测值,预计 2023 年天津市港口货物吞吐量将达到 57,821 万吨。综合考虑各种因素,预计 2022 年天津市港口货物吞吐量将超过 5.5 亿吨,2023 年将达到 5.8 亿吨左右。

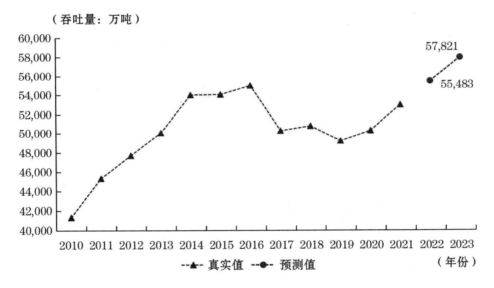

图 1   2010—2021 年天津货物吞吐量增长趋势图

其次是对外贸货物吞吐量进行预测。2022 年前 9 个月,天津市外贸货物总量达到 20,724 万吨,同比增长 5.2%。依据外贸货物吞吐量的时间序列增长特点,采用灰色系统预测法,预计 2022、2023 年全市外贸货物吞吐量将有望分别到达 30,948.01 万吨和 32,546.43 万吨。由于外贸货物吞吐量增长图非线性,仅由一种方法预测难以保证精度水平,使用趋势外推法再次预测。由历史数据可知,2019—2021 年间,每年前 8 个月的外贸货物吞吐量占全年的比重相对稳定,分别为 0.654、0.671 和 0.67,预测 2022、2023 年前 8 个月外贸货物吞吐量占全年的比重分别为 0.67 和 0.669;预测 2023 年前 8 个月的外贸货物吞吐量为 2.15 亿吨。由此得到 2022、2023 年外贸货物吞吐量预测值分别为 30,884.1 和 32,143.74 万吨。综合考虑各种因素影响,预计 2022 年全市外贸货物吞吐量有望超过 31,000 万吨,2023 年有望超过 32,000 万吨,参见图 2。

最后是对集装箱吞吐量进行预测。从 2010 年至今,天津集装箱吞吐量呈现稳步增长的趋势。2022 年前 8 个月,天津市已完成集装箱吞吐量 1455 万标准箱,同比增长 4.1%。运用增长模型对天津市集装箱吞吐量进行预测,2022年集装箱吞吐量将达到 2248.46 万标准箱,2023 年达到 2522.49 万标准箱,参见图 3。采用前述的比例趋势外推法,预测 2022、2023 年天津市集装箱吞吐量将分别达到 2176.47、2295.53 万标准箱。对两种预测结果采用平均处理法,得到 2022、2023 年天津市集装箱吞吐量分别达到 2212.46、2409 万标准箱。综合考虑各种因素的影响,预计 2022 年天津市集装箱吞吐量有望超过 2200 万标准箱,2023 年有望超过 2400 万标准箱,参见图 3。

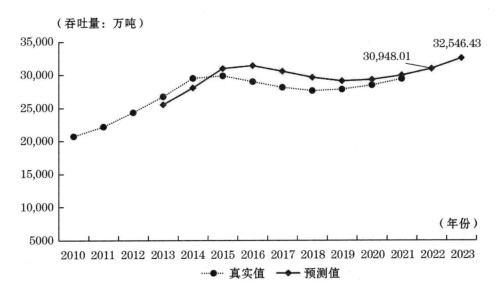

图 2　2010—2021 年天津外贸货物吞吐量增长趋势图

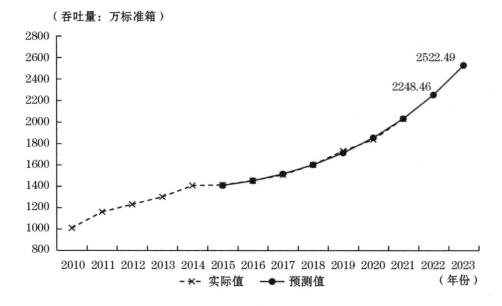

（吞吐量：万标准箱）

图3　2010—2021年天津集装箱吞吐量增长趋势图

四　对策建议

综合当前港口航运业发展的趋势,推进北方国际航运核心区建设应着重从如下几方面着手。

（一）加大推进港航领域高水平制度型开放

党的二十大报告提出,要稳步扩大规则、规制、管理、标准等制度型开放。加快建设高水平北方国际航运核心区需要以制度型开放为着力点,在国际航运和国际贸易两个领域提升对外开放水平。

一是探索建设制度开放示范区。对标高水平开放地区和国家的市场监管模式与规则推进制度改革,在示范区内形成与国际贸易和投资通行规则相衔接的、规范透明的可复制可推广的制度体系和监管模式。加快清理和修订现有法律法规中与国际通行规则不相符甚至矛盾的部分,围绕审批准入、市场竞争、产业政策、知识产权、营商环境等方面积极对接高水平开放地区和国家规则与标准。

二是加大国际航运领域制度开放合作。系统梳理推进北方国际航运核心区建设的制度和政策体系，对标国际一流航运中心建设的制度与规则，找出差距，列出需要重点突破的制度开放项目，明确路线图，绘好时间表，制定任务书，统筹做好航运领域制度开放的各项工作。加强与国际航运中心城市交流合作，鼓励引导两地航运企业在对方城市设立分支机构和区域总部，双方为企业的设立、审批、营运提供优质高效的服务。推动我市港口航运企业总部向制度开放示范区聚集。

三是深化国际贸易领域制度开放合作。对标国际商品贸易中心城市的国际经贸规则，着眼于构建促进投资、贸易、金融、人员、数据、运输等要素跨境自由流动的制度政策体系，系统查找建设区域商贸中心城市的差距和短板，列出建设区域商贸中心城市需要重点突破的制度开放项目，积极争取国家相关部委支持，推动重点制度开放项目应开尽开。对标国际商品贸易中心城市，推进天津自由贸易试验区天津港东疆片区自由贸易港建设，打造我国国际贸易领域制度开放典范区。

（二）以 RCEP 为契机加快港航领域服务业发展

RCEP 将给区域产业链与供应链带来深刻变革。借助 RCEP 生效产生的"贸易创造"和"贸易转移"效应，努力提升我市在区域产业链供应链中的地位，对进一步激发我市经济活力和提升综合竞争力具有重要意义。

一是深化自贸网络合作机制。就如何更好实现及落实 RCEP 与周边港口开展积极探讨，与自贸协议伙伴港口及营运商达成通关、报关，以及手续程序互认安排。进一步促进我市与日韩的经贸合作，增加天津港与横滨、神户、仁川、釜山等港口之间的航线往来。拓展国际服务空间和范围，联合大型船公司、大客户，参与 RCEP 成员国码头的投资、建设及运营，打造服务国际分工合作的战略平台。

二是提升港航服务产业发展水平。放宽知识密集型服务业的市场准入以及相关限制，吸引来自日本、韩国、新加坡等发达国家服务业的要素供给，推动高端航运服务业集聚，重点发展相应的金融、会计、咨询、律师等现代服务业，加大对航运保险、信贷、法律服务等方面的政策支持。大力发展服务贸易新业态，加快发展沿海捎带、保税燃料油加注等业务。

三是深入挖掘对外经贸合作潜力。借助全球产业价值链重构机遇，面向越南、泰国、印尼等国开展我市优势产业的产业链布局，扩大天津港对东南亚地区的辐射影响力，依托我市在云计算、医疗、先进通信、智能软件等领域的优势，承接东盟制造业价值链的高端环节。瞄准东南亚地区丰富的海洋资源，积极加强我市与该地区的海洋经济产业合作，提升海洋经济能级和竞争力。

（三）大力发展港口特色文化旅游产业

发展港口特色文化旅游产业，不仅有利于培育港口城市特色文化，塑造港口城市品牌，而且有利于扩大港口对城市发展的辐射力和影响力，助力港口经济高质量发展。

一是打造特色港口会展活动。积极创办或者承办诸如京津冀和环渤海港口海洋文化交流与产业展会、东北亚海洋港口文化国际论坛、东北亚海产品及加工贸易展览等，打造国际级港口城市会展品牌。充分利用国家会展中心平台，开展"港口文化展""港口科技展"等港口会展活动，加强港口与城市居民的联系，提升城市居民港口城市意识；积极发展海洋会展业，创办或者承办渔业博览会、海洋文化展、海洋科技展、海洋合作论坛等主题会展，推动会展与海洋产业融合，为海洋经济发展提供有力支撑。

二是培育港口文化创意产业。发展港口码头文化创意产业。结合"城市更新"要求，借鉴其他城市老码头盘活成功经验，对闲置、废弃的码头进行利用改造，嵌入当下潮流元素，打造一批融入港口文化元素的码头文化休闲旅游地标和网红打卡地。搜集重要码头和渡口的地理位置、历史事件、文字素材等资料，运用 3D 全息投影技术还原码头的历史变迁，使传统港口码头旅游实现从"观光式"到"体验式"的转变。大力发展以港口海洋为主题的文创产品。

三是大力发展港口海洋沉浸式体验项目。借鉴其他地区发展经验，在重点商圈建设"港口＋海洋"沉浸式主题体验项目。通过影视 IP、环境渲染、场景塑造等虚拟技术,在主题商城中呈现诸如海洋深处、港口战场、巨轮装卸、邮轮旅游等港口海洋场景,以水陆统筹的思维传播"天津与港口海洋的故事",实现文化、旅游和商业的有机融合。利用天津丰富的历史素材设计开发诸如"大沽口炮台""渔人码头""妈祖传说"等全沉浸式剧场体验,讲好天津港口海洋故事,传递好天津港口海洋声音,提升天津港口海洋文化软实力。

参考文献:

[1]津云:《全国首批!天津港两个项目入选智能交通先导应用试点》,搜狐网,2022-09-21,https://www.sohu.com/a/586819825_620823。

[2]靳博:《全球首创传统集装箱码头全流程自动化升级改造项目在天津港全面竣工》,光明网,2022-07-03,https://m.gmw.cn/baijia/2022-07-03/35856850.html。

[3]陈汝宁:《天津港:"智慧"+"绿色"深度融合,为全球集装箱码头转型升级打开广阔前景》,上观新闻,2022-08-28,https://export.shobserver.com/baijiahao/html/522323.html。

[4]孙畅:《全球港口最大规模清洁能源集卡在天津港投运》,光明网,2022-01-31,https://m.gmw.cn/baijia/2022-01/31/1302786379.html。

[5]津云新闻:《京津物流园正式运营投产,服务京津冀打造多样优质冷链物流服务》,搜狐网,2022-8-12,https://www.sohu.com/a/576173605_343156。

天津金融创新运营示范区发展研究报告

沈艳兵　天津社会科学院经济分析与预测研究所副研究员

摘　要： 2022 年面对严峻的国内外环境，在国家和市政府发展战略指导下，天津金融创新运营示范区发展不断创出新绩，融资租赁和商业保理业继续保持国内领先水平、金融创新力和发展力持续增强、金融服务水平稳定提升，在稳经济、保供稳链、推动共同富裕等方面发挥了重要作用。未来金融创新将向更深层次延伸，"脱虚向实"的发展目标更加坚定，供应链金融将成为实体经济发展的突破口，数字金融发展势不可挡。提升天津金融创新运营示范区高质量发展需要以新发展理念为指引，完善金融生态环境，以数字化引领金融创新，提升供应链产业链金融的发展水平，强化金融监管力度，让天津金融创新运营示范区建设在新的历史时期取得更加优异的成绩。

关键词： 稳经济　金融创新运营示范区　绿色金融　供应链金融

2022 年，面对复杂严峻的国际局势和国内疫情散发、多发等多重考验，我市始终坚持高效统筹疫情防控和经济社会发展，加力落实稳经济一揽子政策和措施，加快释放政策效能，持续不断推进金融创新运营示范区建设，深化金融供给侧结构性改革，为加快推进京津冀协同发展重大国家战略和实现我市"一基地三区"功能定位，为全面建设社会主义现代化大都市提供有力金融支撑。

一 天津金融创新运营示范区发展现状

(一)2022年天津金融发展总体情况

1. 社会融资总量依然呈稳定增长态势

2022年天津经济整体发展呈现回稳向好态势,金融活力持续有效释放,社会融资总量整体发展依然处于增长态势,截至2022年8月末,天津市金融机构(含外资)本外币各项存款余额38,624.63亿元,同比增长8.37%,比年初增加2852.84亿元,各项贷款余额41,619.95亿元,同比增长2.23%,比年初增加723.85亿元。① 从图1中可以看出,2022年1—8月份,各项存款绝对值整体呈增长态势,同比增速8月份有所下降,各项贷款余额绝对值整体略有上升。

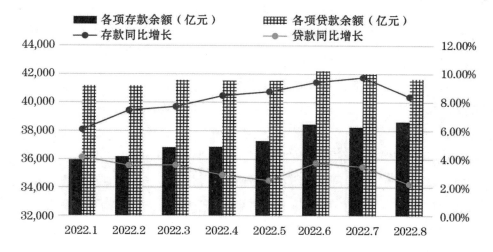

图1　2022年1—8月天津金融机构(含外资)本外币存贷款情况

数据来源:中国人民银行天津分行官网。

---

① 中国人民银行天津分行官网,http://tianjin.pbc.gov.cn/fzhtianjin/113665/index.html。

2. 金融在稳经济中发挥了重要作用

今年5月国务院召开全国稳住经济大盘会议,我市政府和金融机构迅速响应,出台了"稳经济35条""金融助企纾困26条"等稳经济大盘系列政策。金融机构全面顶格落实政策,助企纾困,渤海银行出台《落实稳住经济大盘28条举措》和《助力天津地区经济稳增长22项举措》;建行天津分行为"专精特新板企业"提供100亿元的集中授信纾解企业融资难题;人行天津分行多举措助力交通物流企业、文旅企业纾困专项行动;天津农商行出台了加大信贷投放的24条措施,保障重点领域融资需求。在国家和市政府稳经济的政策引导下,金融活水精准输入市场主体,成为保经济大盘稳定的重要力量。

3. 普惠金融成为推动共同富裕的强大动能

一是我市出台多个政策为小微企业、个体工商户等保驾护航,《关于支持中小微企业和个体工商户克服疫情影响实现平稳发展若干措施》聚焦市场主体生产经营难点堵点问题;《关于加强信用信息共享应用促进中小微企业融资发展的工作方案》通过实施十项举措发挥信用信息对中小微企业融资的支持作用;《关于助企纾困和支持市场主体发展的若干措施》突出落实对中小微企业和个体工商户的减税降费政策;《扎实稳住经济的一揽子政策措施》聚焦小微企业、个体工商户和困难群众最迫切的难题。二是金融机构不断创新线上信贷产品,提供特色化金融产品和金融服务,实现精准普惠。建行天津分行推出"善担贷"和"知识产权质押贷款"普惠金融产品;金城银行开发上线了无抵押、纯信用的数字小微信贷产品"金企贷";天津银行推出了"智慧小二·天行用呗"线上贷款产品;兴业银行天津分行针对科技企业推出"科创云贷";农行天津分行推出"微捷贷""纳税e贷""抵押e贷""链捷贷"等产品;滨海农商银行为整个商圈综合授信,推出"商户贷";人民银行天津分行围绕商超菜场、小微企业等市场主体创新推出生猪贷、租金贷等金融产品。三是多举措优化金融助农服务机制,"金融助农"应用场景越来越多。天津农商银行创新性提出"金融助推都市型乡村振兴"模式;政策性银行助力打造高品质农产品生产基地;人民银行天津分行充分利用普惠小微贷款支持工具额度和比例加倍政策,发放支农支小再贷款;农行天津分行不断加快"惠农e贷"投放;"津心融"平台开设乡村振兴专题板块,已发布服务乡村振兴的 39 个金融产品;建设银行天津分行已建设"裕农通"普惠金融服务点 3000 余个。

4. 绿色金融多元化发展成绩显著

我市持续加大绿色金融改革创新工作力度,从政策上加大金融对绿色产业高质量发展的支持作用,《天津市建立健全生态产品价值实现机制的实施方案》和《金融服务绿色产业发展推动碳达峰碳中和工作若干措施》提出要创新绿色金融产品和服务方式,拓宽绿色产业融资渠道,推动绿色金融多元化创新发展。我市绿色金融创出多个全国首创性金融产品,如发放首笔"碳表现挂钩"贷款、首单"双质押登记"模式碳配额质押贷款,首单汽车金融行业绿色银团贷款,发行首单租赁企业可持续发展挂钩债券,首单"碳中和"资产支持票据、首笔"蓝色债券"等。各金融机构纷纷落实"双碳"目标,天津滨海农村商业银行支持企业打造再生资源回收线上平台,成为我市在推动绿色供应链金融创新上取得的一项全新突破;上海银行天津分行启动网点碳积分试点工作;农行天津分行积极研究制定专项绿色金融服务方案,组建银团贷款为企业绿色发展注入金融活水;华夏银行天津分行完成首笔世界银行京津冀大气污染防治融资创新项目成功落地等。

(二)天津金融市场运行情况

截至 2022 年第三季度天津金融市场发展稳中有进、充分发挥了金融支持实体经济的作用,各类金融市场均表现良好。

一是银行业总量保持增长态势,各项指标稳中有进,不良贷款率持续下降。银行业总资产前两季度较去年同比增长 4.9%和 4.5%,总负债较去年同比增长 4.9%和 4.6%,税后利润前两季度同比增长 126.6%和 8.9%,行业整体实现盈利。随着重点企业风险逐步化解和生息资产增加,辖内银行业实现本年利润 265.43 亿元,为近年同期较好水平。银行持续推动不良资产处置,不良贷款率今年前两季度持续下降,分别为 2.5%和 2.3%,比 2021 年下降了 1.4%和 0.8%,金融监管部门防范化解金融风险质效进一步提升。同时,银行业支持实体经济不断发力,各项贷款较年初增加 1323.93 亿元,同比增长

3.7%，主要投向基础设施、制造业等行业，对普惠型小微企业贷款保持较快增长。

二是保险业整体发展稳中有升，健康险和寿险较为突出。截至 2022 年上半年，天津保险业原保险保费收入 400.48 亿元，同比增长 1.4%，其中，财产险同比下降了 2.3%，人身险增加了 2.4%，健康险同比增加了 3.9%，人身险增长了 1.1%，人身意外伤害险减少了 22.6%，从保险金额和保单件数两个指标来看，同比分别下降 17.8% 和增长 27.2%。前两季度原保险赔付同比增长 18.0% 和 15.6%，其中财产险同比增长 2.7% 和 3.4%，人身险同比增长 30.7% 和 26.9%，健康险增长 48.2% 和 26.5%，人身意外伤害险增长 2.1% 和 −10.0%。上述指标变化说明随着疫情时间的延长，居民对健康和养老的保障意识越来越强，保险的金融服务功能也在不断增强。

三是证券市场规模持续增长，结构不断优化。截至今年 8 月，全市上市企业累计达到 67 家，比上年同期增加 4 家，滨海新区占比 62.7%，科创板上市 7 家。上市公司总股本比上年同期增长 7.0%，上市公司总市值比上年同期增长 5.1%。新三板挂牌公司 128 家，其中创新层 30 家、基础层 98 家。集成电路产业链发展态势迅猛，唯捷创芯、华海清科和海光信息均是集成电路产业链上的上市企业。建立的"全国股转系统北京证券交易所天津服务基地"形成了北交所与天津资本市场互助共赢的局面。期货公司的总资产、净资产和净利润比上年同期分别增长 2.6%、18.0% 和 −73.1%，基金管理数、基金份额和基金净值同比分别增长 31.5%、8.1%、6.7%。

四是债券发行稳步推进。人民银行天津分行全年辅导推动全市企业发债融资 3255.9 亿元，金融机构发债 500 亿元。不断强化重点领域融资支持，先后落地"碳中和"资产支持票据、知识产权资产支持票据、租赁企业可持续发展挂钩债券、"高成长性企业"债务融资工具等多项债券类产品，天津农商银行 2022 年首期小型微型企业贷款专项金融债券成功发行，天津能源集团获批首只获批的优质企业债券。

五是基金在助力产业发展、乡村振兴、科技创新和民生福祉方面表现突出，天津滨海知识产权股权投资基金助力滨海新区深化知识产权成果转化及产业转型升级;海河产业基金实缴资金放大4.1倍,落地项目杠杆撬动达12.6倍;天使投资引导基金重点支持信息技术、生物医药、新能源、新材料、高端装备、节能环保、航空航天等高新技术产业和战略性新兴产业;天津市乡村振兴基金共同发起设立若干只母基金,最终形成规模100亿元的乡村振兴基金和项目群;由国开行天津分行投放,用于津沽污水厂三期项目建设的首笔基础设施基金落地。

(三)金融创新运营示范区建设的特征

1.金融创新力和发展力不断增强

制度、产品、政策、渠道等多维度创新体系促使我市金融创新运营示范区的创新力和发展力不断增强,东疆融资租赁业的发展就是创新力的最好示范,东疆飞机融资租赁先行先试的新模式成为金融创新的示范样板,不断进行的制度创新,创新了40余种针对在岸、离岸、跨境等不同应用场景下的飞机租赁模式和跨境交易模式。金融机构也在不断探索各种创新,如兴业银行天津分行创新融资模式,采用股权+担保+债权的方式推出"海棠科创贷"融资产品;建行天津分行依据小微企业的结算、涉税、电力、代发工资等大数据,创新推出了结算云贷、云电贷、云税贷等系列信用产品。自贸区金融创新案例层出不穷,商业保理行业的快速发展亦得益于制度创新的助力,金融创新与金融监管的融合推出的金融科技"监管沙盒"试点项目旨在探索可复制可推广的中国金融科技应用创新之路。

2.融资租赁、商业保理全国领先

继融资租赁业一直占据全国各省区市首位之后,今年我市商业保理资产总额和保理融资款余额跃居全国首位。目前,天津自贸试验区内保理企业达531家,资产规模2840亿元,占全国30%以上,东疆已拥有15家融资担保企业,中心商务片区成为全国首个承接商业保理省级权限区域。商业保理企业充分享受天津先试先行发展优势的基础上,持续深入推进金融高质量发展,落地国内首笔跨境人民币保理业务,跨境支付效率不断提升,实现了跨境人民币业务一体化、标准化、高效化处理,便利了跨境贸易和投融资结算。天津的商业保理公司个数并不是全国最多,但"个头"和"成色"却是最好的,天津自贸试验区拥有全国半数以上的央企保理公司,还有众多实力雄厚的国企、民企保理公司。融资租赁和商业保理的领先发展成为我市金融运营创新示范区建设的重要实践示范。

3. 在保障产业链发展中作用突出

聚焦服务"坚持制造业立市,打造制造强市"战略,天津积极督促和引导金融机构加大信贷投放,优化信贷结构,支持制造业向高质量发展,保障 12 条重点产业链在新发展格局中不断增强实力。一是引导金融机构支持重点产业链制造业发展,截至 6 月末,金融机构支持制造业重点领域贷款余额 891.92 亿元,比年初增加 173.63 亿元,增速 24.17%。二是督促金融机构服务传统制造业改造升级,鼓励发放针对企业技术改造和设备更新的专项贷款。截至 6 月末,制造业企业技术改造升级项目贷款余额 208.71 亿元,同比增长 46.07%。三是引导金融机构助力战略新兴制造业创新成长,加大金融机构向新兴制造业、数字文化产业等新业态支持力度,截至 6 月末,环保、生物、高端装备制造、新能源材料、新能源汽车行业等新兴制造业贷款余额分别增长 39.76%、24.52%、41.41%、58.63% 和 63.77%。

4. 金融服务水平不断提升

我市金融主管部门和金融机构坚持在服务上下功夫,积极运用金融科技不断提升专业、多元、综合的金融服务模式,特别是在实现金融服务全覆盖、助力实体经济发展、优化账号服务等方面充分体现了我市优质的金融服务水平。"津十条"让群众能够享受高效、安全、便捷的支付服务;为新市民打造精准贴心的金融服务,推出新市民专属金融产品和服务;《助企纾困 15 条》推动支付手续费减费让利、"点餐式"服务和"金融服务需求统计"小程序等创新服务模式精准服务中小微企业和个体工商户;"重点产业链金融服务 2.0 版"进一步提升了金融服务的专业性和有效性,面向专精特新中小微企业的"首贷户"支持行动能准确获取企业融资服务需求,实现金融服务全覆盖。金融机构着力提升银行账户服务质效,建立"街道金融服务站"、优化账户服务、实行简易开户服务、提高线上支付服务等。

二 天津金融创新运营示范区高质量发展的趋势预测

（一）金融"脱虚向实"更加突出

金融与实体经济相互促进、良性发展既是国家和地区金融稳定和金融安全的基础，也是实现国民经济和地区经济可持续发展的根本。金融"脱实向虚"，对实体经济支持效率下降，信用风险、流动性风险和金融系统性风险增加等现象在我国曾一度表现很突出，从 2016 年至今，每年中央经济工作会议和金融工作会议都强调，金融要"脱虚向实"，要把服务实体经济作为出发点和落脚点，全面提升服务效率和水平。近两年，我市大力加强对金融的监管和处罚，债务风险和系统性风险已明显降低，金融支持实体经济发展也取得了较好的成效。随着我市坚持制造业立市的发展战略不断深化，金融业发展必然会以制造业立市和高质量发展为导向，不断深入推进服务实体经济的金融改革，在金融供给侧结构性改革和增强金融服务制造业特别是我市 12 条重点产业链的能力等方面将会不断提升，"把金融资源配置到重点领域和关键环节，把政策、机制、产品和监管创新链接到各类市场主体的融资需求上来"是我市金融"十四五"和到 2035 年的发展目标。随着我市在做强产业和做实金融的宏观政策主导下，通过提高实体经济的实力，提高金融资源的配置效率，金融支持实体经济的强大效力会逐渐显现。

（二）金融创新向深度和广度延伸

金融创新是推动金融发展的重要力量，金融创新的深化和发展极大地提高了金融市场和整个市场经济的效率。随着经济全球化和金融科技水平的不断提高，金融创新带来了金融工具和投融资渠道的多样化、灵活化，打破了金融行业的分工格局，促进了金融业和各类经济主体的混业经营，拓宽了国际合作范围。天津建设金融创新运营示范区的核心就是"创新"，随着金融创新运营示范区建设的不断深化，其改革创新的活力将不断增强，金融创新能力将不断提升,金融创新的深度和广度将大大延伸,在引领全国金融开放创新、服务区域社会经济发展中将发挥更大作用。作为区域金融创新,主要表现为中观和微观层面的创新,金融机构会根据市场竞争的需要不断创新金融产品和金融服务,金融科技企业会不断创新与金融相关的新技术以提供金融便利性和风险管控,金融市场发展会不断扩大,金融产品的研发会更趋向多样性、特色性、精准性、安全性、便利性等特点。同时,根据我市经济发展的现实情况,地方金融机构、地方金融政策、金融监管机制等金融活动和组织也会随之不断创新发展。

(三)金融生态环境建设更加完善

金融生态环境建设是建立金融体系良性运作模式,金融生态环境主要包括法律制度、行政管理体制、社会诚信状况、会计与审计准则、中介服务体系、企业发展状况及银企关系等诸多方面。良好的金融生态环境是培育金融创新运营示范区的土壤,多年来,我市积极进行金融生态环境建设并取得了良好的成效,信用机制不断增强,金融服务明显优化、法制保障逐渐加强、风险防控能力提升、银企联系更加紧密。良好的金融生态环境是金融创新运营示范区发展的基石,在愈发复杂的新形势下,不断完善我市金融生态环境对我市新时代经济社会发展、实现"一基地三区"发展目标具有重要意义,亦是更好地为我市和京津冀发展贡献金融力量,进一步提升我市金融赋能高质量发展精准性和实效性的前提和基础。

(四)金融数字化发展是必然趋势

数字金融的发展在提升融资效率,降低融资成本,提升金融服务质效等方面发挥了积极的作用。我市金融机构积极利用数字金融高效服务实体经济和小微商户,为其发展注入数字金融的力量,如"津心融"平台就充分显示了数字金融的优势,以"政务数据＋金融服务"为发力点,汇聚17个部门3600万条政务数据,平台运用大数据思维,通过整合各类型金融产品,为企业提供"线上＋线下""直接＋间接"等立体化、多元化融资路径,推动我市金融服务数字化转型,开启了数字金融服务的信息时代。"易贷"平台从提升客户体验、降低客户难度、精简客户操作等方面重塑个贷购房贷款业务受理流程,实现了房贷业务线上化操作。数字金融平台建设和数字金融产品研发为实现金融高效普惠、风险防控、可持续的金融支持实体经济提供了新模式。数字人民币在我市试点以来,各类应用场景不断涌现,未来仍需不断构建数字金融生态圈,持续发掘更多数字人民币应用场景,加强数字供应链金融等,为天津建设国际消费中心城市和国际货运中心城市做出更多积极贡献。

(五)供应链金融将成为实体经济发展的重要突破口

在新发展阶段,金融在服务实体经济高质量发展中的作用愈发凸显,供应链金融亦成为实体经济转型升级的重要突破口。供应链金融的基础是产业链和供应链,新技术的发展为供应链金融提供了更多发展方向,通过新技术应用,让金融与供应链条上的企业建立起各种方式的连接,为链条上的企业提供更便利高效的金融服务。供应链金融使金融真正服务于产业活动,推动产业发展,实现金融和产业的双向循环和进步。作为支持国内国际"双循环"新发展格局的重要力量,许多省市的"十四五"金融发展规划重点部署了供应链金融的发展。我市提出要"做强优势",借助自贸试验区、金融牌照齐全和港口等优势,发展供应链金融,重点发挥商业保理的供应链金融优势,为服务国内大循环和国内国际"双循环"提供金融支持,将"提升产业链供应链金融服务能级以推动内循环发展"作为金融发展的重点任务。从"供应链金融"未来发展方向看,推进多元化供应链金融服务模式创新、布局数字供应链金融是其发展的重点,我市要积极争取在供应链金融领域拥有优质资产,与更多产业链相结合,拥有复合型的人才,研发更优质的供应链金融产品,站在供应链金融服务领域的前端,才能真正做到金融与产业共同成长。

三　天津金融创新运营示范区发展的对策建议

（一）坚持以新发展理念引领金融高质量发展

以"创新、协调、绿色、开放、共享"为核心的新发展理念始终贯彻于我市经济社会发展的方方面面。在新发展格局下，以新发展理念引领我市金融业高质量发展，充分发挥金融的基石作用，一是要增强普惠金融的发展深度。普惠金融是金融服务实体经济的具体体现，其核心动力就是人民性，作为"十四五"金融发展的重点，要在民生建设、乡村振兴、保障小微企业和个体工商户等方面充分发挥金融的力量，通过创新服务模式和创新金融产品不断满足弱势群体和广大民众的金融需求，充分发挥金融科技的助力，促进普惠金融向深度和广度延伸。二是要强化金融活水助力"制造业立市"。紧紧围绕"制造业立市"战略，把金融支持制造业高质量发展的专项政策落实到位，引导金融机构以信创产业、生物医药产业、集成电路产业、高端装备产业等 12 条重点产业链为抓手，设立专营信贷机构和创新专门金融产品，为制造业转型升级注入新动能。三是要持续加强金融生态环境建设。金融生态环境建设是一项复杂的系统工程，需要以科学发展观为指导，由多个领域的不同部门长期不懈地相互配合，有的放矢地科学推进社会信用体系、金融法律制度、良好的营商环境建设和中介机构的专业化服务水平和诚信水平等。四是要加快构建绿色金融体系。要不断完善绿色信贷管理机制，创新绿色信贷产品和服务，大力发展以"绿色"为核心的信贷、证券、保险和其他投融资服务，全力构建完整的绿色金融体系。

（二）加快构建我市数字化金融运行体系

构建数字化金融运行体系能推动金融与产业、企业、公共数据集成，能切实提高金融服务实体经济的能力。深化金融改革是我市今后一段时期保持经济增长和金融稳定的首要任务，构建数字化金融运行体系是金融改革的重要内容之一,一是建立可持续的数字普惠金融服务体系,充分发挥数字技术驱动作用,增强农村、小微企业、个体工商户及弱势群体金融服务可得性和普惠性,运用金融科技手段打造多层次、高效率、可持续的数字普惠金融服务体系,为普惠金融谋创新、增活力,为推进乡村振兴战略实施提供坚实保障。二是构建数字人民币支付体系,作为数字人民币的试点城市,要深入探索数字人民币的应用场景,加强数字人民币跨境支付系统建设,构建多元化数字人民币支付体系。三是构建基于产业链供应链发展的产业数字金融体系,积极开拓以金融科技为纽带,面向实体经济联结产业链供应链的金融创新体系。四是建立新型数字金融监管与风险防控体系,随着金融发展数字化的深入推进,金融机构将面临更多的安全挑战,因此,金融监管部门和金融机构要通力合作,通过先进的科技手段、充分发挥各自专业技术、人才与服务优势,建立起金融安全监管和风险防范体系。五是大力推进金融服务云平台建设,推动"数据 + 政策 + 金融"的有机融合,为小微企业提供安全便捷的线上融资渠道。

(三)积极推进供应链产业链金融发展

在提升产业链供应链现代化水平,促进新动能产业和传统支柱产业高端化,服务"津城"和"滨城"双城发展格局中,供应链产业链金融的作用不可替代。因此,积极推进我市供应链产业链金融发展是当前金融发展的重点。一是扩大多元化金融供给模式,精准服务链上企业。加强政策支持,吸引更多供应链金融市场主体集聚,不断扩大市场参与主体的范围,让越来越多的市场主体参与到供应链金融市场的发展中,形成多元供给主体的供应链金融发展模式,逐步打破银行作为供应链金融的主要资金供给者的局面。不断探索"云物流、云交易、云融资、云商和云服务"的建设和创新,为产业链上的众多中小企业打造全方位金融服务方案。二是以科技赋能,积极推进我市供应链金融的数字化发展。以政府为主导,联合金融机构、供应链产业链核心企业、物流企业、科技金融企业等建立一个独立的供应链金融服务系统平台,将政府部门、核心企业、供应商和经销商、金融机构等通过互联网整合在一个平台上,协同工作,以供应商融资和经销商融资为核心,提供多种融资模式。三是多维度强化监管,加强对供应链金融的风险防控。不断探索金融科技创新监管模式,根据供应链金融业务的具体特征,探索运用金融科学技术开展先行先试,并结合试点经验不断完善,通过运用金融科技建立供应链金融全流程线上业务监控模式。加强供应链金融的相关法律建设,不断完善供应链金融监管制度和规则。四是开展京津冀供应链金融领域广泛合作协同发展。在政策层面积极推动三地供应链金融协同发展,加强与北京市、河北省在供应链金融领域的合作力度,建立三地专门部门沟通协商机制,多维度探索京津冀区域统一的供应链金融协同发展方式。在合作中找准自身定位,发挥比较优势,形成具有天津特色的供应链金融产业体系。

（四）加强金融创新与推广

党的二十大报告中提到创新是第一动力,深入实施创新驱动发展战略,开辟发展新领域新赛道,不断塑造发展新动能新优势。积极推动金融创新发展是天津经济高质量发展的重要体现,亦是高水平对外开放的重要动力。要努力打造金融创新的新高地,提升我市金融创新的整体效能,使金融创新实践案例推广的影响力不断增强,形成具有全球竞争力的开放创新金融生态。一是持续创新金融产品和服务模式,发挥金融创新运营示范区、自贸试验区、自主创新示范区、国际消费中心试点城市等政策组合叠加优势,推动形成更多的金融创新产品和可推广复制的创新案例。二是积极在推广创新型可持续金融产品的国际化发展方面抢占先机,探索符合天津及京津冀区域实际需求和发展特点的绿色低碳金融体系,强化政策制度创新,积极发挥天津金融全牌照优势申请建立全国绿色金改区,为绿色低碳领域提供综合化、多样化的金融服务。三是积极探索金融服务实体经济的新模式新路径,大力推进重点环节改革和各层级自主创新,努力构建金融与产业融合发展的共同体,发挥新技术在金融领域的创新优势,设立金融公共服务平台,为实体经济提质增效提供有力支撑。四是与时俱进加强监管创新,通过创新金融监管模式和风险防控手段、建立地方金融风险监测防控平台等,实现地方金融业态监管的全覆盖、无死角,打造天津金融安全区。

参考文献：

［1］张茉楠：《回归实体经济，金融如何"脱虚向实"？》，《华夏时报》2017 年 8 月 13 日。

［2］温源：《金融改革：将"脱虚向实"进行到底》，《光明日报》2019 年 7 月 5 日。

［3］沈艳兵：《新发展格局下京津冀供应链金融协同发展研究》，《城市》2022 年第 7 期。

［4］刘晓曙、朱连磊：《数字供应链金融助力双循环新发展格局》，《银行家》2021 年第 6 期。